保育の基礎を学ぶ
福祉施設実習

小野澤 昇/田中利則/大塚良一
[編著]

ミネルヴァ書房

はじめに

　保育士資格の取得を目指して大学や短期大学，専門学校などの保育士養成校（以下，「養成校」と記す）に入学して学習を進めている学生のみなさんにとって，実際に保育士の活動と接する学びの場が「保育実習」という取り組みである。保育士資格の取得の可能な養成校は厚生労働省の定める設置基準に沿ってさまざまな学びの場を設けているが，保育の現場と直接かかわる学びの場として，保育所や保育所以外の児童福祉施設等の社会福祉施設（以下，「社会福祉施設」と記す）での実習という学習が必要とされている。

　保育実習は保育士としての業務を知るための大切な学習であるが，これから保育所や社会福祉施設で実習を行おうとする学生にとっては，期待や不安が入り混じった大きな取り組みと思うが，「保育の現場と直接かかわる」貴重な学習の機会であり，保育士としての実際の活動を知ることの可能な大切な学習の場であり，「（養成校に入学はしたけれど）自分は保育者に向いているのだろうか」ということを問い直すことのできる機会でもある。

　保育士資格は子どもたちの保育や社会的養護活動を行うことを目的とした専門の資格である。保育士として活動するためには養成校での学びだけではなく，実際に子どもたちの前にたって，自らを振り返ってみる必要がある。保育実習は初心にかえって考えてみるためのさまざまな示唆を与えてくれる絶好の機会でもある。

　保育実習は保育所と社会福祉施設での実習が必要である（詳細は本文を参照）が，本書では保育実習の内「社会福祉施設等での実習」に焦点をあて，現在養成校で施設実習の指導に携わっている教員や実際に施設の中で保育士資格取得のための実習生の指導を担当した経験のある方を中心として，施設実習に取り組むためのポイントを理論的な面だけではなく，実習へ向けての準備の進め方や学生が不安を感じるような点や施設における保育士の保育や養護活動の進め方などについて，可能な限り平易な言葉で理解しやすいように配慮し記載して

いる。また，学生の実習を受け入れていただいている社会福祉施設の現場から養成校に寄せられているさまざまなご意見や，養成校で学ぶ学生からの声をベースとして編集しており，実習を進める過程で「何をどう学び，どう過ごしたら良いか」悩むことがあると思うが，そうした時に何かしらの示唆を与えてくれるものと期待をしている。

　昨今の国内情勢を見ると，児童虐待の増加や貧困問題の顕在化など，子どもたちを取り巻く生活環境は悪化する一方である。家族関係の変化や生活環境の変化などにより人とかかわることの経験不足や，食生活や睡眠などをはじめとした生活リズムの乱れなどいちじるしく，子どもたちの生活意欲，自尊感情の乏しさ，学力の低下などが指摘されている。こうした生活環境の変化にともない保育所をはじめとした社会福祉施設を中心とした社会的養護活動への期待は高まる一方である。

　養成校で保育士の資格取得を目指す学生の中には時折「(卒業後はどうするかわからないけれど) 資格だけはとっておこう」といった安易な考えで実習に臨む人がいるが，そうした考えは，かならず実習中の態度に現れることが多い。施設は資格取得を目指す実習生にとっては「実習のための場」かもしれないが，施設を利用している人にとっては「家庭にかわる生活の場」であり，実習の指導を担当してくださる現場の保育士は，多忙な業務の中，本来の業務を調整しながら，実習生の受け入れ，指導のための時間を捻出されており大変な迷惑をかけていることを知り，「実習をさせていただく」という感謝の気持ちをも持つ必要がある。そのためには自分自身はどう取り組まなくてはいけないのかをしっかりと考え，保育実習で勉強させていただく保育所や社会福祉施設の現場は子どもたちの大切な命や保育や養護の活動と真剣に向きあっていることを自覚し実習に臨む必要がある。

　保育実習という学習は，養成校と社会福祉施設との信頼関係や社会的関係の中で成立しており，多くの方たちの理解と協力なしには成し得ない学びでもあることを理解する必要がある。

　養成校で学んだことが実際の保育や養護の場とどう結びつくのかなど，保育

はじめに

　実習という学習体験を通しての学びはかならずやみなさんにたくさんの学びの示唆を与えてくれ，特に施設で働く保育士の活動への理解が深められることを期待してやまない。

　本書に使用されている用語については法律に記載されている用語の使用を原則としたが，保育士資格取得のための福祉施設実習の対象となる施設は児童福祉法に定められた施設だけではなく，成人の利用する障害者関係の施設も対象となることから，施設を利用している人たちの呼称について，児童福祉施設の場合には制度的な説明の場合には「児童」，生活上の説明の場合には「子ども」，障害者関係の施設の利用者の場合には「利用者」という用語で統一したのでご了解願いたい。

2014年1月

編著者を代表して　小野澤　昇

保育の基礎を学ぶ
福祉施設実習

目　次

はじめに

第Ⅰ部　福祉施設実習の基礎理解

第1章　保育の仕事と福祉施設 …………………………… 2
第1節　保育の仕事　2
保育士の仕事と福祉施設を利用する子ども／保育士の仕事の本質／「アタッチメント」は人間のしあわせと関連している／「アタッチメント」づくりには多くの人が参加できる
第2節　福祉施設の理解　6
福祉施設での保育士の仕事／福祉施設での子どもに対する支援／保育士の仕事の基準としての『保育所保育指針』／保育士の仕事は保育所でも施設でも変わらない
第3節　保育実習の仕組み　14
実習の全体像／実習中の欠席について
第4節　保育実習Ⅰ（福祉施設実習）の内容と理解――実習のねらい　15

第2章　福祉施設実習での学びの目的 …………………………… 18
第1節　福祉施設の社会的意義と援助内容　18
第2節　福祉施設を利用している子どもや利用者の理解　20
第3節　保育士の職務や役割，職場内での他職種との連携の理解　22
〔コラム〕重症心身障害児などの施設利用年齢の特例
第4節　福祉施設内で取り組まれている保育や援助技術の理解と実践　23
第5節　保育士の対象児・者とのかかわり方　26
第6節　社会人としてのマナーと職業上の倫理　27
〔事例〕実習巡回は学生の心を支える

第3章　福祉施設の理解と概要 …………………………… 30
第1節　実習施設の種類　30

第2節　福祉施設の傾向と課題　*31*
　社会的養護を必要とする児童のための福祉施設／障害のある子どもたちのための福祉施設／障害のある成人のための福祉施設・福祉事業サービス

第3節　実習施設の概要　*37*
　社会的養護を目的とした施設／障害児のための施設／児童の健全育成を目的とした施設／障害のある成人のための施設／国立のぞみの園

第4章　福祉施設実習での実習生の学び ……………………… *52*

第1節　「施設利用者の生活を支える」ことの意味　*52*

第2節　保育者の役割　*54*

第3節　福祉施設の職員の職種と役割の理解　*55*
　〔コラム1〕任用資格と認定資格・国家資格

第4節　社会的養護の取り組みの多様性と職員の取り組み　*57*
　〔コラム2〕「師」「士」「司」「員」「者」の違いについて

第5節　福祉施設利用者の生活を支えるために求められる支援活動の実際の理解　*58*

第6節　福祉施設で勤務する保育者の資質と職業倫理の理解　*61*
　自分で問題を解決しようとする力を持つこと／円滑なコミュニケーションをすすめる力を持つこと／生活指導ができること／身体的にも精神的にも健康な力のあること／〔コラム3〕FacebookやTwitterについて

第7節　実習指導者が実習学生に期待すること　*63*
　〔コラム4〕じぇじぇじぇな実習生

第8節　福祉施設実習から学べること　*67*

第5章　利用者の日常生活から実習生が学んでほしいこと ……… *70*

第1節　福祉施設利用者の実像とその背景　*70*
　〔事例1〕利用者の実像と保護者の生活

第2節　福祉施設利用者の生活と現実社会および地域とのつながり　*72*

〔コラム1〕通常の生活とは
　第3節　福祉施設利用者の心理状態および健康状態　*73*
　　〔事例2〕心の不安を受けとめるということ
　　〔事例3〕施設内におけるインフルエンザA型の発生／〔事例4〕保育所4歳児男児が死亡──熱中症の可能性
　第4節　福祉施設利用者と家族との関係　*77*
　　〔事例5〕保護者の想い──大切にしたい精いっぱいの心
　第5節　福祉施設利用者の人間関係　*78*
　　〔事例6〕聴くということができたのか
　第6節　福祉施設利用者の障害の内容の紹介　*80*
　　〔事例7〕ダウン症の娘を持つ母──たくさんの喜びを与えてくれる
　第7節　福祉施設の現状と課題　*83*
　　〔コラム2〕職員の方々に
　第8節　子どもの夢──良き保育士を目指して　*85*

第Ⅱ部　福祉施設実習へ向けての準備と実習中の学び

第1章　福祉施設実習へ向けての心がまえと基礎理解　*90*
　第1節　実習へ向かう心がまえ　*90*
　第2節　実習生の立場と心がまえ　*92*
　第3節　児童福祉施設の理解　*93*
　第4節　福祉施設利用者の理解　*94*
　第5節　支援内容の理解　*95*
　第6節　保育士の業務内容　*97*
　第7節　社会資源の理解　*98*
　　〔コラム〕施設の生活は窮屈
　第8節　福祉施設専門職の理解　*100*
　第9節　勤務形態の理解　*101*

目　次

第10節　職員に求められる資質の理解　*102*

第11節　実習活動の実際の理解　*103*

第2章　福祉施設実習の準備 …………………………………… *106*

第1節　実習の流れの理解と手続き　*107*

学内オリエンテーション／福祉施設実習事前指導（授業）／実習施設の選択と決定／自己学習／実習施設オリエンテーション／福祉施設実習（本番）／〔コラム1〕聞き漏らし／福祉施設実習事後指導（授業）／〔コラム2〕物事をつなげて考える

第2節　養成校での事前学習と確認事項　*114*

授業外の学内オリエンテーション指導／授業としての事前指導／〔コラム3〕授業で習っていない

第3節　実習施設の選択と決定　*120*

実習施設はどのようにして決まるのか／実習施設決定までの流れ／実習施設の希望調査／実習施設の決定

第4節　実習に向けての自己学習の取り組み　*122*

実習施設決定前／実習施設決定後

第5節　実習先でのオリエンテーションの目的と留意点　*125*

オリエンテーションの目的／オリエンテーションの準備と手順

第6節　実習形態および実習中の留意事項　*128*

実習形態／実習中の留意事項

第7節　実習計画の作成　*132*

実習計画作成の目的／実習計画における学びの視点

第8節　実習時に必要な準備（持参品等）　*135*

持参品等／実習に参加する際の準備／家事のスキル／生活習慣の見直し／敬語／マナー／コミュニケーション／〔コラム4〕スマホが手放せない

第3章　福祉施設実習を成功させるための事前学習 ………… *141*

第1節　実習前学習の内容と必要な知識（医療を含む）　*141*

事前学習の内容／施設実習のいっそうの理解──「施設実習おぼえ書きノート」の作成
　第2節　実習中に習得すべき知識や技術のリストの作成　*143*
　　　〔コラム〕施設で使う専門用語について
　第3節　実習計画の作成と目標の設定　*145*
　　　目標の設定／実習計画の作成
　第4節　関連する福祉施設の訪問や施設見学，ボランティア活動への参加　*148*
　第5節　通所実習と宿泊実習での留意点　*148*
　　　居住型施設での実習／〔エピソード〕ひとりで宿泊するのがこわい／通所施設での実習
　第6節　実習中の所持品の準備　*152*
　第7節　実習巡回教員との打ちあわせ内容　*153*

第4章　福祉施設実習に参加する際の留意事項　*155*

　第1節　実習期間の主な流れと利用者とかかわる際の留意事項　*155*
　　　実習期間の主な流れ／利用者とかかわる際の留意事項
　第2節　福祉施設の生活を理解するための観察の視点と留意事項　*158*
　　　児童養護施設／福祉型児童発達支援センター／情緒障害児短期治療施設
　第3節　支援活動に参加する際の留意事項　*164*
　第4節　利用者を支援する際に求められる視点と留意事項　*165*
　　　養護系施設における留意事項／障害系施設における留意事項／施設実習全般において留意すべき事項
　第5節　福祉施設の全般的な活動への参加の必要性と取り組む姿勢　*168*
　　　職員会議／朝礼・引き継ぎ／事例検討会／保護者会
　第6節　記録の重要性と記述内容のポイント　*170*
　　　時系列記録／総括的記録／全体的な注意点
　第7節　実習施設での反省会の意図と参加する心がまえ　*175*

「反省会」とは何か／反省会の形態と意図／反省会に対する心がまえと準備／施設側にとっての反省会の意義

第8節　実習中にトラブルが生じた際の対処の仕方　*179*

「実習前」の段階／実習中の段階／実習後の段階

第5章　実習中の学び……………………………………*185*

第1節　保育ソーシャルワーク実践としての保育実習　*185*

保育ソーシャルワークの意義／ソーシャルワークの原則／ソーシャルワークのプロセス

第2節　福祉施設の運営計画や個別支援計画の理解　*191*

運営計画／個別支援計画

第3節　施設保育士の専門性と職業倫理　*194*

施設保育士の専門性／施設保育士の職業倫理

第Ⅲ部　福祉施設実習後の学び

第1章　福祉施設実習の振り返り…………………………*202*

第1節　実習生自身による実習の自己評価と学習課題の発見　*202*

第2節　事前に作成した実習計画や実習目標への取り組みの結果のまとめ　*205*

第3節　実習施設の実習指導や環境などの評価のポイント　*208*

第4節　福祉施設実習の振り返りと報告会の準備　*210*

第5節　福祉施設実習での学習成果の発表と学びのための方法　*212*

第6節　福祉施設実習報告書の記述方法・作成例　*213*

第7節　福祉施設実習のまとめ　*215*

第2章　実習終了後の施設との関係づくり……………………*218*

第1節　各種書類の提出　*218*

実習の総合的な考察（まとめ）の提出／その他の書類の提出／反省と総合考察（まとめ）／実習日誌の提出と受け取り

第2節　お礼状の作成・送付　*220*

実習の意味／お礼状で伝えるもの／お礼状の記載について／〔コラム1〕施設長先生の話から（障害児・者支援施設）／〔コラム2〕園長先生の話から（児童養護施設）

第3節　実習後の施設とのかかわり方　*224*

実習施設への事後訪問／ボランティア／アルバイト／子どもたちや利用者とのメールや手紙などのやり取りについて／就職活動／実習施設と養成校との懇談会／インターネットの掲示板利用について

第3章　福祉施設実習の今後の課題 ………………………………… *230*

第1節　障害者関係施設への実習　*231*

第2節　精神障害に関する基礎知識　*231*

〔コラム1〕「精神障害」について／子どもの精神障害／〔コラム2〕アスペルガー症候群（アスペルガー障害）／思春期以降〜成人の精神障害／〔コラム3〕「物質依存」と「情報依存」／精神障害の治療と援助

第3節　福祉施設の今後　*244*

補　章　福祉施設実習に関する不安や悩みQ&A ……………………… *247*

用語解説　*261*

おわりに　*269*

索　引　*271*

第Ⅰ部
福祉施設実習の基礎理解

第1章

保育の仕事と福祉施設

　保育所や幼稚園で仕事がしたいという気持ちから保育士を志す人は多い。そのために資格・免許を取得しようとして学校（正式には指定保育士養成施設というが，以下「養成校」と記す）に入学すると，福祉施設での実習が待ち受けている。なぜなのだろうか。それは福祉施設にも多くの保育士が働いていて，子どもたちに対して大切な仕事をしているからである。

　この章ではまず初めに，第1節で保育の仕事の本質を考えることにする。第2節では，福祉施設を利用している人にとっての「大切なもの」を支援することが，実は「保育士の仕事の本質」だということを考える。そこで私たちは福祉施設で多くの保育士が働いていることの意味が理解できるだろう。また，保育士の資格取得の過程で，福祉施設の実習を行うことの意味も理解できる。

　第3節では保育実習の仕組みについて考える。第4節では，保育実習の内容と理解について考える。

第1節　保育の仕事

（1）保育士の仕事と福祉施設を利用する子ども

　保育士の資格は，厚生労働省が認定する「児童福祉法」に規定された国家資格である。保育士は「……専門的知識及び技術をもつて，児童の保育及び児童の保護者に対する保育に関する指導を行う……」（児童福祉法第18条の4）というように，乳幼児期にあたる子どもたちを保護し，育て，成長を見守り，人間が生きて行く上での礎(いしずえ)を育ててゆくことが仕事である。そのために養成校で

は,「保育原理」,「保育者論」といった保育系の科目のほかに,「社会的養護」,「社会的養護内容」といった福祉系の科目も勉強することになっている。「養護」という言葉は, 護るという意味である。子どもを養い護るという行為は, 個々の親たちばかりでなく広く社会全体で対応すべきものであり,「社会的養護」という科目の意味を理解しておくとよい。

　このように学生は保育系や福祉系の科目を学びながら実習に参加する。実習先である福祉施設は, 保育所の他乳児院, 母子生活支援施設, 障害児入所施設, 児童発達支援センター（福祉型児童発達支援および医療型児童発達支援を行うものに限る）, 障害者支援施設, 指定障害福祉サービス事業所（生活介護, 自立訓練, 就労移行支援または就労継続支援を行うものに限る）, 児童養護施設, 情緒障害児短期治療施設, 児童自立支援施設, 児童相談所一時保護施設または独立行政法人国立重度知的障害者総合施設のぞみの園などであるがくわしいことは本書第3章第2節で解説する。

　施設実習での子どもの対象年齢は, 基本的に0～18歳未満（18歳に達するまでの者）である。特に, 乳児院, 母子生活支援施設は, 他の施設に比べて乳児の割合が多くなる。

　では, こうした福祉施設を利用している子どもたちの生活は, どのようなものであろうか。福祉施設を利用している子どもたちは, 大きく言うと, 以下の①～④のような状況から施設を利用している。

　①知的障害, 発達障害, 虐待によるPTSD（心的外傷後ストレス障害）, 非行, 問題行動等を担っていて, 家庭の対応では不十分な場合, 障害児入所施設, 児童発達支援センター, 情緒障害児短期治療施設, 児童自立支援施設, 児童養護施設などが利用される。

　②何らかの理由で健康的な家庭生活を営めない状況に置かれている乳幼児や母子に対する支援を行う施設として乳児院や, 母子生活支援施設が利用される。

　③家庭ではなく施設内に子どもを保護することが急を要する場合, 児童相談所一時保護施設が利用される。

④何らかの理由で保育に欠ける子どもの生活と発達に対する支援を行う場合，保育所が利用される。

こうした福祉施設を利用している子どもたちの生活は，日中に家庭からの通所が基本となる保育所と児童発達支援センター，また母子がともに入所する母子支援施設以外は，基本的に家族から離れて生活をしており，親子間の接触の少なさが特徴となる。

（2）保育士の仕事の本質

では，親子間の接触の少なさは，福祉施設で生活する子どもの乳児期，幼児期，児童期，思春期において，人間が成長する上でどのような影響を及ぼすのだろうか。そこには，「アタッチメント」の問題がある。「アタッチメント」とは保育士の仕事にとって，また子どもの成長にとって根本的な大問題である。

「アタッチメント」（attachment）とは，イギリスのジョン・ボウルビィという精神科医が1950年代から提唱した理論であり，これまで日本では「愛着」や「愛着形成」と翻訳されてきた。しかしこの語の意味は，愛情よりも人間相互が接触して密接な関係をつくるという意味が，より強い。

子どもは乳児期に特定の養育者と深い人間関係をつくることが必要である。ミルクを飲ませてもらい，抱っこされ，あやしてもらう，肌と肌が触れあう，やさしく言葉を掛けてもらう。そこでは，特定の養育者と親密に一緒に過ごすこととともに，どのような応答を養育者にしてもらうのか，養育者と子どもがどのように心を通わせるのかがポイントになる。この時に子どもは，生まれて初めての人間関係づくり（信頼関係づくり）を体験する。この時の体験が，これから人として生きて行く上での，人間関係づくりのモデル（原型）になる。

良い体験をした子どもは，自分が経験した人間関係づくりのモデルをもとにして行動し，人間関係づくりに積極的になっていけるし，人を信頼することに自信をもつ。しかし，あまり良い体験をしなかった子どもは，人間関係づくりに消極的になってしまい，人を信頼することにも消極的になってしまう場合がある。そうした影響は，その子どもが大人になってからの人間関係づくりにま

で及んでいく。これが「アタッチメント」の問題である。

(3)「アタッチメント」は人間のしあわせと関連している

それがどの程度重要であるかというと、人は特定の養育者との関係の中で、人と人との人間関係づくりに安心感を抱き、養育者との関係を心の中の核とする。その核があってこそ、養育者以外の人との人間関係づくりを安心した気持でつくることができる。たとえ友だちとけんかをして悲しい思いをしたとしても、養育者のもとへ戻ってくれば温かく迎えられ元気になれる。元気になれれば次の機会に、その友だちとさらに深い人間関係をつくろうと行動することができる。ボウルビィはこのことを「心の安全基地」とたとえた。

「アタッチメント」づくりがうまくいかない場合、「心の安全基地」が存在しないので、人との関係に積極的になれない。そして、乳児期、幼児期、児童期、思春期、青年期、成人期を通して、心と行動面においてさまざまな障害が現れる。それに対する心理療法、精神療法の試みや研究が進んでいる。「アタッチメント」づくりがうまくいかなかった子どもは、寂しさや恐れの感情を含んだ不安感、また敵意が入り混じった気持ちなどを表す傾向を示したりする。また過度に人の注意を引いたり、人前で緊張したり、衝動的に行動したり、受身的で無気力になる傾向を示したりする。その他、人から受け入れられているという実感が弱いため、自己肯定感が低くなる傾向や、他人と信頼関係をつくることに積極的になれなくなる傾向を示す。

(4)「アタッチメント」づくりには多くの人が参加できる

それでは子どもの目の前に特定の養育者が存在していれば、「アタッチメント」は豊かなものになるのだろうか。実はそれだけでは十分でない。存在するだけでは駄目で、それよりも子どもが養育者からどのようなやりとりをしてもらうかがポイントになる。このやりとりの中身を「応答性」と呼ぶ。子どもが泣いている時に、特定の養育者がやさしく言葉をかける、抱きしめる、要求を満たしてあげる、問題を解決できるような支援をするといったことを、時間を

おかずに適切に行い，言葉や気持ちのやりとりを行うのであれば，応答性は良いと言える。

しかしその逆を行えば，応答性は悪いと言える。特定の養育者が横にいたとしても，やさしい言葉をかけない，要求を満たすにしても時間が空いて中途半端な形であれば，「アタッチメント」は豊かなものにはならない。つまり大切なポイントは，特定の養育者の存在よりも「応答性」なのである。この「応答性」は，肉親と子どもとの間のやりとりが自然であるが，肉親以外の存在が特定の養育者になったとしても，良い「応答性」が成り立てば「アタッチメント」は豊かになる。たとえば，肉親ではない大人と子どもが親子関係になり一緒に暮らす里親制度の場合でも，そこで良好な「応答性」が得られれば「アタッチメント」は成立する。

また特定の養育者とのアタッチメントが良好でない場合でも，周囲の人とのかかわりの中でアタッチメントが豊かになれば，不足したものが補われ，アタッチメントが成立する。このようなことから，子どものアタッチメントを豊かにするには，肉親との関係はもちろんのこと，肉親以外の周囲の者との関係も必要である。特に保育士の存在や仕事とは，肉親以外の存在として子どもの最も身近にいて，子どものアタッチメントを補い深めて行き，子どもが生涯にわたって生きて行く力の礎（いしずえ）をつくっていくという大切な役割を担っている。

第2節　福祉施設の理解

（1）福祉施設での保育士の仕事

施設で生活している子どもは，親から離れて生活している気の毒な存在なのではない。保育士の仕事によって「アタッチメント」づくりを良好な状態にしてあげることで，家庭で生活する子どもと同等かそれ以上に，豊かな「アタッチメント」を経験した子どもになっていく可能性をもっている。それは健常の子どもでも障害のある子どもでも同じことである。

たとえば，重度の知的障害があったとしても，豊かなアタッチメントの経験

をした子どもは，人を信じて人と積極的にかかわろうとするし，人とのかかわりを楽しみ，笑顔も多くなる。そうした子どもは，施設や家庭や社会の中で人とかかわり，人に好かれ，しあわせに生活することができる。子どもにとって肉親以外の他人である保育士でも，親密な関係の中で応答性が活発なコミュニケーションを図ることで，子どもの成長に大きく貢献することができる。人が生きること，人が育つことの根底は，健常者も障害者もまったく同じである。

　保育士の仕事は保育所だけにとどまらず，学校以外の子どもが育つ場所のすべてが保育士の仕事場であると言える。ここに，保育士資格取得に保育所以外の福祉施設の実習が課せられている理由がある。子どもたちを護り育てるための専門性という保育士の仕事の本質は，保育所でも施設でも変わりなく，健常児に対しても障害児に対しても変わりない。そのことを感じ取ることができれば，実習は大成功である。

（2）福祉施設での子どもに対する支援

　福祉施設での生活，そこでの利用者の姿を普段から目にすることはあまりない。そのような施設へ実習に行って，「自分に何がわかるのだろうか」，「どのように動けば良いのだろうか」と不安を感じる人は少なくない。その不安を取りのぞくのが，ここからの内容である。

　施設で生活する子どもたちは，自分の意志による自己決定によって施設の生活を選んでいない。不本意ながらの入所である。家族から離れた寂しさ，見知らぬ人や生活空間への不安，子どもゆえに自分のこれからの生活を見通せない不安などを抱えている。

　たとえば，知的障害のある子どもたちは，思考力，記憶力，表現力のハンディから，寂しさや不安を整理するのに時間がかかる。発達障害のある子どもたちは，自分自身が当たり前のように振舞う言動が，周囲に違和感をもって感じとられることへのくやしさ，苛立ち，不安を抱えている。虐待によるPTSDを抱えている子どもたちは，過去の体験の記憶が蘇ること，感情が不安定になること，おびえた気持ちなどを抱えている。非行や問題行動を行う子どもた

ちは，根底に本人たちには自覚できない発達障害が原因として存在していることもある。

　だが子どもたちは，障害や特性を担ってはいるが，人間として特殊な存在ではない。障害や特性を理解し，それに応じた工夫ある支援が必要ではあるが，人間が育つことの基本は同じである。どの子どもも分けへだてなく扱われると同時に尊重され，親以外の多くの人ともかかわり，アタッチメントを豊かにすることで，自分に自信を抱き，安定した心で日々の生活を過ごしていくことができる。朝起きて着替えをし，朝食をゆっくり摂り，一日の準備を行う。保育士などに言葉をかけてもらったり，自立に向けた支援を受けながら，仲間とかかわり，笑いあい支えあいながら，仲間を信頼し，保育士をはじめとする職員を信頼し，人間として大切にされている実感を抱くことで，人が健康的に生きてゆくことを学んでいく。これが施設の生活の中で子どもに保障しなければならないことである。

　母子生活支援施設で暮らす母親の中には，親としての責任を果たすことが十分でない場合がある。保育士はその母親が抱えている課題を受け止めながら，母親が親としての実感や責任を自覚し，母子ともに健康的な生活が送れる力をつけられるよう支援することが仕事となる。

　親の蒸発，子どもに対する何らかの育児放棄的言動から，児童相談所一時保護施設に保護され，児童養護施設に入所する子どももいる。大人に対する不信感から，試し行動を取りながら大人たちの心の奥を探ろうとする子どもたち，自身の苦しみや不安感を攻撃性で放出する子どもも一部にいるが，そういう子どもの言動は，心の叫び声でもある。そうした子どもにも，健康的な生活を保障し，心のより所となり，その子たちが自身の中にある悲しみと折りあいをつけたり，自分自身が置かれている状況と今後の生き方とを整理して自立していけるよう，まさに家族のような立場で支援をすることも保育士の仕事である。

（3）保育士の仕事の基準としての『保育所保育指針』

　保育士の仕事は，単なる子守の存在ではない。子どもが望ましい方向に向か

って自ら活動を展開できるように支援することが仕事である。その際，保育所で働く保育士が，子どもたちの成長を支援する基準がある。それは厚生労働省が規定している『保育所保育指針』である。そこにある「保育のねらい」は，「養護に関わるねらい及び内容」（ア　生命の保持，イ　情緒の安定）と「教育に関わるねらい及び内容」（ア　健康，イ　人間関係，ウ　環境，エ　言葉，オ　表現）から成っている。これらは保育所での仕事の基準というだけでなく，実は福祉施設においても仕事をする際の大切な軸になる。ここからは，それぞれを紹介し簡潔な説明を加える。

▶養護に関わるねらい

ア　生命の保持
　①一人一人の子どもが，快適に生活できるようにする。
　②一人一人の子どもが，健康で安全に過ごせるようにする。
　③一人一人の子どもの生理的欲求が，十分に満たされるようにする。
　④一人一人の子どもの健康増進が，積極的に図られるようにする。

【説明】ここで言う生命の保持は，保育士が子どもの生理的欲求を満たし，健康で安全で快適な生活を子どもに保障することである。子どもが過ごす空間一つひとつの温度，湿度，換気，採光，音などを一定の条件に整えたり，衛生管理，事故防止の工夫，不審者の侵入阻止なども保育士の仕事であり，保育所でも施設でも変わりない。

イ　情緒の安定
　①一人一人の子どもが，安定感を持って過ごせるようにする。
　②一人一人の子どもが，自分の気持ちを安心して表すことができるようにする。
　③一人一人の子どもが，周囲から主体として受け止められ，主体として育ち，自分を肯定する気持ちが育まれていくようにする。
　④一人一人の子どもの心身の疲れが癒されるようにする。

【説明】ここで言う情緒の安定は，保育士が子どもを一人の人間として大切に扱い，子どもの心が安定するよう，気持ちを安心して表現できるよう支援す

ることを意味する。また子どもの自己肯定感が育つよう支援することであり，子どもが疲れても回復が図られる生活を保障することである。大切なことは，保育所でも施設でも変わりない。

このように「ア　生命の保持」および「イ　情緒の安定」とも，保育所での子どもたちばかりでなく，施設で生活する子どもたちにも必要な事柄である。たとえば，情緒の安定という点で，児童養護施設で生活する子どもは，保育所の子どもよりもより多くの課題を抱えている。また健常児でも障害児でも，子どもの生理的欲求を満たし，快適な生活を提供してあげなければ，子どもたちの心と体は不安定になったり，良いところも伸びなくなり，保育士と人間関係をつくることもむずかしくなりやすい。

子どもたちが成長するにあたっての条件は，保育所でも施設でも，どの子どももみな同じである。体調不良や傷害が発生した場合，医者や看護師を介した対応，保護者への連絡という点でも保育士がすべきことは変わらない。どの子どもがどの食物アレルギーをもっているかといったことの把握や管理体制も必要であるし，救急用の医薬品の常備も必要である。また，非常時の職場内での対応や役割分担も必要である。

それでは「教育に関わるねらい及び内容」はどうであろうか。

▶**教育に関わるねらい**

ア　健康

健康な心と体を育て，自ら健康で安全な生活をつくり出す力を養う。

①明るく伸び伸びと行動し，充実感を味わう。

②自分の体を十分に動かし，進んで運動しようとする。

③健康，安全な生活に必要な習慣や態度を身につける。

【説明】ここで言う健康は，保育士が子どもに，基本的な生活習慣と進んで体を動かす態度が育つよう支援することを指している。

イ　人間関係

他の人びとと親しみ，支え合って生活するために，自立心を育て，人と関わる力を養う。

①保育所生活を楽しみ，自分の力で行動することの充実感を味わう。

②身近な人と親しみ，関わりを深め，愛情や信頼感を持つ。

③社会生活における望ましい習慣や態度を身につける。

【説明】ここで言う人間関係は，子どもが他者とかかわり，他者との信頼関係をつくり，周囲の人びとと一緒に生活することを楽しむと同時に，自分のことを自分自身で行う自立した力を獲得できるよう，保育士が支援することを指している。

　ウ　環境

　　周囲の様々な環境に好奇心や探究心を持って関わり，それらを生活に取り入れていこうとする力を養う。

　　①身近な環境に親しみ，自然と触れ合う中で様々な事象に興味や関心を持つ。

　　②身近な環境に自分から関わり，発見を楽しんだり，考えたりし，それを生活に取り入れようとする。

　　③身近な事物を見たり，考えたり，扱ったりする中で，物の性質や数量，文字などに対する感覚を豊かにする。

【説明】環境とは，周りの人・物・社会や自然の事象を指すが，ここでは特に生活空間，道具，自然，物等を扱ったり，使いこなしながら，生活の中に取り入れていけるよう，また生活環境の中で子どもが動く動線をよく考え，子どもが自分の生活の場面の一つひとつが連続していることを理解し，次には何をするかという見通しをもてるよう，保育士が支援することを指している。

　エ　言葉

　　経験したことや考えたことなどを自分なりの言葉で表現し，相手の話す言葉を聞こうとする意欲や態度を育て，言葉に対する感覚や言葉で表現する力を養う。

　　①自分の気持ちを言葉で表現する楽しさを味わう。

　　②人の言葉や話などをよく聞き，自分の経験したことや考えたことを話し，伝え合う喜びを味わう。

③日常生活に必要な言葉が分かるようになるとともに，絵本や物語などに親しみ，保育士等や友達と心を通わせる。

【説明】ここで言う言葉とは，子どもが言葉を通して話をしたり話を聞いたりし，自分の気持ちを伝えたり相手の気持ちを理解することを楽しめるよう，保育士が支援することを指している。特に大切なのは，伝え理解しあうことである。

オ　表現

感じたことや考えたことを自分なりに表現することを通して，豊かな感性や表現する力を養い，創造性を豊かにする。

①いろいろな物の美しさなどに対する豊かな感性を持つ。
②感じたことや考えたことを自分なりに表現して楽しむ。
③生活の中でイメージを豊かにし，様々な表現を楽しむ。

【説明】ここで言う表現とは，子どもが心や感覚で感じ取ること，感じ取ったことや考えたことを，身体表現や創作活動を通して楽しめるよう，保育士が支援することを指している。

このように「教育に関わるねらい及び内容」の5つは，身体と心の健康をつくること，人間関係をつくり楽しむこと，環境とかかわり生活の中に取り入れること，言葉を用い生活すること，考えや感じたことを表現することから成る。これらもまたすべての子どもに共通する，子どもが豊かに成長するために必要なことである。

（4）保育士の仕事は保育所でも施設でも変わらない

①重度の知的障害のある子どもは，言葉を用いてコミュニケーションを交わすことがむずかしい場合がある。そんな時，教育のねらいの一つである「言葉」は成り立たないのかと言えば，そうではない。絵を見せたり，写真を見せたり，身振り手振りを用いるなどの工夫をすることで，少しではあるがコミュニケーションを交わす補助になることができる。大切なことは，言葉を交わすことができなくても，意思を伝えあいコミュニケーションを図り，生きること

の楽しさを実感できる力を育てる支援を，保育士が行うことである。

　保育所で基準になっている「教育に関わるねらい」が，ある福祉施設での子どもには簡単に成立しなくても，工夫をして取り組んでゆくことで，保育士の仕事の本質はどこに行っても変わらない。

　②自閉症の子どもは変化に弱く，周囲の環境が，いつも自分が望む定位置にあってほしいと考えている。そのため，家具，道具，音といった周囲の環境の状態に独特のこだわりを示す。また人間関係をつくることが苦手である。そうした子どもには，人間関係づくりのスピードをゆっくりめにしてあげることや，環境との新しい接し方を急がずに支援して行くことが，保育士の仕事であり専門性となる。

　こうしたことは，障害児入所施設や児童発達支援センターでなくても，通常の保育所に自閉症傾向の子どもが入所する時も同様である。その子どもをよく観察し，障害が原因であるその子どもの特性を把握することが必要になる。どんな場面で，その子どもの良さが表現できているのか。どんな場面で，その子どもの特性が周囲と摩擦を起こし，その子どもを生きづらくしているのか。どうしたらその子どもが，より良く生きて行けるのか。そのためには人間関係を調整するのか，環境を調整するのか。子どもの前で保育士が行うべき仕事は保育所でも施設でも変わらない。

　また施設で生活する子どもにとっては，個室であろうと2～3人部屋であろうとプライベートな空間である。休息のしやすさを確保するにはどうしたらよいか，お互いの不必要な干渉を緩和させるにはどうしたらよいかという工夫も，保育士の専門的な仕事となる。このように福祉施設実習の際も，基本的に「養護に関わるねらい」と「教育に関わるねらい」を軸として，子どもたちに対する支援を考えて行けば良いのである。

第3節　保育実習の仕組み

(1) 実習の全体像

　ここからは福祉施設での保育実習とは何かということの全体像を捉える。

　保育士の専門性に必要な学びは，科目名として保育原理，教育原理，社会的養護（以前の養護原理），社会福祉，児童家庭福祉，相談援助，保育相談支援，社会的養護内容，障害児保育，家庭支援論などの科目を通して行われる（科目名称については各養成校によって若干異なる）。

　これらの科目を通して保育士になるために学ばなければならないことは，子どもの生命を保持するための生活を保障し，情緒を安定させ，健康を創造し，人や環境とかかわる力を身につけさせ，言葉と多様な表現力を習得させるよう，子どもに寄り添いながら，子どもが育つ環境を整え，遊びを調整し，子どもの成長のための工夫や支援を計画化し実施してゆく知識，技術，方法である。それは子どもに対してばかりでなく，家庭に対しても同様である。親が子どもを受容し，健康的な子育てを行い，親が親として成長できるように支援することも保育士の仕事である。

　そうした学びを実践に移すのが保育実習である。保育実習は，保育士資格を取得する際の必修科目である。保育実習Ⅰは，保育所と施設の両方でも実習を行うための科目で全員が履修する。保育実習Ⅱ（保育所）と保育実習Ⅲ（施設）は，どちらかを選択し履修する。

　保育実習Ⅰは，4単位で実習日数がおおむね20日とされ，保育所での実習がおおむね10日間，そして保育所以外の福祉施設での実習がおおむね10日間とされている。また1日の実習時間は8時間として計算しているので10日間で80時間となるが，厚生労働省はできれば90時間以上の実習が望ましいとしており，11日間，12日間もしくは13日間の実習を課す養成校も多い。

（2）実習中の欠席について

保育実習は，実習先と養成校との間で実習日程を決めるが，もしも体調不良などで実習を欠席したならば，その分，実習期間を延長し必要な日数と時間を確保しなければならない。

実習は，実習先の子どもたちと保育士をはじめとする関係職員による，日々の生活や仕事の流れの中に，学ばせてもらう意味で分け入って参加する立場である。そのため，学ばせてもらうという謙虚な気持ちと積極的な意思の両方をもって臨まなければならない。

また実習先の決まりや流れを重んじ，学生らしい節度のある身だしなみをし，時間を厳守し，指示にしたがい，礼儀正しく行動し，責任感をもって行動しなければならない。これらのことが不十分であると，実習先から低い評価を受けるだけでなく，学生自身が所属する養成校も低い評価を受けることになる。もしも実習先の信頼を失墜させるような行動をとった場合，実習が中止になったり，それ以降，その養成校の学生の実習受け入れを断られることも起こり，後輩たちにも迷惑をかけることになる。実習生は，「実習先から養成校に対する信頼」を背負って実習に行くということを念頭に置くべきである。

第4節　保育実習Ⅰ（福祉施設実習）の内容と理解——実習のねらい

実習であるが，保育実習Ⅰは観察を中心に行い，保育実習ⅡとⅢは主体的な保育実践に取り組む内容となる。

保育実習Ⅰは，前述したように，保育所実習と施設実習とに分かれているが，両方の実習に共通する，厚生労働省が規定した「実習の目標」がある。

▶保育実習Ⅰの「実習の目標」について
1．保育所，児童福祉施設等の役割や機能を具体的に理解する。
2．観察や子どもとのかかわりを通して子どもへの理解を深める。
3．既習の教科の内容を踏まえ，子どもの保育及び保護者への支援について総合的に学ぶ。

4．保育の計画，観察，記録および自己評価等について具体的に理解する。

5．保育士の業務内容や職業倫理について具体的に学ぶ。

このように「実習の目標」は5つある。これとともに「実習の内容」も大きなポイントが5つある。この「実習の内容」は，保育所実習向けのものと施設実習向けのものとに分かれている。〈保育所実習の内容〉と〈居住型児童福祉施設等及び障害児通所施設等における実習の内容〉である。ただし，記載されている事柄についてはほぼ同じ中味である。ここでは後者のものを見てみよう。

▶保育実習Ⅰの「実習の内容」について

1．施設の役割と機能

　⑴施設の生活と一日の流れ　⑵施設の役割と機能

2．子ども理解

　⑴子どもの観察とその記録　⑵個々の状態に応じた援助やかかわり

3．養護内容・生活環境

　⑴計画にもとづく活動や援助　⑵子どもの心身の状態に応じた対応　⑶子どもの活動と生活の環境　⑷健康管理，安全対策の理解

4．計画と記録

　⑴支援計画の理解と活用　⑵記録にもとづく省察・自己評価

5．専門職としての保育士の役割と倫理

　⑴保育士の業務内容　⑵職員間の役割分担や連携　⑶保育士の役割と職業倫理

これらを一言で言えば，保育所や福祉施設では子どもの日常をどのように把握して，子どもたちのために何をしているのかを，実習を通して理解することである。それまで養成校で学んだ事柄をもとにして実習に参加する。まず子どもたちの様子や保育士の仕事をよく見て観察する。3歳児クラスであれば，3歳児の発達過程がどのようなものであるかをもう一度確認しておき，3歳児クラスを観察する。その中の特定の子どもが他の子どもに比べて，何が進んでいるのか，何が他の子どものようにできないでいるか，何ができつつあるのかといったことを念頭において観察をすると，クラス全体がより深く観察できる。

また支援はどのように計画化されているのか。その計画は無理のない適切なものなのかどうか。

記録はどのように作成されているのか。後で読み返した際に，知りたい情報が無駄なく記載されているのかどうか。

保護者との対応がどのように行われているのか。親の気持ちを保育士が受け止めきれているのかどうか。親と保育士との間に信頼関係がつくられているのかどうか。親子のプライバシーが保護され，守秘義務が守られているのかどうか。

保育士は責任感をもち，高い専門性を志向して仕事をしているのかどうか。そうしたことを，実習を通して観察したり体験しながら学んでいく。施設での仕事も保育所の仕事も，基本は何ら変わらないこと，そして保育士が大切な役割を担って仕事をしていることを，ぜひとも学んで来てほしい。

〔演習課題〕
1）保育士の資格取得のために，児童福祉施設をはじめとした社会福祉施設での実習がなぜ必要なのかをまとめてみよう。
2）保育士資格取得のために必要な保育実習の仕組みについてまとめてみよう。
3）施設実習に臨む際の実習の目的や実習内容についてまとめてみよう。

〈参考文献〉
厚生労働省「保育所保育指針」2008年3月。
ボウルビィ／二木武監訳『母と子のアタッチメント――心の安全基地』医歯薬出版，1993年。
厚生労働省雇用均等・児童家庭局「指定保育士養成施設の指定及び運営の基準について」（平成25年8月8日）。

（金子晃之）

第2章

福祉施設実習での学びの目的

本章では，保育士国家資格の取得を目指している学生が，なぜ福祉施設実習（保育実習ⅠおよびⅢ）を経験する必要があるのか，あるいは，その目的はどこにあるのかなどについて述べることにする。その中で，具体的には，要保護児童が置かれている状況や背景，あるいは彼らが必要としている社会的養護としての福祉施設の存在意義や提供する支援技術やかかわり方，あるいは職業上の倫理などについて検討する。

第1節　福祉施設の社会的意義と援助内容

これまで，学生のみなさんは，社会福祉系の科目の講義を受講する中で，家庭養護や家庭的養護と同時に社会的養護の分野に属する児童福祉施設（以下，「施設」と略す）の根拠法や目的，あるいはそれぞれの施設の現状や課題について学んできたと思う。いわゆる施設実習はこれらの学習が基礎となる。

特に，施設を活用しなくてはならない事態に置かれてしまった利用者である「要保護児童」が，いかなる背景や要因の中で施設利用に踏み切らなくてはならなくなったのか，なぜ両親やきょうだいなどとともに生活をすることが許されない事態に置かれてしまったのか，あるいはどうして地域社会の友人や知人と一緒に活動する機会が制限されるようになったのかなどについて実習前に情報や知識の整理をすることは重要である。

一般の学生にとって，施設自体は身近なものではないかもしれない。しかし，施設を特殊な場所として捉えることは好ましいことではない。かつては劣悪な

環境であり，非人間的な拘禁処遇が行われていた時代もあったが，デンマークで生まれたノーマライゼーションの理念が1970年代初頭にわが国に導入・普及され浸透した。これらの状況の変化の中で，施設は要保護児童にとっては心を癒す「生活の場」であるとともに「治療や教育」の場であり，個別や集団の活動を経験したり享受できる場所として質が高められるように改善が進められている。加えて，施設を活用する利用者（文中では児童と併用する）が「自分の価値」を高めたり，「人間性」を磨いたりする創造的な場所として位置づけられている。

　これらの理由から，学生のみなさんが実習を行うために施設を訪れることは，利用者にとっては非日常的なことである。したがって，すべての児童がもろ手をあげて歓迎しているわけではない。たしかに，刺激のない日常生活の中で，あるいは，スタッフの前でなかなか胸襟を開きにくい環境の中で，素直で，かつ従順さを秘めた実習生が施設に次々に訪れ，利用者とともに時間や場所，機会をともに過ごすことを，心から求めている利用者は多い。しかし，馴染みのない外部の者が日常をともにすることを利用者のすべてが好意的に受け取っていると思い込むことは早計である。むしろ，一年中，ひっきりなしに実習生が施設を訪問し，国家資格を取得するために，「学習」や「経験」を求めて利用者の生活舎や日常生活に出入りすることは，不自然な生活環境であると考えるほうが相当である。これらの実態の存在を，実習前から的確に理解しておくことが肝要である。ある意味で，実習へ向かう学生には，利用者と施設のスタッフの好意と犠牲の中で，保育士資格を取得するために，実習を行うことが許されると考え，真摯に取り組む姿勢が必要であることを理解していただきたい。

　施設実習の中で学ぶのは社会福祉系科目（児童家庭福祉や社会的養護など，以下省略）の講義内で学んだ乳児院や児童養護施設，母子生活支援施設，児童自立支援施設などの児童施設（児童施設で対応できない地域では成人施設）の現状や課題，あるいは実際である。そのために，施設のスタッフの下で指導を受けながら，それぞれの施設の勤務やスタッフの仕事の一つである利用者とのかかわりを体験する。

それゆえ，実習前の準備や学習は重要である。まず，座学である福祉系科目で使用したテキストの熟読は必要不可欠である。また，自分が実習を行う当該施設の種別や歴史，法制度，利用者の状況，活動内容，課題などについて予備知識として理解しておくことは大切なことである。さらに，関連する文献や映画，DVDなどに当たっておくことも効果的である。そして，実習施設に熟知した先輩や教員から施設の雰囲気やエピソードなどのレクチャーをしていただくことも有効である。それから，自分が実習を行う施設と同種の他の施設に協力していただいて見学したり，行事やイベントなどのお手伝いなどに行ったりして，利用者やスタッフとともに汗を流し，独自の雰囲気を味わうのも良い経験となる。加えて，実習施設と関連するフォーマル（児童相談所や児童家庭相談室，保健所など）やインフォーマル（民間のシェルターなど）な社会資源の知識や役割，機能，そして施設との関係性について把握しておくことも重要な作業である。

第2節　福祉施設を利用している子どもや利用者の理解

　保育所・保育士と施設・保育士とでは，必要な知識や技術，日中活動は異なる。また，施設を活用している児童の抱える課題や問題，家庭環境は，保育所へ通う児童と比較検討してみると，施設を活用する児童や家庭の抱える課題や問題，家庭環境のほうが複雑，かつ重篤（じゅうとく）であるという印象を受ける。やはり，施設を活用する児童や家族が抱えもつ課題や問題は一層複雑であり，かつ，多くの問題が絡まったケースが多いのではないかと予測される。そのために，家庭の機能が停止したり，破綻したりしている事態の中で育てられてきた，利用者が抱える問題について，また，これらの複雑な家庭の事情や児童自体の問題について実習を行う学生が11日〜13日間（合計90時間以上）で終了する実習期間内で，理解しながら支援することは，ことのほかむずかしい作業であると思われる。

　施設のスタッフは，通常，支援の対象となる児童の成育歴や家庭環境，障害

や病気の有無，発達状況，キーパーソン，抱える課題や問題，活用できるフォーマルやインフォーマルな社会資源などについて調べ上げてから，対象となる利用者や家庭のアセスメント（情報の分析）を行い，支援計画（プランニング）を立てて，支援（インターベンション）を開始する。

　しかし，施設サイドから実習生に，利用者に関する個人情報が提供される可能性は低いと推察される。なぜなら，個人情報保護法を施設側は厳守する必要があるからである。その中で，時折，実習生の学習成果を期待し，施設長が独自の判断で，実際の児童票や入所後の生活記録（育成記録など多様な呼び方がある）の閲覧を，実習日誌に記載しない，外部に漏らさないことを条件に，許可してくれる施設がごく一部で見られる。また，退所した利用者の児童票や育成記録（日常の記録，以下省略），あるいは実習生向けに作成された児童票や生活記録を閲覧させてくれる施設も少なくない。これらの実習生に好意的な施設で実習をすることになった学生は，自分は「幸運である」と考えるほうが好ましい。なぜなら，個人情報保護法を施設側が厳守するのが一般的であり，社会通念として当然であるからである。この個人情報保護法にもとづいた施設の実習体制は，「社会福祉士」，「精神保健福祉士」，「介護福祉士」などの国家資格の実習も同様の扱いである。

　また，個人情報に関しては，実習が進む中で，施設のスタッフのほうから利用者を特定できない形で，生育歴や特徴・性格，施設に入所することになった経緯などを「つぶやいてくれた」時には，実習学生は実習日誌に記載しない，外部に漏らさないことを前提として，利用者の「歩いてきた道」や「これから歩いていくと思われる道」について一部でも触れることができたことに感謝することをお勧めする。このような機会に恵まれることがあるならば，利用者個々の生活の状況や抱えている課題や問題，あるいは支援計画，スタッフの支援の内容や助言の方向，家族との関係，地域社会との関係，記録の書き方や利用の方法などについてさりげなく問いかけてみることも，施設実習の醍醐味である。ただし，個人情報について固執するあまりに，スタッフを不快な思いに至らせることは，厳に慎みたいものである。

第3節　保育士の職務や役割，職場内での他職種との連携の理解

　保育士と言っても，保育所で働く保育士と，施設で働く保育士とでは，同じ保育士資格を有し，保育士として活動していることは間違いないが，実際に遂行している保育や支援の内容はやや相違する。

　保育所内においては，所属するスタッフである看護師や栄養士，嘱託医と連携しながら担当する児童（0歳から就学前）の成長や発達を促進するように努めるとともに，それぞれの利用者や家庭が抱える課題や問題の解決・緩和を行うように相談支援を試みる。そのほか，近年では，保育所内外での児童や保護者の相談支援を行うことが期待されている（保育相談支援）。

　その一方で，児童施設内の保育士の支援活動は，一般的に介助（ケア）と呼ばれるが，保育士は児童を対象として支援を遂行する。基本的には，対象児童の年齢は0歳児から18歳（必要に応じて20歳まで延長することは可能な施設もある）である。施設内で就労する保育士の仕事は，近年，ノーマライゼーション理念の浸透により，地域社会での生活を模索することが柱となってきている理由から，地域社会の資源との連携の中で利用者を支援したり相談（相談援助）を行ったり，アフターケアを実施したりすることが一般的になっている。そのために，施設内の支援員や看護師，栄養士，嘱託医，臨床心理士，理学療法士，作業療法士などに加えて，各種医療機関，児童相談所，子ども家庭相談室，児童家庭支援センター，保健所，警察の生活安全課，法テラス，児童委員（民生委員）などと連携し，情報交換をしながら支援活動をチームで行うことが一般的になってきている。これらのチームアプローチは，先ほど文頭で紹介した保育所においても，必要に応じて遂行されている（児童虐待の事例など）。これらの理由から保育士は，さまざまな専門領域の有資格者等とチームを組んだり，アドバイスを受けたりしながら児童の支援活動を推進したりすることから，保育領域に関する知識や技術ばかりではなく，隣接領域は当然のこと，多種類の関連専門領域についての知識や技術，あるいは実情等についても，理解の範囲

を拡充する必要がある。

しかし，これらの領域の知識や技術・実情について把握することは，保育士養成校における教科学習や保育実習などにおいて身につけることはなかなかできにくいことであることから，実習を終え実際に施設で就労する場合には，常に専門的な科目の学習や保育士以外の国家資格の取得は必要不可欠のものとなる。

したがって，さまざまな専門職と活動をともにする実習は，有知識者とかかわりをもつ良い機会となることから，可能な限りの知識や技術，情報などについては，関心をもって習得したいものである。

― コラム ―

重症心身障害児などの施設の利用年齢の特例

重症心身障害児とは重度の知的障害と肢体不自由が重複している児童のことを言う。改正前の児童福祉法では重症心身障害のための施設について規定があったが，障害者福祉制度の見直しの過程で「重症心身障害児施設」は医療型の障害児入所施設と児童発達支援センターに再編成された施設である。一般的に児童施設は18歳以下の児童を対象としているが，このタイプの施設は（重症心身障害児の療育を対象とした）「児童福祉施設」と「病院」の2つの面を持っており，18歳以上を対象とした施設の整備が社会的にも不充分であることから，特例として18歳以降の利用や18歳以上からの利用も可能となっている（それ以降の年齢の利用者は障害者総合支援法の療養介護で支援する）。同様の施設として情緒障害児短期治療施設などは必要に応じて20歳までの利用が可能となっている施設もある。

出所：筆者作成。

第4節　福祉施設内で取り組まれている保育や援助技術の理解と実践

人間はだれもがしあわせを求めて，この世に生まれてきている。しかし，施設を活用する児童の大半は保護者が期待されている親権を行使しなかったり，

あるいは，保護者との愛着関係を形成する機会に恵まれなかったりする状況に置かれている。加えて，家族関係が崩壊したり，両親の夫婦関係がギクシャクしてしまったりしたことから，身体的虐待やネグレクトなどの虐待に至ったりする児童も数多く存在している。また，父親が職を失い，母親のパート収入だけでは保育費を納入できない貧困家庭が散見されることもめずらしくない。そして，ひとり親家庭や貧困家庭では，収入が少ない理由から，健康保険に加入できないために，医療機関を利用できない事例もマスコミを通じて報告されている。

　これらの劣悪な事態に置かれた児童の多くは，愛情や栄養，環境に恵まれていないことから心身や脳の発達が脆弱（ぜいじゃく）な事態に置かれている。加えて，精神的に不安定であったり，学力が低かったり，基本的生活習慣の獲得ができていなかったりする事態に陥りやすい。

　そのために，これらの事態に陥ってしまった児童が活用する施設では，負の状況の改善に向けた個別支援計画が立てられ，実際に施設のスタッフが一つのチームとなって，教育や治療を遂行している。これらの理由から，保育士を目指している学生がこれらの施設で実習を行い，支援チームに参加する際には，これらの実情に関心を向けつつ，実習効果を高めるために，すべての実習期間を通じた目標や課題，実習日ごとのテーマを決めて，日々の実習活動を充実したものにしていくことが求められる。

　施設での実習は，比較的スタッフが穏やかであったり，学生を歓迎する気風があったりすることから，楽しい時間を過ごすことが多い。そのために実習期間があっという間に過ぎてしまう印象をもちやすい。これらの理由から，実習生は実習期間を通じて目的や日々の実習活動ごとに明確なテーマをもって取り組まないと，漫然（まんぜん）として過ごしてしまいやすくなる。そのためにせっかく時間をかけて実習の準備をした内容や時間が無駄になってしまいかねない。

　保育士を目指す学生が記述する実習生調書に目を通してみると，施設実習に向けて「子どもの目線に立つ」，「笑顔を大切にする」などの曖昧な目標を立てているものが多い。あるいは，しばしば「職員や児童とのコミュニケーション

を大切にする」という目標を設定する学生が散見される。これらの事項は、保育学科の教師や実習先の保育士が好んで使う文言であるが、客観的に検証すると具体性に欠けることから、実際の実習場面においてはひとりよがりにならないで、職員や児童と実習生の間の情報や意見交換、アドバイスなどの伝達、心のあやとり（やりとり、以下略す）がスムーズに遂行できる関係を形成することが大切である。実習生にとっては、これらの関係を形成できたことが、学生の自信にもつながりやすいことから、心して取り組みたいものである。

　施設を活用している児童は、健常児童であれ、障害のある児童であれ、幼くして自宅を離れ、保護者やきょうだい、あるいは友人・知人とは異なる人生のコースを歩まざるを得なくなってしまう可能性が高い。特に、入所型の施設を活用する児童のとまどいは大きいものであるに違いない。そのために、自分の世界に引きこもったり、自分の気持ちを素直に出せたりできない者もいる。あるいは、保護者に「自分は捨てられた」と思い込み、自暴自棄になってしまっている児童を目にすることがある。こうした児童とスムーズにコミュニケーションを図ったり、心の内にある不満やストレス、あるいは悩みを吐露させたり、課題や問題の解決・緩和するところまで導くのは容易なことではない。ひいては、多様な発達遅滞や精神障害、ろうあ障害などの各種障害を有している児童に加えて、かなりの年齢差がある児童との間で、心のあやとりを行うことは困難なものとなる。また、不完全なコミュニケーションに終わってしまう危険性をもある。そのために、対象児童とのさまざまなかかわりや意見交換は、言語による会話（バーバルコミュニケーション）に限定しないで、相手の表情や顔色、語調、しぐさなどを観察・判断しながら行う会話（ノンバーバルコミュニケーション）を行うことによって、「すれ違い」や「誤解」などが生じないような支援関係づくりに力を注ぐ必要がある。

　これらの理由から、施設の中で遂行される保育や支援、相談などは、一人ひとりの特徴や特性、個性などを考慮した「臨機応変」に、あるいは「自由自在」に行われる必要がある。そして、児童の心身の疲れや精神のゆがみを回復させたり、人間性を豊かに育んでいったりしていくことは、必要不可欠な事

柄である。

第5節　保育士の対象児・者とのかかわり方

　児童福祉施設のサービスを利用できるのは，年齢で言えば0歳から18歳までが基本とされている。ただし，必要に迫られる場合は20歳まで延長できる。また，児童が生活している施設は活用する児童の特性に合わせて，利用者の定員や建物・部屋の広さ，部屋の利用者数，設備などは異なっていることも実習前から認識してほしい。

　実際の実習の中で特にとまどうのは児童の年齢であると思われる。同年代の児童もいれば，少し年上の成人も支援対象となることがある。同年代の児童は，立場こそ違えど年齢は大して差がないので，ある程度の気配りが必要である。また，利用者の中で一番気を使うのは反抗期にある児童や，虐待経験のある児童，精神障害のある児童などである。これらの問題を抱えた児童については，オリエンテーションの際にスタッフから事前にレクチャーしていただき，実習に入る時にはそれぞれの特徴や個性に応じたかかわりを行うことができるように事前学習しておくか，実習に入ってから，スタッフにアドバイスを受けることが必要不可欠である。

　人間同士のかかわりほどむずかしいものはない。特に，養育される段階でトラブルに巻き込まれたり，保護者の愛に恵まれなかったり，日常生活に影響をもたらす障害があったりする児童，あるいはさまざまな障害のある児童を育てている保護者や知的な障害や精神障害を有している保護者とのコミュニケーションやかかわり方には，いっそうの配慮が必要となる。これらの支援関係の形成手法を学ぶことは，施設で働く者にとっては永遠の課題である。ある意味で，完璧な手法や万能な手法などはない。ましてや10日から13日（90時間）程度の実習でうまく支援関係を形成できることは限りなく不可能に近い。

　このことは施設で勤務している保育士や支援員，看護師なども同様である。毎日のかかわりの積み重ねが，血となり肉となる。その視点からすると，実習

生は，施設での実習期間があまりにも短いことから，施設で支援している保育士や支援員，看護師などと一緒に児童とのかかわりに触れたり，観察したりすることが重要な学びの時間になると考えるほうが好ましい。

第6節　社会人としてのマナーと職業上の倫理

　わが国の社会で，今，危惧されている問題の一つに，青少年（児童も含む，以下略す）の歴史や地理，政治，経済等に関する一般常識の欠如，あるいは，日本人独自の美しい立ち居振る舞いの未習得などの問題がある。このことは地域社会で生活している青少年ばかりではなく，当然施設を活用している児童も同様に問題視されている。

　人間は，一般社会と遠ざかれば遠ざかるほど，人間社会のしきたりや生活習慣を身につけにくい傾向にある。そうでなくても，現代社会ではパソコンやスマートフォン，タブレット端末などの通信機器の普及にともない，人間同士が挨拶しあったり，語りあったり，近隣の住民同士や親戚同士がかかわったり，冠婚葬祭に参加したりする機会が年々減少の一途を辿っていることから，一般常識の欠如や立ち居振る舞いについて学ぶ機会が限られていることはたしかである。

　これらを背景として，青少年の示す逸脱した行動は，マスコミを通じて大人の批判をしばしば受ける羽目に陥りやすい。これらの問題は，施設で生活する児童も同様であり，言葉づかいや立ち居振る舞いなどについて，常に，意識して学ぶ必要があることは言うまでもない。なぜなら，利用者が一般社会で将来，自活して社会で暮らしていくために求められるのは，一般教養や専門領域の能力の高低ばかりではないからである。やはり，周囲の人たちから愛されたり，可愛いがられたりする素直な人間性を身につけることが最も重要である。その意味で，一般常識や適切な所作を体得しておくことは必要不可欠である。

　これらの理由から，施設で勤務する保育士や指導員やほかの専門的スタッフなどは，施設を活用している児童を保育や教育，しつけの一環として，彼らと

かかわる上で，一般社会で通用するかかわりや口調，あるいは姿勢を示しながら，社会で活用されている一般常識や所作・情報などを提供する必要がある。このことは，保育実習のために施設で学ぶ学生も同様に期待される。

具体的に言えば，実習前に学生ができる限り理解しておく必要があるのは，身だしなみや勤務態度，接遇マナー，記録の記載方法などである。

そして，実習した学生が国家資格を取得し，実際に施設に保育士として勤務する時に，利用者や保護者などと，その一部とは言え，実習の際に生活をともにし，健康的な支援関係を築く経験をすることは，就労をする際の一助となるし，現在，自分が暮らしている社会の中に，さまざまな困難を抱え込んでいる者がいることを学習することは一生の宝物になる。

―― 事 例 ――

実習巡回は学生の心を支える

香奈さん（仮名）は保育系短大の2年生である。現在，飛鳥児童養護施設（仮称）で11日間にわたる実習を行っている。今日は，実習4日目で，短大の実習担当者である鈴木先生（仮名）が巡回指導に来られる予定になっている。

香奈さんは，朝から鈴木先生が来られるのが待ち遠しい。鈴木先生の訪問予定は午前10時になっていることは，昨日，施設の実習指導担当の美紀先生（仮名）から知らされている。

実習の合間に玄関の方を見ていると，鈴木先生が来園される姿が目に入った。そして，玄関口で，美紀先生と園長の亨先生（仮名）が挨拶を交わしている声が聞こえてきた。

すると，美紀先生が小走りで香奈さんが実習している部屋に顔を出され，「香奈先生，短大の鈴木先生が見えましたよ。事務室へ行ってお茶を4人分入れて，応接間に持ってきてください」，「お茶菓子は事務の美里さん（仮名）に準備してもらってくださいね」と，彼女に応接間に顔を出し，鈴木先生と面談をするようにとの声をかけてくださった。

美紀先生のお誘いの声は待ちに待った声であった。しかし，自宅でお茶を急須で入れたことのない香奈さんはとまどってしまった。いつも彼女はパックのお茶を入れて飲んでいる。急須へ入れるお茶の量やお湯の量をどうしたらよいのかわからな

かった。また，お茶を入れる方法やお菓子（和菓子）をお皿にきれいに乗せ，菓子楊枝を揃える手法を理解していなかった。香奈さんは，まさか鈴木先生が巡回に来られる時に，このような些細（ささい）なことでパニックに陥るとは思いもよらなかった。

香奈さんが困り果てていると，事務の美里さんが彼女の様子を見て，困っていることを察したらしく，「香奈さん，これもこの施設の実習の一環なのよ」と言って，お茶の入れ方やお菓子や菓子楊枝の置き方，そして，お客様にお茶やお菓子を出す順番などについて丁寧に教えてくださった。

彼女は，ほっとした反面，施設での実習の種類の多さや奥の深さについてしみじみと考えさせられた。

〔演習課題〕

1) 施設を活用している児童が抱えている問題や課題について，今一度確認してみよう。
2) 保育士資格取得のために，学生がなぜ施設実習を行わなければならないのか，実習生同士で意見交換をしてみよう。
3) 各学生が施設実習に向かう際の「目当て」を仮に立ててみよう。

〈参考文献・資料〉

愛知県保育実習連絡協議会・「福祉施設実習」・編集委員会『保育士を目指す人のための福祉施設実習』みらい，2013年。
小野澤昇・田中利則編著『保育士のための福祉施設実習ハンドブック』ミネルヴァ書房，2011年。
厚生労働省雇用均等・児童家庭局「指定保育士養成施設の指定及び運営の基準について」（平成22年7月22日）。
厚生労働省雇用均等・児童家庭局「保育士養成課程等の改正について」（平成22年3月24日）。

（田中利則）

第3章

福祉施設の理解と概要

第1節　実習施設の種類

　保育士養成施設において保育士資格を取得するためには,「指定保育士養成施設の指定及び運営の基準について」に定められた学内での科目履修と学外での保育実習を含んだ教育課程を修める必要がある。「指定保育士養成施設の指定及び運営の基準について」は数度の改正を重ねており,最新の改正は2013（平成25）年8月8日である。それによると,保育所をのぞく,保育実習対象施設の種別は表Ⅰ―3―1の通りである。

　必修科目である「保育実習Ⅰ」では従来居住型施設での実習が想定されていたが,2010（平成22）年の「指定保育士養成施設の指定及び運営の基準について」の改正で,通園・通所型の施設での実習も認められることとなった。これはノーマライゼーションの理念の浸透と,障害のある人びとの施設から地域での生活への移行を推進する施策から,地域での生活を支援する通所・通園型施設の役割がより重視されるようになったためと考えられるが,居住型施設での実習を希望する実習生に対しては,実習施設の選定に際して配慮することが求められている。その後児童福祉法,障害者自立支援法の改正にともなう施設種別名の変更が行われ,現在に至っている。

　また「保育」実習ではあるが,「障害者支援施設」,「指定障害福祉サービス事業所（生活介護,自立訓練,就労移行支援又は就労継続支援）」といった知的障害,身体障害,精神障害のある成人のための施設,事業所における実習も可能とさ

表Ⅰ―3―1　保育実習対象施設の種別（保育所をのぞく）

実習種別	実習施設の種別
保育実習Ⅰ （必修科目）	乳児院，母子生活支援施設，障害児入所施設，児童発達支援センター（児童発達支援及び医療型児童発達支援を行うものに限る），障害者支援施設，指定障害福祉サービス事業所（生活介護，自立訓練，就労移行支援又は就労継続支援を行うものに限る），児童養護施設，情緒障害児短期治療施設，児童自立支援施設，児童相談所一時保護施設又は独立行政法人国立重度知的障害者総合施設のぞみの園
保育実習Ⅲ （選択必修科目）	児童厚生施設又は児童発達支援センターその他社会福祉関係諸法令の規定に基づき設置されている施設であって保育実習を行う施設として適当と認められるもの

出所：「指定保育士養成施設の指定及び運営の基準について」（平成25年8月8日雇児発0808第2号）別紙2「保育実習実施基準」より筆者作成。

れていることが特徴的である。選択必修科目である「保育実習Ⅲ」においても，「社会福祉関係諸法令の規定に基づき設置されている施設であって保育実習を行う施設として適当と認められるもの」と，児童福祉施設に限定せず，「保育実習を行うのに適当」であれば幅広く実習施設として認めていくこととされている。第2節では近年の福祉施設の傾向と課題，第3節では保育実習Ⅰに定められている施設種別および保育実習Ⅲに示されている児童厚生施設について概説する。

第2節　福祉施設の傾向と課題

（1）社会的養護を必要とする児童のための福祉施設
1）施設養護と家庭的養護

　社会的養護とは，保護者のない児童，被虐待児など家庭環境上養護を必要とする児童に対し，公的な責任として，社会的に養護を行うことを言う。社会的養護は家庭の代替的機能を果たすもので，里親等による家庭養護と，児童養護施設など入所型施設で提供される施設養護に大別される。2012（平成24）年現在，日本で家庭養護（ファミリーグループホームを含む）を受けている児童は5,000人に満たず[1]，社会的養護を必要としている多くの子どもたちは乳児院（2012〔平成24〕年現在利用児数3,000人），児童養護施設（2012〔平成24〕年現在利

用児数約30,000人)をはじめとする福祉施設で生活をしている(2)。

　家庭養護と施設養護、いずれが望ましいかは一概には言えないが、欧米では家庭養護を中心とした施策が展開されており、子どもの権利条約第20条「家庭環境を奪われた子どもの養護」でも代替的な監護(かんご)措置として、施設養護よりも里親制度や養子縁組などの家庭養護を優先する考えが示されている。

　日本においてもホスピタリズム論争以降施設養護のあり方に関心が寄せられており、施設養護の実施にあたっては、限られた職員数やスペースという課題を抱えつつ、小舎制(しょうしゃせい)や担当制を取り入れるなど養護上の配慮や工夫がなされているところである。2011(平成23)年に厚生労働省に設置された「児童養護施設等の社会的養護の課題に関する検討委員会」がとりまとめた「社会的養護の課題と将来像」では、今後の社会的養護の方向として「家庭的養護の推進」を掲げ、家庭養護(里親、ファミリーホーム)を優先するとともに、施設養護においても、できる限り家庭的な環境での家庭的養護(小規模グループケア、グループホーム)を推進していくことが示されている。

　2)社会的養護に求められている機能

　社会的養護は、第2次世界大戦後の戦災孤児や引揚孤児等保護者(親)のいない子どもへの施策としてスタートしたが、現在では、親がいるにもかかわらず、親子関係の不調や養育能力の欠損といった家庭機能の脆弱化のために問題が生じて社会的養護の必要に至るケースが多くなっている。具体的には、養護問題が発生しやすい親側の背景としてはアルコール依存症、精神障害、父子・母子家庭等が見られ、子どもの側には非行、不登校、家庭内暴力等の問題行動、被虐待のケースが増加している。このような要保護児童の質的な変化にともない、社会的養護を提供する福祉施設の機能も、ただ単に家庭の代替として養育を行うだけでなく、適切な養育が受けられなかったことによる発達の歪みや心の傷を回復するための心理的ケアや、自己肯定感を育み自分らしく生きる力や他者を尊重し共生する力、生活スキルや社会的スキルの獲得といった自立支援や退所後のアフターケア、虐待防止のための親支援や親子関係再構築のための支援などの機能が求められている。

3）子どもの人権を守るための取り組み

前述の「社会的養護の課題と将来像」では，社会的養護の理念は「子どもの最善の利益のために」「社会全体で子どもを育む」ことにあるとされている。「児童福祉施設の設備及び運営に関する基準」第5条では「児童福祉施設は，入所している者の人権に十分配慮するとともに，一人一人の人格を尊重して，その運営を行わなければならない」としているが，同基準で定められている職員配置数（次節参照）では十分なケア，支援は困難と言わざるを得ない。そのような困難な状況下で，施設職員の多くは子どもたちの人権を重んじ，最善の利益を保障しようと真摯に支援に取り組んでいるが，一方でいまだパターナリズムにもとづいた対応や懲戒権の乱用等を行い，子どもへの権利侵害が公然と行われている施設があることも事実である。1998（平成10）年には，児童福祉施設最低基準改正により「懲戒に係る権限の濫用禁止」が付加され児童への体罰の禁止等が明確にされ，2008（平成20）年の児童福祉法改正では，児童養護施設などの職員による虐待や子ども間の暴力の放置を「被措置児童等虐待」と位置づけ，虐待の発見者には児童相談所などへの通告義務が課された。

長年にわたり児童福祉施設の設備等の基準を定めてきた「児童福祉施設最低基準」は2011（平成23）年に現行の「児童福祉施設の設備及び運営に関する基準」に名称変更された。2012（平成24）年には職員配置等がやや見直されたところではあるが，一人ひとりの人格を尊重し個々の最善の利益を追求するには，さらなる職員配置や設備の基準の向上と，適切な養護観をもち複雑化する子どもの支援に対応できる力量のある職員の育成が課題となっている。一方子どもたちに対しては，施設入所時に都道府県より「子どもの権利ノート」が配布され，自分たちはどのような権利をもっているのか，権利が侵害された時はどのように対応したらよいのかなどを周知するなどの取り組みがなされている。

（2）障害のある子どもたちのための福祉施設

障害のある子どもたちのための施設は，知的障害，肢体不自由，視覚障害，聴覚・言語障害，重症心身障害等それぞれの障害種別に応じた「療育」を提供

することを目的に，従来表Ⅰ—3—2の旧体系欄に示すように数種の障害児施設が設定されてきた。「療育」とは「治療」と「教育」をあわせた言葉で，心身に障害のある子どもに対して「医療，訓練，教育などの現代の科学を総動員して障害をできるだけ克服し，その児童が持つ発達能力をできるだけ有効に育て上げ，自立に向かって育成すること」[3]と説明されている。しかし2010（平成22）年の児童福祉法改正により，障害種別にかかわりなくサービスを提供することにより，障害児が身近な地域で支援を受けられるように支援体制が一元化された（2012〔平成24〕年施行）。だが法体系として一元化されたとはいえ，おのおのの施設はこれまでの障害種別にもとづいた入所児童，通所児童を中心とした療育を行っているのが現在の状況である。

　障害児施設を利用できるのは原則として18歳未満の児童であるが，身体的事由等による特別な場合は，特例として18歳以上の継続利用も認められている。ノーマライゼーションの理念の普及や在宅福祉の流れの中で，入所型障害児施設の施設数は減少傾向にあり，在所者数も定員数を下回っている（ただし重症心身障害児施設の施設数は増加傾向にある）。このような傾向の下，障害児入所施設への入所の背景として，障害そのものが理由というより，親子関係の不調や養育能力の欠如といった社会的養護の必要性から施設への入所に至っているケースも多くなっている。障害児施設においても，子どもの人権が侵害されることのないように，そして，子どもの最善の利益の保障を担保するために，設備や職員配置等のケア基準の向上，職員の適切な養育観や人権意識の醸成，個別の障害に対応可能な専門的力量が課題とされている。

（3）障害のある成人のための福祉施設・福祉事業サービス

　成人のための障害者施策においても，かつては障害種別ごとの法律等にもとづいてサービスの提供がなされていた。しかし対象者別に施設が細分化されていることにより，個人のニーズを満たせないケースがある，また働く意欲があるにもかかわらず適切な訓練を受けることができないために企業等で働くことができずにいる人が存在する等の理由から，より効果的・効率的に個別の支援

第 3 章 福祉施設の理解と概要

表Ⅰ—3—2　障害児施設の体系（新・旧）

入所で利用する児童福祉施設

旧体系		新体系
知的障害児施設：知的障害のある児童を入所させてこれを保護し，又は治療するとともに，独立自活に必要な知識技能を与える。	障害児入所施設	福祉型障害児入所施設：身体に障害のある児童，知的障害のある児童又は精神に障害のある児童（発達障害児を含む）を障害児入所施設に入所させ，保護，日常生活の指導及び独立自活に必要な知識技能の付与を行う。
盲児施設：盲児（強度の弱視児を含む）を入所させて，これを保護するとともに，独立自活に必要な指導又は援助を行う。		
ろうあ児施設：ろうあ児（強度の難聴児を含む）を入所させて，これを保護するとともに，独立自活に必要な指導又は援助を行う。		
肢体不自由児療護施設：病院に入院することを要しない肢体不自由のある児童であって，家庭における養育が困難なものを入所させ，治療及び訓練を行う。		
第1種自閉症児施設（医）第2種自閉症児施設：自閉症を主たる病状とする児童を入所させ，保護するとともに必要な治療，訓練等を行う。		医療型障害児入所施設：障害児入所施設に入所又は指定医療機関に入院する知的障害児・肢体不自由児・重症心身障害児に対し，上記の支援に加えて治療を行う。 ＊左列（医）の施設が該当
肢体不自由児施設（医）：上肢，下肢又は体幹の機能の障害のある児童を治療するとともに，独立自活に必要な知識技能を与える。		
重症心身障害児施設（医）：重度の知的障害及び重度の肢体不自由が重複している児童を入所させて，これを保護するとともに，治療及び日常生活の指導をする。		

通所で利用する児童福祉施設

旧体系		新体系
知的障害児通園施設：知的障害のある児童を日々保護者の下から通わせて，これを保護するとともに，独立自活に必要な知識技能を与える。	児童発達支援センター	児童発達支援（福祉型児童発達支援センター）：身体に障害のある児童，知的障害のある児童又は精神に障害のある児童（発達障害児を含む）を児童発達センター等に通わせて日常生活上の基本的動作の指導，知識，技能の付与，集団生活への適応訓練等を供与する。
難聴幼児通園施設：強度の難聴の幼児を保護者の下から通わせて，指導訓練を行う。		
（児童デイサービス〈障害者自立支援法〉）		
（重症心身障害児・者通園事業〈補助事業〉）		
肢体不自由児通園施設（医）：通園によっても療育効果が得られる児童に対し，必要な療育を行い，もってこれら児童の福祉の増進を図る。		医療型児童発達支援（医療型児童発達支援センター）：上肢，下肢，体幹に機能障害のある児童を医療型児童発達支援センターに通わせて児童の発達支援及び治療を行う。 ＊左列（医）の施設が該当

出所：厚生労働省編『厚生労働白書（平成24年版）』2012年，資料編225頁より筆者作成。

表Ⅰ－3－3　障害者支援施設における主な障害福祉サービス

	サービスの名称	サービスの内容
日中活動	療養介護（医療型）	医療を必要とする障害者であって常に介護を必要とするものに対して，主として昼間に病院において，機能訓練，療養上の管理，看護，医学的管理の下における介護及び日常生活上の世話を行う。また，療養介護のうち医療に係るものを療養介護医療として提供する
	生活介護（福祉型）	常に介護を必要とする障害者に対して，主として昼間に障害者支援施設において，入浴，排せつ及び食事等の介護，調理，洗濯及び掃除等の家事，生活等に関する相談及び助言その他の日常生活上の支援，創作的活動又は生産活動の機会の提供等を行う
	自立訓練（機能訓練）	身体障害を有する障害者に対し，障害者支援施設若しくはサービス事業所又は居宅において，理学療法，作業療法その他必要なリハビリテーション，生活等に関する相談及び助言その他の必要な支援を行う
	自立訓練（生活訓練）	知的障害又は精神障害を有する障害者に対し，障害者支援施設若しくはサービス事業所又は居宅において，入浴，排せつ及び食事等に必要な訓練，生活等に関する相談及び助言その他の必要な支援を行う
	就労移行支援	就労を希望する65歳未満の障害者であって，通常の事業所への雇用が可能と見込まれる者に対して，生産活動，職場体験等の活動の機会の提供，就労に必要な知識や能力の向上のための訓練，求職活動に関する支援，適性に応じた職場の開拓，就職後の職場への定着のために必要な相談などを行う
	就労継続支援A型（雇用型）	通常の事業所に就労することが困難な障害者に対して，雇用契約に基づく就労の機会を提供するとともに，就労に必要な知識及び能力の向上のための訓練を行う
	就労継続支援B型	通常の事業所に雇用されることが困難な障害者に対して，就労の機会の提供及び生産活動の機会を提供するとともに，就労に必要な知識及び能力の向上のための訓練等を行う
	地域活動支援センター	障害者に対して，創作活動や生産活動の機会の提供，社会との交流の促進に関する事業などを行う
居住支援	施設入所支援	施設に入所する障害者に対して，主として夜間において，入浴，排せつ及び食事等の介護，生活等に関する相談及び助言を行う
	共同生活介護（ケアホーム）	共同生活を営むべき住居に入居している障害者に対して，主として夜間に共同生活住居において，入浴，排せつ又は食事等の介護，調理，洗濯又は掃除等の家事，生活等に関する相談又は助言，就労先その他関係機関との連絡等を行う
	共同生活援助（グループホーム）	地域で共同生活を営むのに支障のない障害者に対して，主として夜間に共同生活住居において，相談その他の日常生活上の援助を行う
	福祉ホーム事業	現に住居を求めている障害者に対して，低額な料金で居室その他の設備を利用させ，障害者の地域生活を支援する

出所：厚生労働省編『厚生労働白書（平成24年版）』2012年，資料編220頁より筆者作成。

を行うことを目的に，2005（平成17）年に障害者自立支援法が制定された。障害者自立支援法の施行により「障害者が地域で暮らせる社会に」，「自立と共生の社会を実現」を目標に，これまで知的障害，身体障害，精神障害の3障害別々であった制度体系は一元化され，サービス体系は施設単位ではなく，介護的なサービスや就労移行への支援といったサービスの機能に応じて再編された。

障害者施設では，適宜(てきぎ)各種サービスを組みあわせて事業を展開している。たとえば入所施設では，日中活動（昼間のサービス）と居住支援（夜間のサービス）を組みあわせることにより，24時間を通したサービスを提供することとなる（表Ⅰ―3―3）。

　障害者支援施設は本人が施設を選択してサービスを利用する利用施設となり，利用者一人ひとりには個別支援計画が作成されて個々に応じたサービスが提供されている。だがいまだ施設内虐待も存在し，マスコミに報道されることもある。2011（平成23）年には「障害者虐待の防止，障害者の擁護者に対する支援等に関する法律」が制定され，障害者福祉施設従事者等による障害者虐待の防止等のための措置，通報の義務，通報を受けた市町村・都道府県の措置についても定められた。また障害者自立支援法は，2012（平成24）年に成立した「地域社会における共生の実現に向けて新たな障害保健福祉施策を講ずるための関係法律の整備に関する法律」を受け，2013（平成25）年4月1日より「障害者の日常生活及び社会生活を総合的に支援するための法律（障害者総合支援法）」に改正された。

第3節　実習施設の概要

　保育実習Ⅰの実習施設として定められている施設について，以下，目的や対象によって大きく5つのグループに分け，各施設の概要を示す。施設の所在者数は，「福祉行政報告例」（平成24年3月末現在），「社会福祉施設等調査報告」（平成23年10月1日現在），職員の職種，設備については，「児童福祉施設の設備及び運営に関する基準」による。

（1）社会的養護を目的とした施設
1）乳児院
　乳児院は，児童福祉法第37条により，「乳児（保健上，安定した生活環境の確保その他の理由により特に必要のある場合には，幼児を含む。）を入院させて，これ

を養育し，あわせて退院した者について相談その他の援助を行うことを目的とする」と定められている。2012（平成24）年3月末現在，130施設あり，在所児童は3,000人である。

入所理由は母親の未婚，保護者の就労や入院，拘禁のほかに，虐待，養育拒否，放任や怠惰，精神疾患などで，2008（平成20）年現在，利用児の32.3％が虐待を受けた経験がある。(4) 基本的な養護と発達保障とともに，心身の傷つきに対する治療的機能の必要性が増しており，医療関係の職種との連携や，心理の専門家などの配置が目指されている。利用児の在所期間は，6か月未満が48％であり、(5) 短期の利用は主に子育て支援の機能を果たし，出産や介護のための一時的利用であるショートステイや，育児相談なども行われている。長期の利用では，子どもの養育とともに，退所後の親子再統合を目指すための保護者支援も重要な柱となる。

乳児院は，家庭で適切な扱いを受けられなかった子どもにとって，第一に安全で，心身ともに健やかに育つための生活の場である。子どもがその後を生きる基盤となる愛着を形成することができるよう小規模な単位での養育を目指し，看護師，保育士，児童指導員等直接支援を行う職員の配置や生活空間に配慮がなされている。その他家族関係の調整などを行う家庭支援専門相談員や医師，栄養士および調理員等が，利用児の生活を支えている。

2）児童養護施設

児童養護施設は，「保護者のない児童（乳児を除く。ただし，安定した生活環境の確保その他の理由により特に必要のある場合には，乳児を含む。），虐待されている児童その他環境上養護を要する児童を入所させて，これを養護し，あわせて退所した者に対する相談その他の自立のための援助を行う」（児童福祉法第41条）ことを目的とする施設である。2012（平成24）年3月末で，施設数589か所，在所児童は29,399人である。入所理由は父母の死亡や不在，入院といった理由が年々減少している一方で，養育拒否を含む虐待や父母の精神疾患が増加しており，不適切な養育環境のもとで育った子どもたちが対象となる場合が増えている。特に虐待を受けた経験のある子どもが多く，全体の5割以上に及ぶ。

また，障害等のある子どもも増加傾向にあり，こうしたむずかしい課題を抱えた子どもに対する専門的なケアが必要になってきている。

施設では，基本的に一般家庭と同じような生活の流れがあり，子どもは年齢にあわせて地域の小学校や幼稚園などに通っている。施設での生活は，可能な限り家庭的な，安定した人間関係の中で営まれることが望ましいが，2012（平成24）年3月現在で，生活ユニットの定員が20名以上の大舎制の施設が5割を占めている。中舎制（定員13～19名），小舎制（同12名以下），小規模グループケア（同6名程度）に年々移行しつつあるが，養護規模の小規模化にあたっては職員の力量を培う職員研修の充実や，グループの孤立化を防ぐ体制づくりが課題となっている。また，児童福祉法の対象上限である18歳を超えても自立のための支援を必要とするケースも多く，こうしたケースに関しては20歳までの措置延長が可能である。直接子どもとかかわる児童指導員または保育士の配置が，0～1歳児1.6人に1人以上，2歳児2人に1人以上，3歳以上幼児4人に1人以上，小学生以上5.5人に1人以上となっている。その他，家族関係の調整や退所後の自立支援を担う家庭支援専門相談員や，上述したさまざまな問題に対応する個別対応職員，心理療法担当職員などの配置が義務づけられている。

3）児童相談所一時保護所

児童相談所は児童福祉法第12条によって都道府県に設置が義務づけられており，日本の児童福祉の入り口と言える行政機関である。児童の福祉に関するさまざまな問題について，家庭からの相談や市町村からの送致，保育所や学校などからの通知に応じ，調査，各種専門的診断，判定などを行い，必要な援助や指導，施設入所等の措置を行うとともに，付設の一時保護所において，必要に応じて児童の一時保護を行っている。一時保護は，虐待や育児放棄で一時的に子どもを家庭から引き離す場合等の「緊急保護」，行動観察や生活指導を通して援助方針を定めるための「行動観察」，短期の心理療法や生活指導などを行う「短期入所指導」等が目的とされ，子どもをそのまま放置することが，子どもの福祉を害すると認められる場合には，保護者の同意を得なくても保護を

行うことができる。保護の期間は原則として2か月を超えてはならないとされている。厚生労働省によると、児童相談所は2013（平成25）年で全国に207か所、内一時保護所は130か所設置されている。

　一時保護所は、入退所が頻繁であること、子どもの年齢や背景が多様であることから、計画的な運営が困難な面もあるが、性別や年齢別のグループに分けるなどして、日課に沿った生活が送られている。保護中は施設内で学習やレクリエーション等を行い、何よりも子どもの不安定な精神状態に配慮し、できるだけ安定した生活を維持することが目指されている。地域によっては定員を超えて入所させざるを得ない事態もあり、非行と被虐待など、入所の理由が異なる子どもたちが同じ場で生活することの問題等が指摘されている。

4）母子生活支援施設

　母子生活支援施設は、「配偶者のない女子又はこれに準ずる事情にある女子及びその者の監護すべき児童を入所させて、これらの者を保護するとともに、これらの者の自立の促進のためにその生活を支援し、あわせて退所した者について相談その他の援助を行うことを目的とする」（児童福祉法第38条）施設である。2012（平成24）年末現在で、施設数は256施設、3,861世帯の母子が入所している。利用している母子ともに年齢の幅は広く、母親は20歳未満から70歳以上、子どもは0歳から18歳までとなっている。[7]入所方法は、母親が福祉事務所に申し込む利用契約方式がとられている。

　入所理由は、「夫等の暴力」が全体の半数以上を占め、「住宅事情」、「経済的理由」、「家庭環境の不適切」、「児童虐待」等である。施設では、入所している母子に安全な住居を提供するとともに、母親には母子支援員が中心となり、生活に関する相談や就労支援、子育て支援などを行う。子どもへの支援は少年指導員が中心となり、遊びの支援や学習指導、生活上の指導が行われている。また、暴力により心身に傷を受けた母親や虐待を受けた子どものためには、心理療法担当職員や個別対応職員も配置されている。施設では独立した居室で世帯ごとに生活し、母親も子どもも施設から仕事や学校に通う。職員はそれを見守り、家族の自立に向けて、常に職員間、職種間の連携と調整を図っている。

入所している母親の70.3％が就労しているが、非正規雇用が就労世帯の80％と圧倒的に多い(8)。平均所得は一般母子家庭を下回り、生活保護を受給している場合もある。経済的自立を図る就労支援は、施設の大きな役割であるが、近年の社会情勢の中で困難を極めている。また、心身に障害のある母親や、外国人の母親も増えている。

5）児童自立支援施設

児童自立支援施設は、「不良行為をなし、又はなすおそれのある児童及び家庭環境その他の環境上の理由により生活指導等を要する児童を入所させ、又は保護者の下から通わせて、個々の児童の状況に応じて必要な指導を行い、その自立を支援し、あわせて退所した者について相談その他の援助を行う」（児童福祉法第44条）ことを目的とする施設である。2012（平成24）年3月現在で、施設数は58か所、1,525人が在所している。近年では、入所児の6割以上が虐待を受けた経験があり、3割以上の子どもが障害があることから、これらの問題に対応できる体制が必要とされている。在所児童の平均年齢は2008（平成20）年で14.2歳で、13〜15歳の子どもが7割以上を占める(9)。

施設では、児童自立支援専門員と児童生活支援員が直接支援を行っており、伝統的に夫婦である職員が児童と生活をともにしながら支援を行う「夫婦小舎制」がとられてきたが、職員確保の困難から複数の職員が交替で勤務する「小舎交替制」の施設も増えている。子どもの問題行動の背景には、両親の不和や親からの虐待等、家庭での経験の影響がある。施設では、家庭的な雰囲気と職員との密接な人間関係の中で規則正しい生活を送ることにより、子どもが基本的な生活習慣を身につけるとともに人への信頼を育み、育ち直しや立ち直りを経験して社会的に自立することが目指されている。

6）情緒障害児短期治療施設

情緒障害児短期治療施設は、「軽度の情緒障害を有する児童を、短期間、入所させ、又は保護者の下から通わせて、その情緒障害を治し、あわせて退所した者について相談その他の援助を行うこと」（児童福祉法第43条の2）を目的とする施設である。

情緒障害とは，情緒の現れ方が偏っていたり激しかったりし，自分の意志ではそれをコントロールできない状態が継続し，家庭や学校での生活に支障をきたすような状況を指す。背景には，自閉症スペクトラム障害や，家族関係の問題，学校での不適応など幅広い要因があり，子どもの姿も，引きこもり傾向や攻撃的，緘黙（かんもく）など，多様である。入所児は小学生高学年から中学生が7割を占め，発達障害をはじめとする障害のある子どもが全体の70.7％，虐待を受けた経験のある子どもが71.6％と，高い割合を示している。2012（平成24）年現在で，全国に38か所，1,242人が在所している。

施設では，日々の生活場面に現れる個別の問題を把握し，子どもが安心できるような環境調整や，個別あるいは集団心理療法などのプログラムが，個々の状況にあわせて行われている。また，家族関係の問題に対しても，家族療法事業が行われている。職員は，医師，心理療法担当職員，児童指導員，保育士，看護師，個別対応職員，家庭支援専門相談員などで，学校が併設されている場合は教員も配置され，幅広い領域の専門家が連携をとりながら，子どもの理解と心理的問題へのアプローチに取り組んでいる。

（2）障害児のための施設
1）福祉型障害児入所施設

福祉型障害児入所施設は，入所した障害児に「保護，日常生活の指導及び独立自活に必要な知識技能の付与」（児童福祉法第42条）のための支援を行うことを目的とする施設である。これは，従来の知的障害児施設，盲児施設，ろうあ児施設，第二種自閉症児施設，肢体不自由児療護施設が移行したものである。入所児一人ひとりに応じた個別支援計画を作成し，それにもとづき支援を提供している。また，入所児童の障害の重度化，重複化，被虐待児の増加を受けて，それらに対応できる機能の強化が図られている。各施設の職員配置は，嘱託医，栄養士，調理員，障害福祉サービスを管理する児童発達支援管理責任者，必要に応じて職業指導員，心理指導担当職員各1人以上が共通して定められているが，直接支援を行う児童指導員および保育士や，医師・看護師の配置基準は主

な利用児の障害特性によって違いがある。また設備についても，居室が定員4人以下（乳幼児6人以下），その他調理室，浴室，トイレ，医務室，静養室は共通しているが，利用児の障害特性に配慮した設備も存在する。

　知的障害児が対象となる場合，知的な遅れだけでなく，自傷等の問題行動や発作のある子どももおり，安全を確保しながらの見守りが必要である。児童指導員および保育士の総数は，4.3人に1人以上とされている。2011（平成23）年現在，知的障害児施設は225施設，在所者数は8,255人である。

　盲ろうあ児施設は，実際には盲児施設とろうあ児施設に分かれていることが多く，2011（平成23）年現在で，盲児施設は9施設に119人，ろうあ児施設は10施設に142人が在所している。対象となる盲児・ろうあ児とも障害の程度には幅がある上，知的障害や肢体不自由等の両方の障害のある子どもや虐待を受けた子どももおり，支援には障害の重複や養護的な問題にも対応できる高い専門性が求められる。児童指導員および保育士の総数は乳幼児が4人に1人以上，少年が5人に1人以上とされ，設備は遊戯室，訓練室の他，盲児の場合はさらに音楽設備が，ろうあ児の場合は映像設備が定められている。

　自閉症は，日本で広く用いられている診断基準では自閉症スペクトラム障害と呼ばれ，他者とのコミュニケーションにおけるさまざまな困難や言語発達の問題，特定の事柄や行動に対するこだわりなどがその特徴として挙げられている。職員配置は，児童指導員および保育士の総数は知的障害児の場合と同様で，看護師が20人に1人以上，嘱託医以外の医師1人以上と定められている。

　肢体不自由とは，四肢の欠損あるいは麻痺，体幹の不自由さ等身体の障害を意味する言葉であるが，肢体不自由児には知的障害をはじめとする多様な障害が重複している場合も多く，食事や排泄など，ほとんどの生活場面で介護を要する。福祉型障害児入所施設では，肢体不自由児の中でも，病院に収容する必要のない者を対象とし，日常生活支援や訓練などを行う。そのため設備には，訓練室や屋外訓練場，身体機能の不自由を助ける設備などが挙げられている。児童指導員および保育士の総数は，3.5人に1人以上，他に，看護師が1人以上とされている。2011（平成23）年時点で，肢体不自由児療護施設は6施設，

在所者数は235人である。

　どの施設でも，学齢児の生活の中心は特別支援学校等への通学である。子どもたちは日常生活の中で個々の特性にあわせた支援や訓練を受けながら，経験を積み重ね，自立に向けて生活力や社会性を育む。また施設では，季節ごとの行事や余暇などを楽しむことを積極的に行い，生活の充実を図っている。その際には障害特性に配慮し，楽しめるものを考案する保育士や児童指導員の専門性が活かされている。障害児入所施設では，従来，18歳以上の利用者も，加齢児として引き続き在所している実態があったが，2012（平成24）年以降，障害者施策につなぐための自立支援機能の強化が求められている。

2）医療型障害児入所施設

　医療型障害児入所施設は，「保護，日常生活の指導，独立自活に必要な知識技能の付与及び治療」（児童福祉法第42条）のための支援を行うことを目的とする施設であり，常時医療的ケアを必要とする障害児が利用しており，児童福祉施設であると同時に，医療法にもとづく病院でもある。従来の重症心身障害児・者施設，肢体不自由児施設，第一種自閉症児施設が移行した。肢体不自由児，自閉症児が対象となる場合，前述の福祉型障害児入所施設と異なり，医療を必要とする者が該当する。

　重症心身障害とは，重度の知的障害と重度の肢体不自由を併せ持つ状態を指す。食事，排泄などの日常生活のほとんどに介護を要し，言葉によるコミュニケーションも困難であり，呼吸管理や経管栄養摂取など手厚い医療的ケアを要する場合もある。18歳以降も一貫した支援を行うことが望ましいとされ，子どものための障害児入所支援と大人のための療養介護（障害者総合支援法にもとづくサービス）を一体的に実施している。施設では，生命の維持，健康管理，機能訓練などの医療を大きな柱にしながらも，施設内の特別支援学校分教室での教育，陶芸や栽培といった活動，リラックスして音や光などの感覚を楽しむスヌーズレン等一人ひとりが活き活きと暮らすためのプログラムが提供されている。2011（平成23）年現在，重症心身障害児施設は133施設，在所児・者数は12,771人である。

肢体不自由児を対象とした施設では、施設体系再編以前から、いわゆる身体の障害だけでなく、重い知的障害のある、いわゆる重症心身障害児を受け入れている実態がある。手術やリハビリを目的とした比較的短期の入所の他に、本人の障害の重さによる在宅生活の困難、保護者の不在や虐待など長期の入所も見られる。母親の障害受容や障害児の育児指導を目的とした母子入所も行われている。日常生活では、治療や訓練のほか、院内での保育や学校教育、レクリエーション等を通じて情緒、意欲など精神面での健全な発達を図る生活指導が行われている。年間を通して季節の行事などの体験も行われている。2011（平成23）年現在、肢体不自由児施設は、59施設、在所者数は1,954人である。

自閉症児を対象とする場合、自傷や破壊などの強度行動障害のある子どもや、コミュニケーションが困難な子どもたちが、医療的な管理体制のもとで、行動療法やソーシャルスキルトレーニング、TEACCHプログラムなどの心理療法や訓練、日常生活の支援を受けながら生活をしている。状態が安定すると院内分教室に通うこともある。

職員配置は、いずれの障害が対象となる場合も、医療法に規定する病院として必要とされる従事者の他に、児童発達支援管理責任者1人以上の配置が義務づけられている。児童指導員および保育士の総数は、重症心身障害児が対象の場合各1人以上、肢体不自由児の場合は乳幼児で10人に1人以上、少年で20人に1人以上、自閉症児で6.7人に1人以上と定められている。また、重症心身障害児・肢体不自由児の場合は理学療法士または作業療法士1人以上、心理指導担当職員1人以上の配置基準が定められている。

3）福祉型児童発達支援センター

福祉型児童発達支援センターは、保護者のもとから通う障害児に「日常生活における基本的動作の指導、独立自活に必要な知識技能の付与又は集団生活への適応のための訓練」（児童福祉法第43条）を提供することを目的とする施設で、従来の知的障害児通園施設、難聴幼児通園施設、障害者自立支援法にもとづく児童デイサービスが障害児通所支援として再編されたものである。通所による就学前の子どもの療育、地域の障害児とその家族を対象とした支援、保育所等

の施設に通う障害児に対する訪問支援などを行う地域の中核的な療育支援の専門施設である。おおむね10万人規模に1か所以上（人口規模の大きい地域は，10万人を目安に複数か所）の整備が目指されている。どの施設も，親子通園の形態をとっている場合が多いが，療育内容は，障害種別によって異なる。以下，各療育について概説する。

　知的障害児，発達障害児（学習障害やADHD，自閉的傾向等）の場合，子どもの状態は多様である。施設では一人ひとりの子どもの発達や，本人や保護者の要望等を踏まえた個別支援計画を作成し，それにもとづく個別指導，グループ指導などを行う。クラスは子どもの年齢や障害特性などにより編成されている。1日のプログラムは，幼稚園や保育園のような生活の流れの中に，身体を使った遊びやゲームなどを通した療育等が組み込まれ，その中で生活リズムを整え，生活習慣を身につけ，対人関係や言葉の発達を促していくことが目指されている。2011（平成23）年現在で，知的障害児通園施設は256施設，在所者数は11,174人である。

　難聴，つまり聞こえに障害のある子どもの場合，現在もっている聴力をできるだけ活かしながら聴覚，言語の指導訓練を行い，コミュニケーション能力を育てる支援を行う。また子どもへのかかわり方や言語発達などについて，保護者への助言も行っている。2011（平成23）年現在，難聴幼児通園施設は23施設あり，893人が利用している。

　重症心身障害児の場合は18歳以上になっても継続してサービスを提供するために，児童発達支援と大人の障害者のための生活介護を一体的に行うことが認められている。1日のスケジュールや利用回数は，利用児の障害の程度などにより差異があるが，機能訓練やレクリエーションなどの活動のほか，送迎前後の健康チェックや痰の吸引，酸素吸入などの呼吸管理や経管栄養を含む食事管理，排泄ケアや入浴等，安全を確保しながら療育が行われている。保護者の障害受容や利用児のきょうだいへの支援などの家族支援も行われる。

　福祉型児童発達支援センターの設備は，共通して指導訓練室（定員おおむね10人），遊戯室，屋外遊戯場，医務室，相談室，調理室，トイレが定められて

おり，知的障害児が対象の場合は静養室を，難聴児童の場合は聴力検査室を設けることとなっている。職員配置は，嘱託医，栄養士，調理員，児童発達支援管理責任者が各1人以上，児童指導員および保育士の総数は子ども4人につき1人以上，難聴児童が対象の場合は聴能訓練担当職員と言語機能訓練担当職員各2人以上が定められている。

4）医療型児童発達支援センター

医療型児童発達支援センターは，「日常生活における基本的動作の指導，独立自活に必要な知識技能の付与又は集団生活への適応のための訓練及び治療」（児童福祉法第43条）を目的とする施設で，旧法の肢体不自由児通園施設のほか，医療機関による重症心身障害児・者通園事業からの移行も見られる。幼児が主な対象であり，必要な訓練や治療，親子のふれあい遊びや音楽活動など，遊びを通してその力を伸ばす支援，またさまざまな経験を積むことを通して生活の充実を図れるよう支援を行う。福祉型児童発達支援センター同様，家族支援や地域支援も行われている。

職員は，医療法に規定される診療所に必要な従事者と，児童指導員，保育士，理学療法士または作業療法士，児童発達支援管理責任者が各1人以上，言語訓練等を行う場合は，必要な職員を置くことができる。設備は診療所として必要な設備の他，訓練室，屋外訓練場，相談室および調理室と，浴室やトイレの手すり等身体機能の不自由さを助ける設備，階段の傾斜を緩やかにするなどの配慮が定められている。2011（平成23）年現在，肢体不自由児通園施設は97施設あり2,706人が利用している。

（3）児童の健全育成を目的とした施設

児童厚生施設は，「児童に健全な遊びを与えて，その健康を増進し，又は情緒をゆたかにすること」（児童福祉法第40条）を目的とする施設である。児童厚生施設には，屋外での活動を主とする児童遊園と，室内での活動を主とする児童館がある。

児童館の対象はすべての児童であり，遊びを通した心身の育ちや社会性，情

操の育成の場を保障すること，子どもが安心できる居場所として，家庭や地域との調整を行いながら安定した日常生活を支援することなどが主な役割である。また，放課後児童健全育成事業（放課後児童クラブ）として，保護者が就労などの理由で日中家庭にいないおおむね小学校1～6年生くらいまでの子どもに，宿題をしたりおやつを食べたり遊ぶなどして放課後の時間を安心して過ごすことのできる場を提供している。家庭や学校などの関係機関とも連携し，障害のある子どもへの配慮や，児童虐待への早期対応などにも努めている。これに加えて，2007（平成19）年から地域子育て支援拠点事業として，学齢期の子どもが利用する前の時間を活用し，親子の集いの場を設けているほか，子育て相談も行われている。

　児童館には，地域を対象とした小型児童館，体育館や屋外遊技場を設け身体を使った遊びの指導も行う児童センター，広域を対象とし子どもの多様なニーズに応えられる総合的な活動設備を持つ大型児童館（A型，B型，C型）がある。2011（平成23）年現在，児童遊園は全国に3,164か所，児童館は4,318か所（内小型児童館が2,568施設，児童センターが1,625施設，大型児童館が23施設，その他の児童館102施設）ある。

（4）障害のある成人のための施設
1）障害者支援施設

　障害者支援施設は「障害者につき，入所支援を行うとともに，それ以外の施設障害福祉サービスを行う施設」であり，障害者総合支援法第5条第11項に定められている。従来障害者施設の内，保育実習の対象となる施設は，旧知的障害者福祉法にもとづく知的障害者入所更生施設と知的障害者入所授産施設であった。現在，障害福祉サービスの内，前節の表Ⅰ—3—3に示されている「施設入所支援」，「生活介護（福祉型）」あるいは「自立訓練（生活訓練）」を組みあわせて利用することで旧知的障害者入所更生施設と同様のサービスを，「施設入所支援」，「自立訓練（生活訓練）」，「就労移行支援」または「就労継続支援」の組みあわせで旧知的障害者入所授産施設と同様のサービスを提供して

いる。それ以外にも，障害者支援施設では，介護者の休息のための短期入所や日中一時支援などの事業も行っている。

施設での生活は，利用者の就寝中も含む24時間体制で支援される。「生活介護」では，食事や排泄といった生活面での支援はもとより，日中活動として，手芸や工芸，運動など個人の関心や能力に応じたさまざまなものが用意され，外出なども行い利用者の生活の充実が図られる。「就労継続支援」は，雇用契約の有無によりA型とB型に分かれているが，いずれの型も賃金を得ることの喜びとともに，働くことを通して得られる充実感ややりがいなどが大切にされている。活動の内容としては，プラスチック製品の組み立てなどの外注軽作業や清掃業務，菓子やパンの製造などがある。2011（平成23）年現在，障害者支援施設の中の旧知的障害者入所更生施設は397施設，利用者数24,380人，旧知的障害者入所授産施設は94施設で5,311人が利用している。

2）指定障害福祉サービス事業所

指定障害福祉サービス事業にはさまざまな障害福祉サービスを行う事業が含まれるが，保育実習の対象としては，この内「生活介護」，「自立訓練」，「就労移行支援」，「就労継続支援」を行うものが該当する。利用者は通所でこれらのサービスを利用する。

従来の保育実習の対象種別であった，旧知的障害者通所更生施設の機能は「生活介護」あるいは「自立訓練（機能訓練，生活訓練）」を行う障害福祉サービス事業所に，旧知的障害者通所授産施設の機能は「自立訓練（生活訓練）」，「就労移行支援」，「就労継続支援」を行う障害福祉サービス事業所に移行した。2011（平成23）年現在，旧知的障害者通所更生施設は133施設，利用者数4,310人，旧知的障害者通所授産施設は424施設で15,308人が利用している。

（5）国立のぞみの園

国立重度知的障害者総合支援施設のぞみの園（国立のぞみの園）は，「独立行政法人国立重度知的障害者総合支援施設のぞみの園法」にもとづいて定められた施設であり，重度の知的障害者に対する自立のための先導的かつ総合的な支

援の提供，知的障害者の支援に関する調査および研究等を行うことにより，知的障害者の福祉の向上を図ることを目的とする施設である。1971（昭和46）年に国立コロニーとして開園し，長年障害者の保護と指導を中心とした支援を行ってきたが，近年，ノーマライゼーションの理念の浸透とともに，地域での生活が志向されるようになる流れの中で，2003（平成15）年独立行政法人化され，入所者の縮減と地域生活のための整備を進めている。

〔演習課題〕

1）あなたは，養護系，障害児・者系どちらの領域に関心があるのか。その中で特にどの種別での実習を希望しているのか。その実習先を希望する理由は何なのか。文章にまとめてみよう。

2）実習の配属が決定したら，自分が実習を行う施設について，どのような利用児・者がいるのか，どのような職種の職員が従事しているのか，また，施設の特色や近年の傾向などを調べてみよう。

〈注〉
(1) 厚生労働省「福祉行政報告例」（平成24年3月末現在）。
(2) 厚生労働省家庭福祉課調べ（平成24年10月1日現在）。
(3) 髙松鶴吉『療育とはなにか』ぶどう社，1990年，109頁。
(4) 厚生労働省雇用均等・児童家庭局「児童養護施設入所児童等調査結果の概要」（平成20年2月1日現在），2009年7月。
(5) 厚生労働省家庭福祉局「社会的養護の現状について（参考資料）平成25年3月」（平成24年3月1日現在）。
(6) 厚生労働省「社会的養護の現状について」2013年3月。
(7) 同上。
(8) 第1回児童養護施設等の社会的養護の課題に関する検討委員会提出資料「母子生活支援施設の現状と課題」全国社会福祉協議会全国母子生活支援施設協議会，2011年1月。
(9) 厚生労働省雇用均等・児童家庭局「児童養護施設入所児童等調査結果の概要」（平成20年2月1日現在），2009年7月。
(10) 同上。

〈参考文献〉
厚生労働統計協会編『国民の福祉と介護の動向2013／2014』厚生労働統計協会，2013年。
児童養護施設等の社会的養護の課題に関する検討委員会・社会保障審議会児童部会社会的養護

専門委員会「社会的養護の課題と将来像」2011年7月。
厚生労働省「障害児支援の強化について」2011年11月。
厚生労働省「障害児入所支援」2011年11月。
厚生労働省「福祉行政報告例」(平成24年3月現在)。
厚生労働省「児童福祉施設の設備及び運営に関する基準」。
厚生労働省「社会福祉施設等調査報告」(平成23年10月1日現在)。
小澤温編『よくわかる障害者福祉(第5版)』ミネルヴァ書房,2013年。
小木曽宏・宮本秀樹・鈴木崇之編『よくわかる社会的養護内容(第2版)』ミネルヴァ書房,2013年。

(第1節・第2節　五十嵐裕子,第3節　大村あかね)

第4章

福祉施設実習での実習生の学び

　「保育実習」に合格しないと保育士になれない。入学後，実習が保育所だけではなく福祉施設でもあることを知った学生はたいていが「不安」になる。保育所ならば子どもの様子や実習内容がある程度は予想できるが，福祉施設にはどんな子どもがいるのか，どんなことをするのか，よくわからない。もちろん，授業でちゃんと学習するのであまり心配しないでも実のところは大丈夫なのだが……，ほとんどの学生は，障害があったり虐待されたり保護者が行方不明であるというような事情がある子どもと交流した体験が少ないこともあり，実習をやりたくないとか行きたくないなどと考えてしまう。だがそんなに心配することはない。事前にきちんと備えておけば問題なく乗り切れるし，初めは不安であっても最後には実習してよかった，という結果になることが報告されている（佐伯，2008；小倉ら，2009など）。実習は，保育士を目標とする学生にとって自分の適性を確かめて伸展させる最大の機会なのである。行きたくないなどと消極的に思わずに前向きに取り組みたいものである。

第1節 「施設利用者の生活を支える」ことの意味

　「生活を支える」とはどういうことだろうか。朝，あなたが目を覚ますと朝食が用意してある，という場面を考えてみよう。だれかが早起きして，あなたのために準備をしてくれたからである。朝食の素材には，季節の旬のものが選ばれてある。あなたの体調と好みを考えて味つけがされている。でも，あなたは「えー，またこれなの」とか，「もう時間がないのに」などと平気で言って

第4章　福祉施設実習での実習生の学び

しまう……このスケッチには，家庭があり，家族があり，未来があることがわかるだろう。あなたを支える人，見守る人，成長を期待している人がいる。わがままを言える相手がいる。あなたには出かける約束もある。でも，生活ができなくて，朝食のしたくもしない，子どもの外出先に関心ももたない家庭もあれば，暴力で子どもを服従させようとする家庭もあるだろう。子どもに障害があるために特別な支援を必要として，通常の環境では養育できない家庭もあるだろう。あるいは不安定な精神病理をかかえて自ら苦しむ子どももいるだろう。

　このような子どもと親のために，社会はいろいろな養護・支援システムを用意してある。福祉施設は社会的養護の一つである。あたりまえの「生活」を提供してもらえなかった，社会的弱者である子どものために福祉施設は存在する。そこでは，家庭養育が困難ないろいろな事情をもつ子どもが集まって福祉施設職員による指導を受けながら「生活」を共有している。生活を支えることは，そのような子どもを養護すること，つまり成長・自立を支援することであると考えることができる。彼等の生活を支えるべき家族や地域・社会の機能がいまだに十分でないために，福祉施設が支えとなっているのであると言うことができる。だが，社会的養護としての福祉施設は存在自体不必要なものであり，本来は家庭で育てるものであろう，という意見もある。自然ではない人為的な環境であるから子どもの成長にとって不自然であるというのである。なるほど，家庭と比較してその環境にいろいろな問題があることは福祉施設職員自身もわかっている。大事なことは，子どもの生活が今，この瞬間にも脅かされており，まずは実際に支えなければいけない現実がある。それが福祉施設であろうと家庭であろうと，今存在しているものを使って，必要とされることを子どもに支援しなければいけないということだ。

　わが国は，近代国家としての体力を増強する時代に，社会的弱者を置き去りにしてきたという経緯がある。教育制度は，国にとっては国民に質的共通性を持たせることができるために，国家的政策となり義務教育の体制づくりが進行したと考えられる。だが，社会福祉制度は置き去りにされた。弱者である子どもが不幸であるのは，「家族」や「病気」のせいであるとして，国はその社会

53

的責任を考えなかった。不幸な子どもたちに対するこのような公的支援の貧困さを見た民間の篤志家(とくしか)が，福祉施設を手づくりして育ててきた。その結果，わが国では教育制度は公的支援が中心になり，福祉制度は私的支援が中心になっていった。このいびつなスタイルは現在まで続いている。多くの福祉施設は十分とは言えない公的支援下で子どもの生活を守ってきたのだ。福祉施設の背景にはこのような歴史があることを覚えておこう。

　民間の篤志家が善意で創設したゆえに，福祉施設によって内容を異にすることがざらにある。実習先を比較して，自分はここで実習することを希望したわけではなかった，などと考えることは，福祉施設の歴史に対しても，生活している子どもや利用者にとっても失礼だろう。そんな姿勢で実習をして，何が学べるというのだろうか。いろいろな背景のある子どもと，それを支える制度とを知る機会が与えられたのだ，広く深く学べるチャンスなのだ，と前向きに考えよう。障害がある子でも，虐待された子でも，環境に問題がある子どもでも，罪を犯した子どもでも，言いかえればどんな事情のある子どもに対しても，きちんと保育をすることのできる，本当に力量を持った保育士になることこそが重要なのだ。

第2節　保育者の役割

　施設保育士，病棟保育士，学童保育士，病児保育士などという呼び名を聞いたことがあるだろう。福祉施設に勤務する保育士の業務は，「保育」だけにはとどまらない。利用者の実態に応じて，さまざまで雑多な業務を受け持っている。本来の仕事である子どもに対する保育だけではない。生活介助や学習指導，こころの相談や心理検査，さらには福祉相談なども担当するし，利用者支援にとどまらず，その家族や地域に対する支援業務や，通学や通所や通院といった外部機関との連絡役をすることもある。任用資格があるので，児童指導員として業務を担当することもある。

　このように雑多で広汎な業務を担当するには理由がある。利用者が持つ問題

が個人ごとに異なり，複雑かつ多様な背景があるために，支援方法も広く多彩なものになってしまうのだ。保育所のように親が迎えに来ることは，そこで流れが変わることを意味している。しかし福祉施設ではそうはいかない。利用者が生活をしているのだし，家庭養育ができないという，個別の事情がある。それゆえ家庭や地域に代わりいろいろな領域にまたがった支援をしなければならないことになる。保育士には，複雑な事情がある利用者のために支援サービスを提供できる専門性がある。保育を中心において必要な支援を提供していきたいものである。

第3節　福祉施設の職員の職種と役割の理解

　福祉施設にはさまざまな職種がある。厚生労働省による「社会福祉施設等調査結果の概況」における職種分類は，施設長，生活指導・支援員等（生活指導員，生活支援員，児童指導員，児童自立支援専門員を含む），職業・作業指導員，セラピスト（理学療法士，作業療法士，その他の療法員），心理・職能判定員，医師，保健師・助産師・看護師，精神保健福祉士，保育士，児童生活支援員，児童厚生員，母子指導員，介護職員，栄養士，調理員，事務員，その他の職員，となっている。

　この分類に従った全国調査や統計がある。しかし，福祉施設の職種はこれだけではない。利用者の実態に応じて福祉施設ではいろいろな専門職を雇用している。たとえば，社会福祉士，介護福祉士，言語聴覚士，リハビリ工学士，視能訓練士，音楽療法士，ケースワーカー，芸術療法士……，などである。

　それぞれの職種を理解し，助けあうことは福祉施設での基本的姿勢である。保育士は保育を考えるし，訓練士は訓練を考え，栄養士は栄養を考える。どんな職種でも，利用者のためにあるのだが，時には思いがすれ違って，かみあわないことがある。交互の連絡を密にして行き違いのないように心がけないといけない。ヤキトリには串があって，肉同士をつなげる役割をしている。肉にかくれて目立たないが串がなければヤキトリにならない。この串のように保育士

第Ⅰ部　福祉施設実習の基礎理解

は，福祉施設におけるさまざまな職種を関連づけさせる重要な役割を果たすことを心がけよう。

コラム1

任用資格と認定資格・国家資格

　保育士資格は，社会福祉に関連した職種について任用資格がある。任用資格とは，雇う側がその仕事に従事させる際の採用条件にあたるものだ。運転免許を持っていれば運転手の仕事ができるが，トラックからスポーツカーまでのいろいろな車を同じように運転できる技術があるわけではないだろう。任用資格があるといって，すぐにその職種に採用されるわけではない。職種にふさわしい専門的な知識を身につけておかなければいけない。職につかなければ「持っているだけ，あるだけ」なのである。実務経験（施設で何年か勤務すること）や履修科目の確認（福祉関連あるいは心理関連の指定科目が履修済であるか）が必要なものなどもあるから注意しておこう。

　任用資格の例とは，社会福祉主事，児童指導員（成人が多い施設では，児童ではなく生活指導員・生活支援員などと呼ぶこともある），児童福祉司，身体障害者福祉司，知的障害者福祉司，児童厚生員，母子指導員，母子自立支援員，家庭相談員，児童支援専門員，児童生活支援員，心理判定員・児童心理司，生活支援相談員，介護支援専門員，など。

　認定資格とは，試験や講習を受けて，ある範囲における専門性を持っていることが認定されたものである。認定者は国だけでなく，学会や民間団体のこともある。認定心理士や臨床心理士は認定資格なので（この資格があることを採用条件にしている場合もあるが），なくても心理判定員にはなれるし，取得しないで心理判定員として活躍している人はたくさんいる。

　国家資格とは，法律にもとづいて国や国から委託を受けた機関が実施する資格である。国がその専門性を認定している。ほとんどの国家資格には試験があるが，2003（平成15）年に国家資格となった保育士は，指定養成校を卒業すれば取得できる。

　出所：筆者作成。

第4節　社会的養護の取り組みの多様性と職員の取り組み

　社会的養護とは，「保護者のない児童や，保護者に監護(かんご)させることが適当でない児童を，公的責任で社会的に養育し，保護するとともに，養育に大きな困難を抱える家庭への支援を行うこと」(厚生労働省，2010)である。時代によって子ども支援の課題は異なってくる。最近では子ども虐待が深刻化していて大きな問題になっている。虐待の発生件数は増加し続ける一方であり，福祉施設における入所理由の多くを占めるようにもなっている。そのため，虐待児をケアするための職員に対するスキルアップが追いつかない事態を引き起こしてしまっている。家庭養護では，里親など家庭委託が低調であり，家庭的養護ではグループホーム整備のための人材確保が困難であるなど，子育て支援における今日的問題は深刻である(東京都児童福祉審議会提言，2008)。国はこれらの問題解決を図る努力をしてはいるが，施設職員は新しい課題にも取り組まなければならない。つまり多様な取り組みがあることを知っておかなければいけない。

　利用者が福祉施設に入所するまでに，どんな社会的支援を利用していたのだろう。本人への在宅サービスでは，障害者手帳，自立支援医療，生活保護，年金などの活用。施設サービスとしては，デイサービスや緊急一時保護制度，訓練機関への通所などがある。ご家族に対しては，家族会や自助グループなどの活動がある。そして，施設入所のためには，児童相談所や保健センターへの相談や調査，役所福祉課窓口の活用などがある。

　福祉施設でもいろいろな社会的支援サービスを提供している。外来診察や相談，通所サービス，退所者に対するフォローアップ，レスパイトケア，一時保護。その他地域への支援事業，巡回相談などである。これらのサービスは自治体ごとに名称や内容が異なることもあるが，さまざまな社会的支援がある。

―― コラム2 ――

「師」「士」「司」「員」「者」の違いについて

　福祉施設の職種はいろいろある。医師，介護士，福祉司，指導員，介助者……。これらに使われている「師」，「士」，「司」，「員」，「者」は，それぞれどう違うのだろうか。漢字の語源にそって使い分けているものや，慣用として意をたがえて使用されているものもある。辞典を参考にまとめてみた。
「師」は，教え導くものを言い，技術者や専門家を示す。医師，看護師など。
「士」は，本来，成年男性（武士）の意味で，学問や教養のある人を示しそれから転じて，一定の資格のある人，試験によって取得する資格の呼称に用いられる。社会福祉士，介護福祉士など。
「司」は，役所や公的な仕事を意味する。福祉司，保護司など。
「員」は，本来は定員など人の数という意味。組織の中での役割や係のある人を示す。支援員，調理員など。
「者」は，～である人，という意味があるがその道に通じた人という意味もある。援助者，介護者など。
　　出所：筆者作成。

第5節　福祉施設利用者の生活を支えるために求められる支援活動の実際の理解

　福祉施設では，発達・自立の支援，生活・活動の支援の2つが基本的な支援内容となる。具体的な支援内容は福祉施設とその利用者によって違いがある。たとえば児童養護施設と障害児入所施設では入所対象者が異なっているので，それぞれのタイプに沿った支援内容が行われるからである。支援計画は，利用者の年齢や障害の有無・程度，家庭環境や成育歴，自立の方向性などの背景に応じて個別に作成されなければならない。これを個別支援計画という（室林ら，2011）。以下に個別支援計画の例を示そう（図Ⅰ－4－1，表Ⅰ－4－1）。
　利用者にかかわるすべての職員が集まり，個別支援計画を検討して作成する。支援計画に従って支援が実施され，その結果が評価・見直されることを繰り返

利用者の状態（フェースシート）

掴んでる情報すべて（事実，発達検査，行動の様子など）

氏名　・　性別　・　年齢
Tさん　　・男・　44　歳

本人の希望

（本人の願い，要望）仕事がたくさんしたい。封筒，スチール缶箱（特にキャラクターが書いてあるかわいいもの），新聞紙，チラシを集めたい。電信柱のマークをスケッチしたい。自分が関わりを求めている時には，職員は反応して応えてほしい。自分の気持ちを受け止めてほしい。他者とその時々で指きりげんまんをしたい。動物園に行き，ひつじを見たい。

障害・発達の特徴・対人関係

知的障害。療育手帳A。自閉症。身体障害者手帳１級（聴覚障害…何デシベルかは不明）。認定区分５。
＊書ききれないので別紙参照。

日中活動

○○障害者作業所に基本月曜～金曜通う。本人なりのスケジュールに対してのこだわりがあるため，第１，第３金曜日または第２，第４金曜日は休むことがある。土曜日は来ない（生活介護事業，10：30～15：30，H班に所属… H班は男性５名，女性４名，計９名のグループ。
基本作業はAリサイクル作業。男性職員１名。女性職員２名のグループで，利用者は全員○○障害者，女性職員も１名。○○障害を持っている）。
本人は集団作業（リサイクル作業）はせず，個別に昆布を入れる箱を組み立てる作業（下請け作業）。バネを紙の棒にはめ込む作業（下請け作業）。○○折りなどを職員１名と一緒に行っている。
朝の会，終わりの会など，集団で集まる場には参加しない。斑の話し合いや創作活動にも参加しない。月に１度の誕生日会には参加する。外出企画にも参加する。
散歩は2011年９月現在行っていない。昼食後の休憩時間（12：30～13：15）には部屋で１人で牛乳パックをはがしたり，絵を描いたり，アルミ缶置き場に行き，自分の好きなスチール缶箱を探している。

余暇・レクリエーション

休日（土曜，日曜，祝日）は家族（主に父）と出かける。移動手段は車か徒歩。電信柱に書かれているマークをスケッチしながら散歩をしている。家では絵を描いたり，折り紙を折ったり，新聞の気になるところを読んだりしている。ガイドヘルパーは利用していない。集団療育的な活動，自治会活動などにも参加していない。

〈好きな食べ物〉
鶏，鶏レバーの生姜煮，たらのバター焼き，さんま塩焼き，かつおの生姜煮，カニ，タコ，イカナゴ，しらす，イカ，めざし，たまご，ピラフ，焼き飯，餃子，カレー，しゅうまい，豆腐，こんにゃく，赤飯，寿司，麺類，スパゲティー，パン，チーズ，野菜，サラダ，酢の物，果物，おでん，タコ焼き，お好み焼き，練りもの，かまぼこ，ちくわ
〈嫌いな食べ物〉青い魚，うなぎ，ハモ，ハム，納豆，かぼちゃ，小芋，さつまいも，豚，牛肉，ハンバーグ，バナナ

重点課題　留意事項

①医療機関とのつながりが作れていない。
②社会資源の活用ができていない。
③家族が高齢のため，いつまで自車送迎ができるか不安。
＊職員の支援不足による問題…キーパーソンとなる職員が不在。信頼関係が築けていないため，本人が見通しを持てなかったり，調子を崩してしまい，他者を叩いてしまう。よって集団行動ができにくくなっている。本人の求めている要求を汲み取ることができず，要求に応えきれていない。

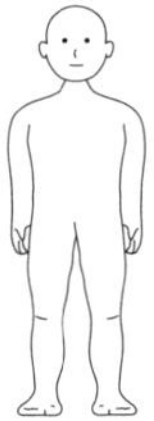

地域での連携・協力者　相談支援団体

不明，かかりつけ医なし。地域での関わり合いがあるという情報は聞いていない。

〈生活歴〉

〔○○作業所（21名在籍）〕…９年間通所する（18～27歳まで）。
・封筒折り，フックボトルの組み立てなどを行う。
・母が腰痛のため，１か月ほど作業所を休むと今度は母の腰痛が治っても作業所に行かないと言いだしたことあり
〔□□作業所・1995年入所〕…＊今から16年前の姿（本人27歳）
1995年～K斑（△の集団・縦割り，担当：）（本人27歳）
1996年～K斑（△の集団・縦割り，担当：）（本人28歳）
1999年～Aリサイクル（□斑・重度斑），担当：（本人31歳）
2000年～Aリサイクル（○斑・23人の集団），担当：（本人32歳）
2001年～Aリサイクル（○斑），担当：（本人33歳）
2002年～Aリサイクル（○斑），担当：（本人34歳）
2003年～Aリサイクル（○斑），担当：（本人35歳）
2004年～H斑，担当：（本人36歳）
2005年～H斑，担当：（本人37歳）
2006年～H斑，担当：（本人38歳）
2007年～HA斑，担当：（本人39歳）
2008年～HA斑，担当：（本人40歳）
2009年～HAト斑，担当：（本人41歳）
2010年～HA斑，担当：（本人42歳）
2011年～HA斑，担当：（本人43歳）

家族・親戚・友人の希望

（家族の要望）親亡き後，本人を生活施設に入所させてほしい。人に迷惑をかけることなく，落ち着いて楽しく作業所に通ってほしい。

暮らしの場

○○に在住。毎日作業所へは○○が自動車で送迎している。
ショートステイは○○の骨折をきっかけに50日間利用したことがある（2004年３月末～５月初旬まで）が，その時の不安感が強いため，2005年以降，2011年９月現在まで利用していない（ショートステイでは自分の思いが伝わらず，パニックになり，職員を叩いてしまった）。

親戚・友人関係

不明。日頃から親しくしている親戚がいるという情報はない。

家族構成
（ジェノグラム）

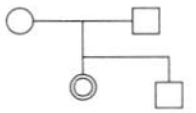

〈家族状況〉
父○歳，母○歳，弟○歳（△△）。弟と同居していると記入されているが，本当のところは不明。父は自営業（運送業）。

	週刊スケジュール	特記
月	○○作業所	
火	○○作業所	
水	○○作業所	
木	○○作業所	
金	○○作業所	←休む日もある
土	家族と過ごす	
日	家族と過ごす	

生活歴（生育歴・学歴・就労歴等）

		特記
昭和44年	言葉の教室，幼児教室，幼稚園部入園	
昭和55年 昭和58年	大阪府立○○学校小学部卒業 大阪府立○○学校中学部卒業	・学校時代はいじめられっ子。いじめられたらやり返す。
昭和61年 昭和61年 平成７年	大阪府立○○学校高等部卒業 ○○作業所入所 ○○障害者作業所入所	・通所当初はすぐ休みたがる。作業所に対して「恐い」イメージを持っている（他者のパニックを見て？）

医療　健康管理

・３歳頃から心臓肥大を医師から指摘されている。
・28歳の健康診断では高脂血症，脂肪肝の治療必要ありと診断される（シュークリーム，アイスクリーム，ヨーグルト，めん類をよく食べている→止めると暴れる）。
・小学校の時から鼠径ヘルニアがあった。小さくて切るほどではなかった。作業所にくるようになってから大きくなってきた。他のなかまに蹴られたことが原因？母は気になっているが，本人病院嫌い（足の骨折時のギプス拒否。歯科受診で抜糸…部分麻酔が予想以上に痛かったため，看護師を殴る）なため，受診できない。一度父と一緒に病院にいったが，その時これは大きな手術が必要と言われた。現在はにぎりこぶしほどの大きさになっている。
・身長165cm。体重78kg（平成９年時は96kg。血圧146/92。中性脂肪436。肥満。高脂血症，脂肪肝治療必要。）。作業所が実施している健診，採血は毎年受診できている。2011年７月の健診では，中性脂肪394（例年は250）。尿酸7.1（昨年は7.6）。医師より脂質異常，尿酸一食事療法アドバイスあり。筋肉質。風邪は一年に１回かかる程度。定期歯科受診をしているか不明だが，自分の歯は抜けることなく揃っている。アレルギーはないが，背中に湿疹が少しあるので，夜薬を塗っている。発作はない。脱糞なし。細かな文字を見るとき，目を細めて見ている。麻痺はない。補聴器はしていない。

図Ｉ―４―１　個別支援計画の例　その１

出所：大阪障害者センター，2012年。

表 I−4−1　個別支援計画の例　その2

対象者氏名　Tさん　男　44歳　　　個別支援計画○月○日作成　　　担当者　○○

月日	ニーズと課題	長期目標	短期目標	支援計画	頻度	支援担当者	結果と評価	月日
日中活動・労働	・色んなことを自分で決めたい。 ・僕の気持ちをわかってほしい。 ・みんなに認めて欲しい。 ・楽しいことや仕事をなかまや職員と一緒にしたい。	・色んなことを自分で決めることができる。 ・自分の気持ちをわかってくれる、認めてくれるなかまや職員と一緒に毎日過ごすことができる。 ・集団の中で楽しいことや仕事の頑張りをともに共有しながら毎日過ごすことができる。 ・楽しくいきいきと作業所に通えるようになる。	＊みんなで話し合って、仕事の中身や目標、取り組みの中身を決めることができる。 ＊みんなと一緒に大切にしたいことを話し合った上で散歩に行く事ができる。 ＊1日の仕事の頑張りや1カ月を通して頑張った成果をなかま、職員とともに喜びあえる。 ＊相手の気持ちを伝えることで、相手の喜びや悲しみが共感できるようになる。	・取り組みの中身（仕事、ティータイム、ビデオ鑑賞、創作活動、散歩など）、物事を説明するときには、絵カードと文字（単語）を書いて説明していきます。 ・手話で表現する場合は、指文字や本人がわかる単語（○、ダメ、困ります、怒る、泣く、一緒など）を用いて表現していきます。 ・説明の中身が伝わったかどうか確認していきます（○という手話で） ・通院後、朝、昼食、昼、3時と4つの時間軸に区切られたホワイトボードを用意し、1日の予定を確認（行う仕事を1つ選んでもらう。同時に作業メンバーと作業部屋の確認、昼食と3時のティータイム確認）本人に絵カードを貼ってもらう。 ・月曜日の午前中にH班で話し合いの時間を作り、みんなで話し合って1週間の予定を立てます（仕事の目標） ・仕事以外の取り組みについても自分たちのやりたいことを出し合い、話し合って決めます。 ・外出企画など準備が必要な取り組みについては、月の予定を見ながら日程を決め、計画を立てていきます。 ・話し合った中身はいつでも見られるようにH班に貼っておきます ・一緒に働いている自分たちのなかまが全員揃っているかどうかを知るために、ホワイトボードの出欠の枠にH班のなかま、職員の顔写真カードを貼っておきます。 ・仕事で困ったこと、くふうしたこと、努力したことなどをみんなで共有しあうために、終わり発表していきます。 ・H班の壁に、棒グラフで1か月分の仕事頑張り表を作り、できた個数を棒グラフに記入し、色を本人に塗ってもらい、報告してもらいます。 ・棒グラフが空欄なく色で塗りつぶされると1か月の目標が達成されたことになるので、お給料を渡したり、時にはお給料を使ってH班みんなでお祝いをして喜びを分かち合います。 ・作業所生活の中で、H班のみんなで、また、一人一人がみんなのためにできることはないか、など話し合い、役割分担を考えていきます。そして、個々に役割が決まったら、その役割が果たせるように、みんなで声をかけながら、励ましあって協力しあい、お互いを認め合っていくようにしていきます。 ・「公園に散歩に行きたい」という要望が出た時には、みんなと一緒に大切にしたいことを話し合います。（缶を持って帰りたい気持ちを受け止めたうえで、缶を黙って持って帰るとどうなるか、家族の人はどんな気持ちになるのかも含めて）なかまと本人の気持ちが汲み取れる職員と一緒に散歩に行きます。 ・いらいらしたり、パニックが起こったりした時には、怒ったりするのではなく、まずはその時の気持ちを受け止め、落ち着いてきたら、わけを聞いたり、場合によってはみんなの中で自分の気持ちも出してもらいながら、話し合いをしていきます。	毎　回 毎　回 週1回 取組時 毎　日仕事をした日 随　時	職員全員 職員全員 班職員（班の仲間と） 班職員（班の仲間と） 班職員（本人と） 班職員（班の仲間と） 班職員	○月○日	
暮らし	・休日も散歩に行きたい。	・ガイドヘルパーと2人で散歩に行くことができる。 ・ショートステイに職員と一緒に宿泊することができる。	・ガイドヘルパーの説明を聞き、職員とガイドヘルパー、本人の3者で散歩に行く気持ちになる。	・休日、家族以外の人と散歩に出かけられるために、まず、本人にいつ誰とどこに何をしに行くか絵を書いて説明します。本人が安心してガイドヘルパーと一緒に出掛けられるようになるまで、作業所職員とガイドヘルパーと本人の3者で一緒にお出掛けをする経験を重ねていきます。行き先はまず、本人の行き慣れた電信柱のマークを見て回る散歩コースから始め、次第に、トランポリンやプールなど行ける場所を増やしていきます。 ・ショートステイも同様に、利用する前に「なぜ利用しなければならないのか」を本人に説明した上で、利用を促していきます。ショートステイ先ではいきなり泊まるのではなく、事前に職員、家族と一緒に見学に行き、本人に泊まるイメージを持ってもらいます。		担当職員 ガイドヘルパー		
健康	・健康に暮らしたい。	・歯医者や病院に行くことができる。	・歯医者や病院に行く気持ちになる。	・歯医者を利用する前に、なぜ行くことが必要なのかをわかりやすく絵を書いて説明します。歯医者に行く必要があることを本人にわかってもらったうえで、誰とどこの歯医者に行くのか、行ってまず何をするのか、を伝えます。初めて行くときは、家族に協力を求め、本人の気持ちが代弁できる職員と家族と一緒に歯医者に行きます。（後略）		担当職員		

出所：大阪障害者センター，2012年。

す。そしてより良い個別支援計画になることを目指してゆく（日本知的障害者福祉協会，2008）。

第6節　福祉施設で勤務する保育者の資質と職業倫理の理解

　福祉施設に勤務する保育士には，保育所と違った何か特別な資質が必要なのだろうか。特別な資格や倫理観が必要なのだろうか。答えは否である。保育所の場合と変わりはない。全国保育士倫理綱領にある通りである。子どもの利益を尊重し，発達を保障して，保護者に協力をする。そしてプライバシーを保護し良き代弁者となる。地域で子どもを育てる環境づくりをする。そして常に専門職として努力する。だが，福祉施設に特化した問題もあるので，いくつか触れておこう。

　まず，「保育」にこだわらないという柔軟な姿勢が必要である。利用者には，子どもだけではなく成人や高年齢の方々もいる。生活習慣の指導をしたり，こころの相談にのったり，就職や自立のための応援もするし，利用者のご家族の支援もする。問題はたくさんあり，解決するための「引き出し」もたくさん準備しなければならない。いろいろな職種があるから，職場の人間関係を円滑に進める力も必要になる。利用者とは何年にもわたる長いつきあいになることもあり，継続して根気強く指導する覚悟も必要である。

（1）自分で問題を解決しようとする力を持つこと

　現場で起きるさまざまな問題に対して，解決することを主体的に考えること。知識があるとか経験があるとかという意味ではない。解決の道筋をどれだけたくさん考えつくか，である。子どもや障害についての医療，余暇活動のためのレクリエーション技術，教育機関や福祉機関との連携を図ること，年金や療育手帳などの福祉制度について，家族支援に役立つ人間理解など。まだまだたくさんある。利用者の問題は複雑にからみあっているから，解決のための情報を，こだわりなく収集できる力が大切なのである。

（2）円滑なコミュニケーションをすすめる力を持つこと

　問題解決への提案があっても，自分一人では取り組んではいけない。職員同士で検討して連携していこう。そのためにはコミュニケーションがかかせない。自分勝手に判断して処理するのではなく，かならず報告・相談，そして連絡を心がけることが肝要である。指導の方法や価値観について職員による違いがあれば，話しあいを繰り返そう。仲間を信頼して学びあうことをしよう。

（3）生活指導ができること

　生活習慣が確立していないで入所した子どもに，指導をすることは結構時間がかかる。なぜなら，子どもはその習慣を身につけずごまかした成長をしているからである。指導する立場にあるものは，自分の生活がしっかりしていなければいけない。寝坊する大人は，寝坊する子どもに注意できない。喫煙する大人は喫煙する子どもを注意できない。生活指導をするためには自分が生活管理をきちんとできることが肝要である。

（4）身体的にも精神的にも健康な力のあること

　福祉施設における勤務は三交替勤務が原則であり，早番や夜勤といった変則勤務が月に何度かある。何か問題が起きれば夜間であろうが呼び出しがかかるかもしれない。身体的にも精神的にも健康であることがかかせない。

　身体的に健康であるとは，筋肉隆々で風邪を絶対に引かないとか，徹夜でもぜんぜん大丈夫というようなスーパーマンであることではない。体力に個人差があるのは当然だろう。上手に自分の体調にあった健康管理ができる，ということを意味している。そのためには常に自分の身体の調子をよく知り，生活スタイルを上手に管理できるようにしなければならない。

　精神的に健康であるということも同じであり，自分の精神衛生を上手に管理できることを意味している。職員は利用者が抱えている社会的な問題に共感すればするほど，精神的な健康のバランスを崩してしまう危険性がある。障害のある人の生活支援を黙々とすることや，心的外傷経験のある子どもから一時的

にせよ攻撃行動の相手とされたりすることは，あらかじめわかっているつもりでも精神的につらいことである。上手に対応できないと，精神のバランスを崩して苦しむことになる。

　福祉施設は職員の早期退職が多いと言われる。新規採用者が1年後には半分になり，次の年にはさらに半分になった，という話しすらある。精神も身体も健康であり続けるためには，個人の努力ももちろん必要であるが，組織側からの協力も必要である。福祉施設では，職員の精神衛生や健康管理のためにいろいろなサービスが提供されているはずなので，これらを上手に活用しよう。

コラム3

FacebookやTwitterについて

　SNS，使ってる？「友達」次第だが，福祉施設のウラ情報だって入手できるかも。冗談ではない。そういう甘い考え方は危険極まりないし無責任だ。実習で知った個人情報や画像などを公開することは絶対にやってはいけない。あなたは実習に来ているのであって，公開するための個人情報を集めに来ているわけではないのだ。公開範囲を設定したからといって安心してはいけない。どこで，誰がどんな気持ちで見ているかわからない。スマホの情報発信力は強力だ。間違ってもバカッターのようなマネはしないように。スマホをいじるのはほどほどに。安全な使い方を知っておこう。

出所：日本ネットワークセキュリティ協会『SNSの安全な使い方と歩き方』2012年。

第7節　実習指導者が実習学生に期待すること

　学校で実習指導を担当する教員が，実習生に期待することは何だろうか。つつがなく良い実習をすることである。つまり，実習で学ぶべき内容をしっかり学んでくることである。それでは，福祉施設で実習を指導する職員は，実習生に何を期待するのだろうか。

　ホンネとして実習生は決してありがたい訪問者ではない。子どもや利用者に

不用意な声かけや不適切な介助をして困ることもあるし，結局は2，3週間でいなくなってしまうからである。実習生がいなくなった後，後始末は福祉施設でやらないといけない。だが，それでも実習生を引き受けているには理由がある。つまり，実習生に期待するものがあるからである。こういう世界があることを知ってほしいこと。その中から後継者が出てくれることを願っている。すべての実習生が福祉施設に就職するわけではない。それでも社会にはこういう世界と子どもが現実にいること。そしてそれらを支援するシステムが不十分であっても機能していること。そこで働いている人間がいることを知ってほしいからだと思う。願わくばその中からバトンを引き継いでくれるものが現れることも期待している。

　指導教員がどんな人物であるのか。実習に行く前の学生としては大いに気になるだろう。あれこれ案じる必要はない。これから会うはずの指導者を信頼しよう。指導者は，たくさんの実習生を指導してきた経験がある。だから実習生のホンネとウソをたちまち見破ってしまう。もしも，指導がきびしすぎるとか放任されているとか感じる時は，それは指導者側に問題があるのではなく，実習生側に問題があることの方が多い。要は実習生の実習態度が反映されている結果なのかもしれない。指導に何か問題点を感じたら，まず自分の行動を振り返ってみたいものである。挨拶はちゃんとしているのか，報告忘れはしなかったのか，利用者の安全を配慮して取り組んでいるのか，メンバーの名前をきちんと覚えたか，あらかじめ注意されたことを守っているのか，書類の提出は遅れていないか，などみずからの実習態度を振り返ってみれば良い。

　実習生が実習に対して積極的・意欲的な姿勢であれば，その意が相手方に伝わって積極的・意欲的な指導を受けることができるだろう。逆に，消極的・否定的な実習態度であれば，冷たい指導を受けることになるかもしれない。指導教員は福祉施設を代表して実習生の指導に責任を持っている。福祉という世界では先輩であり，この道を志す後輩を養成するという使命がある。ここで実習をしてよかった，と実習生が思うような実りのある成果を持たせたいと強く思っているはずなのである。

▶指導者が実習生に期待することは

①主体的に学ぼうとする意欲があること

　主体的であるとは，外からの強制でなく自分の意志で自発的に取り組むことである。「自分は○○で実習をしたかったのに別の施設に配当されてしまった，友人は○○に行けるのでうらやましい」などと心の中で比較していないだろうか。どんな福祉施設であっても，どんな利用者であっても，「保育」の対象者である限り，支援をしなければいけないのはあたりまえだ。児童養護施設に就職したいと思っている学生が，実習もすべて児童養護施設でやりたい，と思うのは自然なことかもしれない。就職を希望している福祉施設での実習経験があれば，即戦力になるかもしれない。だが福祉施設が本当に必要としているのは「良い保育士」なのである。どこで実習をしたか，ではなくどんな実習をしてきたか，ということである。利用者を理解する知識がきちんとあるか，ピアノが弾けるのか，保護者や同僚といい関係がつくれるのか，といった力こそ必要とされる。「良い保育士」になるため，利用者や福祉施設について主体的に学ぼうとすることが大切である。

②積極的に利用者とかかわる態度があること

　積極的にかかわるとは，利用者と早くなかよくなろうとしてしつこく話しかけることではない。利用者の名前を覚える，行動の特徴を知る，入所に至った事情を理解する，など支援に必要なことをまずちゃんと準備することである。利用者は実習生が大好きである。職員と違ってきびしくないし，実習生は，扱いやすいからである。学びは受け身では実らない。積極的な姿勢をもって実習しよう。

③障害や発達などの知識にもとづいて利用者を理解できること

　科学的な正しい知識をもって，障害のある子どもや，発達過程における問題に対応できることが大切である。弱者に対する受容的な感情や感性ももちろん大事であるが，科学的な理解も欠かせない。実習すれば何かが獲得できるかと言えば，そんな都合のいいことは起こらない。獲得したいものをはっきり意識して準備する努力がなければ成果はでない。

④疑問を人に質問や相談することができること

　現場ではさまざまな問題が常に生じている。それらをどう解決するのか，そのための解決スキルがどれくらいあるのか，現場ではいろいろな問題にぶつかる。瞬時に解決したり，保留したり，判断することを求められる。まずは人に質問や相談しよう。福祉施設では指導職員をはじめ，担当スタッフやその他の専門職に積極的に話しかけよう。加えて，学校のサポート体制を活用しない手はない。学校では実習生のためのいろいろなバックアップが用意されている。一人で悩むことなく，質問や相談をしよう。

コラム4

じぇじぇじぇな実習生

　①ひどい偏食がある実習生。利用者と食事をとりながら，自分だけ嫌いな野菜を皿の上に残してこっそりと捨てていた実習生がいた。アレルギーなどの事情があればともかく，偏食は健康を損なうこともあるからなるべく矯正しておこう。どうしても無理な場合にはがまんしないで相談するように。

　②喫煙がやめられない実習生。全棟禁煙であったが夜間こっそりと喫煙して，警報器が鳴動しホットラインで直結している消防車が出動してしまった実習生がいた。喫煙習慣はいいことがひとつもないからやめるようにしよう。

　③スマホを手放せない実習生。実習勤務後，気分転換のために深夜までLINEに夢中になり寝不足になった実習生がいた。スマホ依存もほどほどに。コンセントから充電する時は，ルールを確かめるようにしよう。

　④初日に持参する書類を忘れてしまった実習生。実習初日に提出するはずの書類を忘れてしまい，渡せなかった実習生がいた。結局学校から郵送して受理してもらうことになったが，書類が届くまでは実習が許可されなかった。

　⑤体力がない実習生。夜ふかしや朝寝坊のクセを実習前に何度も学校から注意されていたが，実習に行けば大丈夫だから，といっていた実習生がいた。だが，やっぱり実習先で体調不良となって実習中止になってしまった。朝から夕方まで動きまわるのはあたりまえなのである。中止の後始末などに大きな迷惑をかけてしまい，再実習を引き受けてくれる福祉施設がなかなか見つからなかった。

　⑥子ども目線にたてない実習生。「勉強に来ている」という考え方をしないで，職員と同じ目線に立って，子どもに命令しようとする実習生がいた。ボランティア

や家庭教師などの経験があることをやたら自慢してしまう。こんなプライドにこだわっているようでは子どもたちから信頼されるわけがないだろう。

⑦子どもに好き嫌いがある実習生。自分が気に入った子どもにはよく話しかけるのに、そうでない子どもでは無視をする。実習生を扱いなれて、わざと積極的に話しかけてくるタイプの子どもだけに対応し続けて、結局振り回されてしまっている実習生がいた。実習生の個人的感覚で子どもの対応に差をつけることは、決して認められないことである。

⑧誤字・脱字を修正しない実習生。漢字の誤字や表現のミスは自分ではなかなか気がつかないものだ。読み返して、少しでも疑問に思ったらかならず辞書でチェックしよう。電子辞書でもいいし、スマホに国語辞典や慣用句集などのアプリを入れておくのもよい。すばらしい内容の日誌を書いたと思っても、誤字があればたちどころに悪印象になって減点されてしまう。

注：「じぇじぇじぇ」は岩手県三陸地区の方言で、驚いたり感動した時に使う。NHKの朝ドラ『あまちゃん』で使われ、2013年「流行大賞」を受賞。
出所：筆者作成。

第8節　福祉施設実習から学べること

　福祉施設実習を経験すれば、自分が子どもをどう思っていたのか、障害のある利用者をどう思っていたのか気がつくだろう。言葉が聞きとれない、すぐに叩いてくる、言うことを聞いてくれない。自分はこのまま続けられるのだろうか不安になる。夜間、他施設で実習をしている友人に連絡して励ましあう。そんな毎日が続く。だが、繰り返している内にだんだん行動の背景がわかってくる。触れあうことで、思い込んでいたり誤解していたりしていた部分がなくなる。初めはおどろいたりイヤだと思っていた利用者に親しみを感じている自分に気がつく。利用者の行動が理解できるようになる。あっちに行けと冷たかった、虐待された子どもがニコニコして近寄ってくるようになる。どんな事情があっても子どもって同じなんだなあと気がつく。これまでとは違う見方ができるようになる。あと少しで実習終わっちゃうね、さみしいよ、と利用者から言われるようになる。実習を通して、あなたは自分が保育士になりたいという気

持ちを確認できる。

　福祉施設での実習経験は，あなたの宝物になるだろう。だから，準備だけは入念にしてほしい。初めて海外旅行に行くとなったら，事前に下調べするかしないかで楽しみがぜんぜん違うはずだ。どうせ現地に行けばわかるのだからと，わざと何の準備もしないでいたら旅行に行っても何にも覚えてくることができないだろう。テレビの旅行・グルメ番組が楽しいのは，用意周到なリサーチをして放送時間の何倍もの撮影をしてエッセンスだけを編集しているからである。準備が周到であればあるほど，結果が出てくる。実習もこれと同じである。ぶっつけ本番では何も成果が上がらない。準備に時間をかけよう。授業でのガイダンスや先輩の経験談，実習を支援するために役に立つあらゆる情報が学校には蓄積されている。これを活用しない手はないだろう。

〔演習課題〕

　先に実習に行った先輩たちに，どんな経験があったのかインタビューしてみよう。ただ感想を聞くだけではいけない。実習した福祉施設の歴史，利用者の特徴，実習で楽しかったこと，困ったこと，感動したこと，などについて項目をたてて質問し，まとめてみよう。

〈参考文献・資料〉

(PDFありという論文は，著者名か題名でネット検索すれば全文がダウンロードできる。著作権を守って利用しよう。)

佐伯知子「施設実習における学生の「学び」——実習感想文より」『大阪総合保育大学紀要』第3号，2008年，169～178頁（PDFあり）。

小倉毅・土谷由美子「保育士養成課程における施設実習に関する課題——アンケート調査からの一考察」『中国学園紀要』第8号，2009年，77～87頁（PDFあり）。

室林孝嗣・村上満「障害者支援施設における個別支援計画に関する研究——障害者自立支援法における個別支援計画」『富山国際大学子ども育成学部紀要』第2巻，2011年，255～269頁（PDFあり）。

大阪障害者センター「ICFの考え方を取り入れた個別支援計画策定の手引き」2012年。
http://www.npo-osc.com/data/06.pdf#search='%E5%A4%A7%E9%98%AA%E9%9A%9C%E5%AE%B3%E8%80%85%E3%82%BB%E3%83%B3%E3%82%BF%E3%83%BC+ICF'

日本知的障害者福祉協会調査・研究委員会編『知的障害者のためのアセスメントと個別支援計

第4章　福祉施設実習での実習生の学び

　画の手引き2008―――一人ひとりの支援ニーズと支援サービス』2008年。
特定非営利活動法人日本ネットワークセキュリティ協会『SNSの安全な歩き方――セキュリティとプライバシーの課題と対策』2012年。
　http://www.jnsa.org/result/2012/sns.html
厚生労働省，児童養護施設等の社会的養護の課題に関する検討委員会・社会保障審議会児童部会社会的養護専門委員会とりまとめ「社会的養護の課題と将来像」2010年。
　http://www.pref.nagano.lg.jp/kikaku/kikaku/shoushika/hagukumi/koukikeikaku/all.pdf
東京都児童福祉審議会提言「社会的養護の下に育つ子どもたちへの専門的ケアのあり方について――虐待を受けた子どもたちの治療的ケア体制の構築に向けて（概要版）」2008年。
　http://www.metro.tokyo.jp/INET/KONDAN/2008/08/40i88101.htm

（田畑光司）

第5章

利用者の日常生活から実習生が学んでほしいこと

第1節　福祉施設利用者の実像とその背景

　施設を利用される方々は，一人ひとりそれなりのさまざまな理由や状況により，福祉施設を利用している。そしてまた，本人や家族の状況は，個々に応じてさまざまな背景が存在する。その人の状況だけでなく，取り巻く背景をも認識し，支援することが求められる。

― 事例1 ―

利用者の実像と保護者の生活

　ひとみさん（女性：仮名）は，出生時，普通分娩だったが，黄疸があり，しばらく保育器を使用していた。3歳児検診で異常が発見され，家族が養育していた。養護学校，小・中・高等部と進み高等部2年在学中の頃，家庭養育困難の状況で，施設入所となった。現在，障害者支援施設で日中活動を利用している。彼女は，よく体調不良となり精神的にも落ち着かず，大声を出したり乱暴な行動をとることがあった。体調が落ち着いてくると，日中活動に取り組むことができた。嘔吐や下痢などの体調不良で，通院，入退院を繰り返し，腸閉塞の手術もした。退院後，改善されたが，症状があり経過を見てきた。ある日，内視鏡検査の結果，胃および小腸内に異物があることが確認され，大きな病院へ転院することとなった。すぐに異物除去手術が行われ，無事に終了した。以後，経過良好となり退院となった。その後，食事指導と運動により体調は少しずつ回復に向かっていった。現在も食事指導は継続し，体調は良好で精神的にも落ち着いて過ごしている。異物が胃の中にあったと

いうことは，普通と違ったものを自分で食べていたことを意味していた。
　しかし，日常生活上で，そうした行為は過去も現在も確認されたことはなかった。
　本人が入退院を繰り返す日々の中で，家族の面会があった。家庭は，父親と兄，本人と3人の弟の6人家族（母親離婚）。父親は，近所の木工所に勤めている。家に電話はなく，連絡は勤務先にすることになっている。彼女の入院の時，連絡を受けた家族は，徒歩とバス，電車を乗り継いで病院にかけつけた。ある日，病院のお見舞いの帰り，兄に道案内をお願いして，一緒に車で自宅まで送る機会があった。自宅は，県境の山間の地域で，車道も途切れ，そこからは徒歩でしか行かれないところで別れた。家の方向を訪ねると，そこから遥か先に灯りがついているのがわかった。日が暮れて周囲は，真っ暗になっていた。

　事例1のひとみさんの体調不良は，腸閉塞とともに，異物が消化されず，胃と腸内に残っていたことが大きな原因だった。手術によって異物が摘出されたことで，体調の回復とともに情緒的な面でも改善が見られてきた。異物を口にしていたことについて，本人の理解は曖昧で，職員，保護者も確認したことはなかった。本人は，情緒的に不安定になるとパニックになることがあり，衝動的に食べ物と一緒に他の異物を口にしていたのではないかと考えられた。あらためて彼女に対する支援の方法が見直された。
　現在，ひとみさんは，食事指導を継続し，異食はなく，健康状況も良好で明るく元気に過ごしている。
　彼女の施設利用に至る主な理由は，家庭養育困難である。当時，家族で療育されていたが，両親の離婚による家庭環境の悪化とともに，人里離れた地域での生活環境では，障害のある彼女の養育は困難であった背景がある。ひとみさんは毎年，冬と夏，5月の連休は，父親の送迎で自宅へ外泊しており，本人も帰省を楽しみにしている。自宅と施設間は，徒歩とバスと電車を乗り継いでいる。自宅から電車の駅まで行くのでさえ，相当の時間がかかる。外泊のための送迎は，朝早くから夕方までの一日がかりの日程である。父親にとってはいつものことなのである。
　通常，私たちの意識は，住宅地は徒歩でも，車を使えばそれなりの時間で送

迎や買い物は可能であるという認識はある。しかし、それは、一つの見方にすぎず、人里離れた地域やそこで暮らす人によっては、その人なりの生活様式や暮らし方がある。そうしたことを理解するには、実際にかかわり、自分の目で見て、感じることが大切である。

第2節　福祉施設利用者の生活と現実社会および地域とのつながり

　施設の究極的な目標は、利用者の「生命・生活を守る」ところにある。それは身体的存在としてのみでなく、精神的存在、社会的存在として保障していくことを意味している。そのことは、施設の生活は、「通常の生活」を保障していく過程にある。つまり、施設の生活が地域社会からかけ離れたものではないこと、しかもその生活は利用者の意思にもとづいていること、そして、利用者が生活を実感できることにある。

　ところが、職員は利用者の失敗をおそれ、あるいは健康の問題を心配するあまり、利用者固有の生活（自己決定による生活）を乱す危険を常に有している。施設は、利用者の生命が脅かされるなり、また、他人への迷惑とならない限りにおいて、利用者の意向を最大限尊重し、失敗を重ねながらも体験的に生活を拡大できるよう支援することが求められる[(1)]。

コラム1

通常の生活とは

・日常の生活様式、習慣が、施設独自なものに陥らず、地域の生活とつながりを持っていること。
・利用者の判断、意思が尊重され、施設での生活上のルール等が定められていること。
・毎日の生活が、楽しい、悲しいと感じられ、利用者自身が生活をつくっていると実感できること[(2)]。

施設は，その施設によっての日課があって，それに沿って，利用者の日常生活があり，それを支える職員の勤務体制がある。職員の勤務は，早番，平常，遅番，夜勤（当直），明け，など，それぞれの時間帯と業務内容が設定されている。職員のローテーション勤務とチームワークによって利用者の生活を支えている。

　施設はそれのみで存在するのではなく，地域の中でさまざまな社会資源とのつながりによって成り立っている。たとえば，市町村，他の福祉施設，社会福祉協議会，自治会，民生委員，児童委員，児童相談所，特別支援学校，小・中・高校，公民館，医療機関，郵便局，消防署，警察署，ボランティアなど，多くの機関や人びととつながっている。また，利用者によっては，施設を利用しつつ，地域で就労しているケースもある。近年は，社会福祉に対するニーズが多様化し，一人ひとりのニーズに対応するためには，これまでの公的なサービスだけでなく，地域で支えあいながら，福祉サービスを充実させることが必要になっている。地域とともに歩む施設づくりが求められている。

第3節　福祉施設利用者の心理状態および健康状態

　施設の利用者は，社会生活を営むための生活上の条件が欠落し，あたりまえの生活を送れないことによって利用する場合が多い。このことは単に，生活上の問題だけではなく，それらがもたらす利用者の心理的，精神的影響を十分考慮し，理解することが求められる。家庭の崩壊，家族との分離からくる影響などは，その最たるものである。施設利用によるこれまでとは異なる生活パターンや，集団生活であることのさまざまなルール・制限など，利用者の置かれる立場は非常に弱い条件にあると言える。利用者の非・反社会的行為を捉え，その非を唱えるのは，いわゆる「常識」があればだれでも可能となる。施設の職員には，それらの行為の背景にある利用者の内面を受け止める人間対人間としての「つきあうための能力」が求められる。[3]

> **事例 2**
>
> ### 心の不安を受けとめるということ
>
> 　中学校1年の女子・晶子さん（仮名）は，父親が入院（精神内科）することによって，弟とともに児童養護施設を利用することとなった。母親は，晶子さんの幼児期から精神病で入退院を繰り返している。小学校は，両親が療育に無関心であったことから不登校が続き，乱れた生活であった。情緒的には普段は素直だが，些細なことからの興奮（攻撃的）が多く，その差が激しかった。
>
> 　施設利用後，新しい学校をも嫌がっていた。その後，父親が死亡し，そのことをきっかけとして，登校することを強く拒否するようになった。そのため，晶子さんに心の中を整理させる意味で，無理に登校させずにいたが，状況に変化は見られなかった。そこで，学校との協力によって，マンツーマンの授業を行い，その時だけ登校するようになった。このように晶子さんの気持ちを前面に受け入れるようにしていた。しかし，他児童の物を獲る，異常な食べ物への執着，そして職員，他児童への激しい攻撃的な興奮等は改善されず，結果として晶子さんに振り回される状況が続いた。
>
> 　一方，職員は，晶子さんの行動の中に，職員の出方をうかがうといったところが強く見られるため，常に冷静な態度で対応するようにしていた。その中で，父親の死，母親の病気，弟と自分の施設利用と，家族がバラバラになっていること，そして「自分も母親のような病気になる」ことへの不安が強いことが，晶子さんの言葉の端ばしからも認められるようになった。そこで，晶子さんの気持ちを整理させるため，医師のカウンセリングを受けることとなった。(4)

　この事例2のように「不安」を背景とした不適応行動（問題行動）は，施設生活の中でも非常に多く見られる。このような時，職員としては，「われわれの理解の範囲を超えている」，「わからない」と看過することはできない。不適応行動を切り取るのではなく，その人自身の状況を丸ごと「受けとめる」ことから，その不安を感じとり，理解し共感することが大切である。この「受けとめる」ということ，受容するということは，ケースワークの原則の一つでもある。保育士を目指す人には，十分認識してほしいと考える。

　一方，利用者の健康状態について，施設として注意すべきことを紹介する。

第5章 利用者の日常生活から実習生が学んでほしいこと

毎年冬になると，インフルエンザやノロウイルス等の流行が本格化し，免疫力の弱い人や高齢者などにとっては，重症化することが心配される。病院や高齢者施設等においての，院内感染，集団感染発生の記事が報道される。施設は，集団生活であることから一人の罹患から次から次へと大勢の人へと感染しやすい環境にある。よって，インフルエンザ予防接種をはじめ，手洗い，手指消毒の徹底，マスクの着用等を徹底し，未然防止に努めるとともに，罹患した場合，感染がすぐに広がらないような対応が求められる。

事例3

施設内におけるインフルエンザA型の発生

堀川障害者支援施設（仮称）は，施設内各居住棟において，インフルエンザA型が発生し，北山福祉事務所へ再発防止報告書を提出した。

1月31日，男子棟から5人の罹患者（りかんしゃ）が発生。その後，同棟は2月9日にかけて26人の利用者が罹患した。女子棟利用者は，2月1日から5日にかけて5人が罹患。職員も2月2日から5日にかけて5人が罹患した。いずれも症状は軽く，通院し，処方薬服用後，解熱し重篤には至らず済んだ。これまで職員および外来者はマスク着用と手指消毒は，徹底していた。インフルエンザ予防接種も行っていた。

集団生活の中で，適正な湿度の確保と罹患者の隔離が確実に実施できなかったことなどが，発生蔓延の原因と考えられる。施設としては，居住棟への出入りの制限，日中活動の中止等の対応を行った。再発予防として，予防接種時期の変更，大型加湿器の設置，静養（隔離）スペースの確保を挙げた。

唯一，生活介護（通所）部署は，インフルエンザ罹患者の発生はなく，通常通りの活動を継続した。施設同様，インフルエンザ予防接種，マスク着用，手指消毒は徹底していた。本体施設とは離れた別棟にあったため，さいわいにも罹患蔓延には至らなかった。

事例3は，障害者支援施設におけるインフルエンザA型が発生した事例である。利用者が罹患し，支援している職員も同様に罹患する傾向にあり，施設全体としての対応が要求される。施設実習生においても自己の健康管理に努めるとともに，施設における未然防止対策や発生時の対応方法を認識してほしい

と考える。

> **事例 4**
>
> ### 保育所 4 歳児男児が死亡——熱中症の可能性
>
> 　8 月 11 日，午後 0 時 25 分頃，あさひ保育所（仮称）で同市会社員・遠藤さん（仮名）の長男よしおくん（4 歳：仮名）が本棚の収納の中で倒れているのを，探していたあさひ保育園所長が発見，よしおくんは病院に運ばれたが，死亡が確認された。調べによると，よしおくんは，同日午前 8 時頃，母親に連れられて来所し，4 歳児クラスの園児たちと近くの畑で雑草とりなどをした後，午前 10 時 30 分頃保育所に戻った。午前 11 時 30 分までは自由時間で，よしおくんはほかの園児と遊んでいるのを目撃されていたが，昼食の時いなくなっているのがわかった。同保育所は市に連絡し，職員が所内を探したところ，廊下に置いてある本棚の下引き戸式の収納（高さ 37 センチ，幅 43 センチ，奥行 43 センチ）の中に足を伸ばして座った状態で発見された。市消防本部によると，救急隊が駆けつけた時，よしおくんは意識がなく，汗をかいて全身が熱かったという。気温は約 30 度あった。同保育所は，0 歳児から 5 歳までの幼児 117 人を保育士ら職員 23 人で預かっている。(6)

　この事例 4 は，その後，事故調査委員会による調査を実施し報告書がまとめられた。事故原因を指摘し，保育所の管理体制の甘さが認定された。なぜ，あってはならない事故が保育所内で発生したかについては，保育所に従事するものにとっては，真剣に反省する必要がある。事故は偶然に発生したかのように見えるが，そうではなく，起こるべくして発生したと見るのが相当であるとし，再発防止策が提言された。(7)

　利用者の健康状態としては，汗をかく機能が未熟な子どもや高齢者などは，予想以上に熱中症になりやすいと言われる。熱中症の認識と対応を考える機会としたい。また，本事例は，危機管理の事例としても参考になると考える。

第4節　福祉施設利用者と家族との関係

　福祉施設には保護者による会が設立されていて，毎月の定例会で役員や事業内容にもとづき運営されている。保護者と施設職員との話しあい等を通じて，施設の運営を支援している。利用者によっては，自宅が遠方であったり，都合により保護者の面会がなかったりとさまざまな状況がある。利用者の高齢化とともに保護者も高年齢化しており，親なきあとの対応が課題となっている。

事例5

保護者の想い──大切にしたい精いっぱいの心

　つい先日のこと，だれかと話していた時に，この数年間意識もしていなかった娘の年齢を尋ねられ，生年月日から計算して41歳になっていることに気づき，あらためて歳月の流れの速さに驚かされた。そして，しみじみこれまでの永い間の娘との格闘の日々であったことを思い出した。
　娘は，生後1年半経った頃，言葉が出なかったり，長男と比べあまりにもおとなし過ぎること等から小児病院で診てもらったところ「点頭てんかん」と診断された。将来，重い知的障害が残る「難病」の宣告だった。この時が今までの人生の中で一番つらいショックを受けた時だった。やがて，冷静になり，どんな病でも治療を受けていけば少しは良くなるはずと，週に1回の注射に通い，また，後悔を残さないように手を尽くそうと，ありとあらゆる病院を渡り歩いた。最後に，総合福祉施設のK先生と巡り合い，診断の結果，処方された薬が娘の病状に合い発作も少なく，言葉も片言が出るようになった。施設入所していた当時の娘は，いわゆる多動で，支援してくださる職員の方には，本当にお世話になった。また，親が月に1度面会で来園してもよろこびを表せず，別れる時にも寂しさも示さない感情のない娘だった。養護学校（特別支援学校）高等部頃から変わってきて，やっと人間らしくなってきた。当時，施設で働く友人から「障害児に対してはなるべく早い時期から手をうつこと。中でも大切なことは，親としてできる限りの愛情をかけてあげれば，どんなに重い障害の子でもかならず変わる」と教えていただいた。それ以来，私たちが取り組んできたことは，一瞬も目を離せない娘を連れて，レストランや旅行へ行ったり，電車に乗せたり，大勢の人の中で人と触れ合うことで，多動の娘との闘い

の連続で今日まで生きてきた。親も子も高齢化している。保護者としてあと何回，子どもに会えるのか，会える時間を大切にしていきたいと思っている。
　朝，少し早く施設へ行くと，利用者の何人かが，暑い日にも寒い日にも玄関や正門のところまできて，首を長くして保護者を待っているのを見るにつけ，保護者会の日だけは，最大限事情の許される範囲で，子どものために精いっぱいの心を施設へ置いてこようと心がけている。[8]

　事例5のように，彼女は，生後1歳の時，小児病院でてんかんと診断され，以後，さまざまな病院を受診し，脳波検査，治療を続けた。福祉施設を利用するものの，「多動でうちでは手に負えない」と言われ，短期間で退所することもあった。総合福祉施設へ入所利用したのを契機とし，てんかんの症状は改善に向かい，以後服薬により発作もなく症状はコントロールされている。その後，知的障害児のための施設を利用し，現在はグループホームで生活し，通所サービスを利用しつつ，地域の老人施設の厨房で週2回働いている。
　保護者は，本人に対して熱心にかかわり，毎月の保護者会には夫婦そろって面会に来ている。その他，季節ごとの帰省や外泊，旅行や外食，通院なども保護者の対応で行っている。

第5節　福祉施設利用者の人間関係

　福祉施設実習において，実習ノートや反省会等で，最も多い内容は，利用者との人間関係，コミュニケーションの問題である。実習生にとってみれば，身近な問題で，うまくいかなかったこと，失敗から学ぶことが利用者から学ぶ良い機会となる。実習担当職員にとっても同様で，自分の経験を踏まえて，アドバイスすると思う。最初からうまくいく人など，どこにもいない。どんな職員でも失敗や苦い経験があり，壁を乗り越えて今の自分がある。
　人とのかかわりは，コミュニケーションを基盤として人間関係が成り立っている。一般的にコミュニケーションは，「情報伝達」や「意思疎通」と言われるが，「お互いの考え方や気持ちを共有化する」[9]と理解することもできる。仕

事上では，職員間のコミュニケーションもあるし，利用者と職員間および，利用者間のコミュニケーションも存在する。言葉によるコミュニケーション手段が一般的であるが，文書や，電子メール，インターネット等の方法も用いられる。現場では，常に利用者とのコミュニケーションのむずかしさを実感させられる。言葉で，十分伝えていると思っていても相手には伝わっていない。違って理解されている場合が少なくない。言葉によって伝えられるメッセージは，35％にすぎず，残りの65％は，話しぶり，動作，ジェスチャー，相手との間など，ことば以外の手段（非言語コミュニケーション）で伝えられると言われる。沈黙や時間，空間など，「ことばならざることば」も含まれる。利用者とのコミュニケーションを図るためには，「観察すること」，「気づくこと」，「聴くということ」が重要と考える。

事例6

聴くということができたのか

　高等学校1年の男子 晃くん（仮名）は，中学校1年の時に児童養護施設に入所した。父親行方不明，母子家庭（弟妹は母親養育）。本人の問題行動を理由に母親に養育拒否され，措置される。入所後も寮内にて，他児のおやつを食べてしまう，文房具を盗むなどの行為があり，その都度，「2度としない」と約束するが，同じことを繰り返す。

　中学校2年の時は，入所したばかりの中学1年生を誘って11日間の無断外出をした。友人宅，親類宅等から金品の盗みもした。中学3年生になっても，行動は変わらず，他児のズボンをカッターで切り裂いたり，他児の髪の毛を脱色させたりと年少児に対するいたずらや命令が続いた。進路決定の時期には，高校進学の必要性を説くが，そのためには生活改善が前提であることを話し，母親の「高校だけは出ておきなさい」との助言から，何とか高校進学した。目的を見出せないままでいたことと，同じ問題を抱えた友だち2人で行動するようになり，万引きや盗みなどから自宅謹慎処分を受けた。その後も，学期末テストを受けなかったこともあり，進級できなかった。これ以上学校生活を続けていく意欲がないとの理由で，自主退学となった。

支援する上で、「受けとめる→自己に気づく」過程には、あらゆる場面で「聴くということ」が大切である。この事例では、結論が出るまでの過程で、職員の徹底的な取り組みは十分になされていたのだろうか。「聴くということ」は、実際の事情を聴取する時の状態だけでなく、利用者を感じとり、理解しようとする態度や姿勢で、気持ちを傾けて聴くことにあると考える。[12]

第6節　福祉施設利用者の障害の内容の紹介

　世界保健機関（WHO）は、2001（平成13）年に国際生活機能分類（ICF：International Classification of Functioning Disability and Health）を採択した。その目的は、生活機能と障害の捉え方を整理し、共通の枠組み、概念、用語を使えるようにすることである（図Ⅰ—5—1参照）。

　ICFの枠組みは、障害者や高齢者を含むすべての人間の「生活機能」を「心身機能・身体構造」、「活動」、「参加」の3次元で理解する。それぞれ医学的・生物学的次元、個人の行為の次元、社会参加の次元である。これらは一方では「健康状態」の影響を受け、他方では「環境因子」と「個人因子」からなる「背景因子」の影響を受ける。そうした影響によって、3次元の生活機能が困難を抱える場合があり、その状態をそれぞれ「機能障害」、「活動障害」、「参加障害」と呼び、その総称を「障害」と捉えている。[13]

　身体障害は、視覚障害、聴覚障害、肢体不自由などの身体上に障害があり、都道府県知事から身体障害者手帳の交付を受けている。身体上の障害の範囲と程度は、身体障害者福祉法に定められている。

　知的障害については、知的障害者福祉法では明確な定義づけはなされておらず、年齢を問わず、社会通念上知的障害と考えられる者とされている。児童福祉法においては、身体に障害がある児童、知的障害のある児童、精神に障害がある児童など、知的障害について明確に触れていない。

　なお、厚生労働省で実施されている知的障害児・者基礎調査では、「知的機能の障害が発達期に現れ、日常生活に支障が生じているため、何らかの特別な

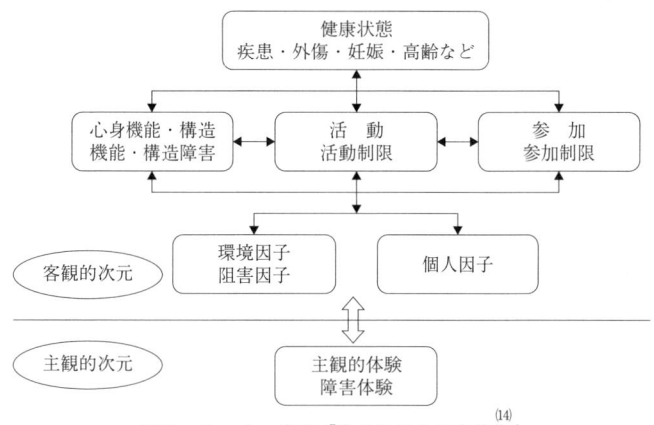

第5章　利用者の日常生活から実習生が学んでほしいこと

```
          ┌─────────────────┐
          │　　健康状態　　　│
          │疾患・外傷・妊娠・高齢など│
          └─────────────────┘
                    ↕
  ┌──────────┐ ┌──────────┐ ┌──────────┐
  │心身機能・構造│ │　活　動　│ │　参　加　│
  │機能・構造障害│ │活動制限　│ │参加制限　│
  └──────────┘ └──────────┘ └──────────┘
                    ↕
         ┌──────────┐ ┌──────────┐
  客観的  │　環境因子　│ │　個人因子　│
  次元    │　阻害因子　│ │　　　　　│
         └──────────┘ └──────────┘
  ─────────────────────────────────
                    ↕
  主観的     ┌──────────┐
  次元       │主観的体験　│
            │障害体験　　│
            └──────────┘
```

図Ⅰ—5—1　真の「生きることの全体像」[14]

出所：上田敏『ICF（国際生活機能分類）の理解と活用』きょうされん，2007年を参考に筆者作成。

援助を必要とする状態にある者」と定義づけされている。療育手帳は，児童相談所または知的障害者更生相談所において，知的障害と判定された者に対して交付される。

　児童福祉法では，「身体に障害のある児童，知的障害のある児童，精神に障害のある児童又は，治療方法が確立していない疾病その他の特殊の疾病であつて障害者の日常生活及び社会生活を総合的に支援するための法律第四条第1項の政令で定めるものによる障害の程度が同項の厚生労働大臣が定める程度である児童をいう」（第4条第2項）と定められている。児童とは，0歳から18歳未満を指しており，障害児福祉については，児童福祉法の規定が基本となる。障害児入所施設は，福祉型障害児入所施設と医療型障害児入所施設がある。

　精神障害者とは，認知や思考，感情表出，対処行動などに影響を与える精神疾患を有する人のことを言う。日常性かつ社会生活をする上で，困難さや不自由さがあり社会的不利益を受けやすい状態にある。

　発達障害者支援法における発達障害とは，「自閉症，アスペルガー症候群その他の広汎性発達障害，学習障害，注意欠陥多動性障害その他これに類する脳機能の障害であって，その症状が通常低年齢において発現するもの」として政

令で定めるものを言う。(15)

事例7

ダウン症の娘を持つ母――たくさんの喜びを与えてくれる

「アイちゃん，見て，カエルつかまえたよ」

8月30日，自然観察の授業で同級生の男の子がカゴを見せると，アイちゃん（9歳：仮名）が歓声を上げた。「うわー，でかーい」

アイちゃんは仙台市の普通学級に通う小学3年生のダウン症の女の子。クラス32人の中で背が一番小さく，かけっこはいつもビリだ。

得意なこともある。絵本が好きで，学校で習っていない漢字もすらすら読める。最近の「マイブーム」は車のナンバーの地名。兵庫県の姫路を「ひめろ」と読んで笑われることもあるが，とにかく好奇心が旺盛だ。ピアノ教室に通い7月の発表会では，スケーターズワルツを披露した。

母（50歳）は，妊娠時，出生前診断を受けなかった。アイちゃんを生んだ後にダウン症とわかったが，「やはり検査を受けようとは思わない」と言う。「あの時に消えていた命なら，こんなにたくさんのよろこびを与えてくれることはなかったわけですから」。

ダウン症は，23対（46本）ある染色体の内21番目の染色体が1本多い病気だ。約1,000人に1人の割合で出生し，母親が高齢になるほど出生率は高まる。20代前半の出産と比べ，30代後半は7倍，45歳以上は82倍に上がると言う。知的障害の遅れや筋力の弱さ，心臓の病気などをともなうが，医療の進歩で，かつては20歳前後と言われた平均寿命も今は50歳を超える。心身の発達に個人差がある。アイちゃんのように普通学級に通う子もいれば，特別支援学校などを選ぶケースもある。芸術分野で活躍したり大学に通学したりするケースもある。NHKの大河ドラマ『平清盛』の題字を書いた書道家の金沢翔子さん（27歳）もダウン症だ。

日本ダウン症協会の理事長は，「新検査の導入が，ダウン症の子どもや家族を否定する社会につながることは，絶対にあってはならない。ダウン症の特徴や症状を伝えたところで，本当に知ったことにはならない。育っていく姿を，ありのまま知ってほしい」と話している。(16)

第7節　福祉施設の現状と課題

　障害者虐待防止法に関する厚生労働省の調査結果（表Ⅰ-5-1）で，全国の在宅及び施設・事業所で1,699人の障害者が虐待を受けている実態が浮かび上がった。家族や親族らによるものが85％を占め，福祉職員によるものが5％，職場の雇用主らによるものが9％だった。福祉施設の職員による虐待は，80件で，被害者は176人に上り，身体虐待が58％，心理的虐待も53％あった。職場の雇用主らによる虐待では，133事業所で194人が被害にあったと認定された。調査で明らかになった被害は，「氷山の一角」で，特に施設職員による虐待は，被害が顕在化しにくい実態があると指摘される。

　福祉施設は，利用者が安心して利用できる質の高いサービスの提供が求められる。その対極にあるのが事故の発生や不適切な対応であり，その未然防止に努める必要がある。

　ところが近年，施設の中でも職員が利用者に暴行や体罰を加えるなどの虐待事件は，全国的に見て，今なお後を絶たない。こうした事件は，利用者の人権をいちじるしく侵害するばかりでなく，施設に対する社会の信頼を揺るがしかねない重大な問題となっている。よって，行政からは，施設の虐待防止について通知が出され，虐待の防止，虐待が発生した場合の迅速かつ適切な対応について，施設への周知，指導を求めている。規準の中でも，一般原則として，利用者の人権の擁護，職員に対する研修の実施などが努力義務として定められている。

　よって，福祉施設は，組織的に事故予防対策を講じる体制を構築することが必要であり，そのためのリスクマネジメントの視点を取り入れた手法を導入することが課題となっている。施設のリスクを把握する方法として，職員によるインシデントレポート（ヒヤリハット報告）の提出や利用者，保護者等の意見，他の事故事例の活用などが挙げられる。さらにリスクとその要因を分析し，組織的な対策の実施が必要である。

表Ⅰ—5—1　自治体に寄せられた障害者虐待事例への対応状況（2012年10月〜2013年3月末）

	家族らによる虐待	施設職員らによる虐待	雇用主らによる虐待	合　計
相談・通報件数	3,260	939	303	4,502
虐待と認定された件数	1,311	80	133＊	1,524
被害者数	1,329	176	194	1,699

注：＊事業所数
出所：厚生労働省「障害者虐待防止法に関する調査結果」2013年。

通知「職員の方々に」を以下に示す。[20]

コラム２

職員の方々に

　以下のような行為は，障害者への虐待です。
　不適切な支援から，傷害罪などに当たる犯罪行為までさまざまですが，いずれも障害者の人権の重大な侵害であり，絶対に許されるものではありません。
○身体的虐待
・殴る，蹴る，たばこを押しつける。
・熱湯を飲ませる，食べられないものを食べさせる，食事を与えない。
・戸外に閉め出す，部屋に閉じこめる，縄などで縛る。
○性的虐待
・性交，性的暴力，性的行為の強要。
・性器や性交，性的雑誌やビデオを見るよう強いる。
・裸の写真やビデオを撮る。
○心理的虐待
・「そんなことすると外出させない」など言葉による脅迫。
・「何度言ったらわかるの」など心を傷つけることを繰り返す。
・成人の障害者を子ども扱いするなど自尊心を傷つける。
・他の障害者と差別的な取り扱いをする。
○放棄・放置
・自己決定といって，放置する。
・話しかけられても無視する。拒否的態度を示す。
・失禁をしていても衣服を取り替えない。

・職員の不注意によりけがをさせる。
○経済的虐待
・障害者の同意を得ない年金等の流用など財産の不当な処分。
○その他
・職員のやるべき仕事を指導の一環として行わせる。
・しつけや指導と称して行われる上記の行為も虐待です。
自分がされたら嫌なことを障害者にしていませんか。
常に相手の立場で，適切な支援を心がけましょう。
出所：「障害者（児）施設における虐待の防止について」平成17年10月20日，障発第1020001号，各都道府県知事・各指定都市市長・各中核市市長宛厚生労働省社会・援護局障害保健福祉部長通知を参考に一部筆者改変。

第8節　子どもの夢——良き保育士を目指して

　第一生命保険による毎年子どもたちの夢を聞く，「大人になったらなりたいもの」調査結果（表Ⅰ—5—2）によると，女子の第3位は「保育園・幼稚園の先生」（前回は第2位）だった。女子の第1位は16年連続で「食べ物屋さん」，第2位は「看護師さん」。男子の第1位は，3年連続「サッカー選手」，第2位は「学者・博士」と「警察官・刑事」だった。「看護師さん」，「警察官・刑事」，「消防士・救急隊」等の仕事が上昇した。第一生命は，「東日本大震災後，人を守ったり助けたりする職業が，子どもたちの心に響いたのでは」と見ている。昨年7月から8月，全国の幼稚園・保育園児と小学生の計約14万人を対象に調べ，1,100人分を抽出して集計した[21]。

　「保育園・幼稚園の先生」は，子どもたちの夢の職業の上位にランクされている。人を守ったり助けたりする仕事は，保育士であったり，福祉に携わる職員も同様である。良き保育士，福祉職を目指して，取り組んでほしい。

〔演習課題〕
1）福祉施設利用者の生活を体験し，その様子を調べてみよう。

第Ⅰ部　福祉施設実習の基礎理解

表Ⅰ—5—2　大人になったらなりたいもの（2012年）

順　位	男　子	順　位	女　子
1（1）	サッカー選手	1（1）	食べ物屋さん
2（3）	学者・博士	2（5）	看護師さん
2（6）	警察官・刑事	3（2）	保育園・幼稚園の先生
4（2）	野球選手	4（12）	お医者さん
5（14）	テレビ・アニメ系キャラクター	5（6）	お花屋さん
6（18）	宇宙飛行士	5（3）	学校の先生（習い事の先生）
6（5）	食べ物屋さん	7（8）	飼育係・ペット屋さん・調教師
6（8）	電車・バス・車の運転士	8（10）	ピアノ・エレクトーンの先生・ピアニスト
9（4）	お医者さん	8（17）	警察官・刑事
10（11）	消防士・救急隊	10（9）	デザイナー
10（10）	大工さん		

注：順位のかっこ内は前回（2011年）調査での順位。
出所：第一生命保険。

2）福祉施設利用者と取り巻く人びとや社会資源について，調べてみよう。

3）福祉施設利用者とのコミュニケーションの方法について，考えてみよう。

4）福祉施設におけるリスクマネジメントについて，勉強してみよう。

〈注〉
(1) 埼玉県社会福祉事業団活動推進委員会専門部会『施設処遇マニュアル・チェックリスト』1991年，1～2頁。
(2) 同前。
(3) 埼玉県社会福祉事業団『職員に望まれる・知識・技能・態度について』1992年，24～26頁。
(4) 同前，25～26頁。
(5) 前掲書(3)。
(6) 埼玉新聞社「4歳児が死亡——熱中症の可能性」2005年8月11日付。
(7) 全国保育団体連絡会『月刊保育情報』No. 354，2006年5月，17～46頁。
(8) 埼玉県社会福祉事業団花園クローバーの会広報部「会報花園」第38号，2013年1月6日，3～4頁。
(9) 福祉職員障害研修推進委員会編『福祉職員研修テキスト　管理編』全国社会福祉協議会，2000年，73～75頁。
(10) マジョリー・F・ヴァーガス／石丸正訳『非言語コミュニケーション』新潮社，2006年，13～26頁。

(11) 前掲書(3), 31～32頁。
(12) 前掲書(3), 31～33頁。
(13) 日本知的障害者福祉協会編『はじめて働くあなたへ——よき援助者を目指して』2012年, 47～50頁。
(14) 上田敏『ICF（国際生活機能分類）の理解と活用——人が「生きること」「生きることの困難（障害）」をどうとらえるか』きょうされん, 2007年, 35頁。
(15) 障害者福祉・支援制度研究会編『Q&A障害者福祉・支援の手引』新日本法規出版, 701～1,300頁。
(16) 読売新聞社「ダウン症の娘を持つ母——たくさんの喜び与えてくれる」2012年9月2日付。
(17) 読売新聞社「障害者虐待1500件」夕刊読売新聞, 2013年11月11日付。
(18) 埼玉県福祉部福祉監査課「実地指導での主な指摘事項に関するQ&A——障害者支援施設, 障害福祉サービス事業所等」2013年12月, 10～12頁。
(19) 東京都社会福祉協議会編『事故防止対策としてのリスクマネジメント組織構築の手引き』2002年, 4～6頁。
(20) 厚生労働省社会・援護局障害保健福祉部「障害者（児）施設における虐待の防止について」2005年。
(21) 朝日新聞社「将来は警察官——男女とも上昇」朝日新聞, 2013年7月6日付。

〈参考文献〉
小野澤昇・田中利則編著『保育士のための福祉施設実習ハンドブック』ミネルヴァ書房, 2011年。
京都府社会福祉協議会監修／津田耕一『福祉職員研修ハンドブック——職場の組織力・職員の実践力の向上を目指して』ミネルヴァ書房, 2011年。
日本知的障害者福祉協会編『はじめて働くあなたへ——よき援助者を目指して』日本知的障害者福祉協会, 2012年。
大塚達雄・保田井進・鈴木壽恵編『社会福祉施設実習（現代の保育学7）』ミネルヴァ書房, 1996年。
F・P・バイステック／田代不二男・村越芳男訳『ケースワークの原則——よりよく援助を与えるために』誠信書房, 1988年。
F・P・バイステック／尾崎新・福田俊子・原田和幸訳『ケースワークの原則［新訳版］援助関係を形成する技法』誠信書房, 1996年。
鷲田清一『「聴く」ことの力——臨床哲学試論』ティービーエス・ブリタニカ, 2002年。
久留あさ美『ジョハリの窓——人間関係がよくなる心の法則』朝日出版社, 2012年。
坂本洋一『図説よくわかる障害者総合支援法』中央法規出版, 2013年。

（吉田博行）

第Ⅱ部
福祉施設実習へ向けての準備と実習中の学び

第1章

福祉施設実習へ向けての心がまえと基礎理解

第1節　実習へ向かう心がまえ

　第Ⅰ部で学習したように，保育士の指定養成施設に入学して保育士資格を得るためには，保育所での実習とともに，国により指定されている福祉施設での実習が必修とされている。

　保育士の資格は児童福祉法によって定められている国家資格であり，「保育所で子どもの保育にかかわる」だけの資格ではなく，児童福祉法等に定められた福祉施設等で幅広い業務にかかわる大切な資格であることをあらためて認識しておく必要がある。

　保育士の仕事は乳幼児や児童等に対して保育や養護と言われる直接的な働きかけを行う仕事（対人援助）であり，子どもたちに大きな影響を与える可能性のある仕事でもある。また，保育士には「資格のある専門家として一人前」であることが求められる。

　そのためには養成校で学習した理論的学習と実技を実際の保育や養護にかかわる場で体験し，再び学習の場で振り返りを行い，再学習して行くことが大切である。そのために行われる取り組みが「保育実習」という学習であり，保育所や福祉施設での実習体験である。

　すでに学習していることと思われるが，保育所や各種の児童福祉施設は国の定めた「児童福祉施設の設備及び運営に関する基準（旧児童福祉施設最低基準）」などの規定により，施設の種類ごとに生活環境や利用する児童の数に対する保

育士の必要人数などの基準が定められている。福祉施設は限られた人数で施設を利用する子どもや，利用者に対する保育や養護などの活動に取り組んでおり，たとえ保育者が一人であったとしても求められる適切な保育や養護活動をおろそかにすることは許されない。そうしたことを理解するためには養成校内の学習だけでは困難であり，実際の保育や福祉施設の場における学習を通して学ぶことが不可欠である。そのための学習の機会が「保育実習」と言える。保育実習に真剣に取り組むことにより自分自身の学習課題の発見や，保育活動に関する自信を持つことが可能となるであろう。

　福祉施設の役割や保育，援助活動に関する内容は養成校における社会福祉や児童家庭福祉，社会的養護，社会的養護内容，相談援助，家庭支援論などの学習の中で児童福祉施設の社会的な役割や，施設を利用している子どもや利用者への保育や援助の方法，援助計画の作成方法，家族支援のあり方など，幅広い内容の学習を行うが，児童福祉施設での保育や養護の活動は「家庭にかわる生活の場」ということがベースにあるため，実際に施設を訪れ施設を利用している方たちと出会い，ふれあい，ともに生活してみないとなかなか理解できない。これからみなさんが体験する「施設での保育実習」は中学生や高校生の時に体験したインターンシップでの活動とは異なり，「専門家としての資格取得を目指すための学習」に取り組むことになる。限られた期間ではあるが，保育士の資格を目指す者として一つでも多くの学びができるよう取り組むことが求められる。

　実際に福祉施設での実習活動に参加すると，施設を利用して生活をしている利用者の方たちや，保育や支援・援助などの活動に携わっている児童指導員（支援員）や保育士との出会いやかかわり方にとまどいやおどろきを感じることがあるかもしれない。保育士資格の取得を目指す多くの学生はこうした不安やとまどいを感じつつも，福祉施設での実習に取り組み，保育士に求められる専門性や社会性を身につけ，多くの方が福祉施設で保育士としての業務に従事している。これから施設での実習に参加する者にとって大切なことは，施設での実習の意味と意義を十分に理解し，実習に参加するための基本的な心がまえや，

事前準備を確実に行い、健康な状態で実習に臨むことである。

第2節　実習生の立場と心がまえ

　福祉施設では多くの専門職がチームを組んでさまざまな支援活動を行っている。

　実習生は「保育士の資格取得」を目指している段階であり、専門家とは言えないが、施設を活用する利用者や、施設の存在している地域の方たちとの関係においては「職員の方たちと同等の役割」が求められる。そのため、実習生は実習という学習活動の意味をしっかりと理解し実習に取り組む必要がある。

　そのために求められることとしては実習のための環境を提供してくださっている施設の関係者に対する感謝の気持ちを抱き、いつも笑顔を絶やさないで、自らの健康管理をしっかりと行い、心身ともに健康な状態で積極的な実習を行うことが求められる。特に、心身の健康管理を含めた自己管理は保育にかかわるすべての者にとってはもっとも基本的なことであり、実習に参加するにあたり自らの生活習慣を見直すことも必要である。

　実習に取り組む際の基本的な心がまえとしては次のような点が求められる。
①自分自身のことをしっかりと知ることが重要である（「自己覚知」と言う）。
②実習に対する学習課題（目標）を明確にすること（実習は学習活動であり遊びではない。この点については絶対に忘れてはいけない）。
③自己の生活習慣を見直し言葉づかいや挨拶についての改善が必要である。
④実習施設の目的や役割をしっかりと理解し、特に利用者に対する理解をする必要がある。
⑤福祉施設の利用者に対する理解を行い、接し方などについて気をつける必要がある。
⑥福祉施設で勤務している職員はたとえ年齢が若くても、実習生にとってみれば指導してくださる「先生」の立場であり、友だちではない。たとえ「いいよ」と言われても友だち感覚で話すようなことがあってはいけない。

⑦社会人として必要な社会性を身につけ，実習生として非難されないような実習態度で実習に取り組むことが大切である。

第3節　児童福祉施設の理解

　実習でお世話になる施設の種類や特徴，役割などについては第Ⅰ部で学習した。したがって，ここでは実習でお世話になる施設をどう理解しておくべきか考えてみることにする。

　理解しておくべき第一の点は，先にも述べたことではあるが，これから実習でお世話になる施設は「さまざまな理由があって，両親や兄弟と一緒に生活できない，あるいは生活することが許されない等，家族が一緒に活動したり学んだりすることが困難な環境に置かれている方たちが基本的な生活を維持するために利用している社会的養護の実践活動の場」ということである。利用している方たちにとっては「家庭に代わる生活の場」であり，「活動の場」と言える環境のため，利用者にとってみればストレスを抱きやすく，個人のプライバシーが侵害されやすい場でもある。このことについては，もし自分自身の家庭に「勉強のため」といって見知らぬ方が入ってきたらどう思うかを考えてみれば容易に想像できることと思う。

　そのため，これから実習でお世話になる施設は社会福祉法や児童福祉法，「障害者の日常生活及び社会生活を総合的に支援する法律」（障害者総合支援法），知的障害者福祉法等の法律によって施設の目的や役割などが定められた基準に沿って運営することが義務づけられている。

　実習に参加する前に，実習先として使用させていただく施設の環境や法的な背景などについて理解し，各施設の役割などを学んでいくことは，施設の理解や利用者とのかかわりの持ち方の理解につながることになる。施設の目的や役割は関連する法律によって基本的なことが定められているが，実際には施設の設置者（施設を設立した人〔法人〕）の考えや理念によって施設の運営内容や施設の雰囲気が大きく異なっている。施設は社会的養護活動の実践の場として人為

的につくられた集団であることから，どこを切っても同じ絵の出てくる金太郎飴のように，「どこの施設に行ってもみな同じ」となってしまう危険性がある。「こうしたことにならないように」という反省にたって取り組まれていることであり，「園の特徴」とも言われている。実習に参加することによりそうしたことをしっかりと理解することも実習の大きなねらいと言うことができよう。

第4節　福祉施設利用者の理解

　保育所での実習とは異なり，施設実習では，「障害のある人はこわいから障害者の施設ではなく児童養護施設に行きたい」とか，「虐待された子どもはむずかしそう」とか，「赤ちゃんはかわいいから乳児院に行きたい」，「職員がきびしそう」という心配する声がある。
　こうした声は「施設という環境がイメージしにくい」ことから生じている事態であると思われる。
　前述したように，施設を利用して生活している方たちは個々に異なるさまざまな事情を抱え，福祉サービスの利用者として施設を活用して生活を営んでおり，子どもや利用者の方たちのこれまでの生育歴や，現在の心の状態や身体的・知的な状況を理解することなくして適切な保育や援助の活動は不可能である。「親や兄弟とともに生活できない」，このこと自体は大変不幸なことではあるが，施設の果たすべき重要な役割は，「施設を利用して生活する子どもや利用者が自分らしく自立した生活を営むことのできるよう援助」を行って行くことであり，単に「かわいそう」と受け止め保護的になりすぎてしまい，過度に甘やかしてしまったり，感情的な対応をすることが求められているのではないことを十分理解する必要がある。
　実習が進む過程において，施設の職員の方から，個別の生育歴や，施設の指導計画や生活記録等を記載した「ケース記録」(「児童記録」等と言う場合もある)と言われる特別な記録を閲覧させていただけるチャンスがあるかもしれない。個人情報保護上の守秘義務に該当する記録であり，閲覧させていただくと施設

を利用するようになった経緯や，どのような考えのもとに個人に対する指導計画が作成されているのかなどさまざまなことを知ることができる。

　日々の実習を経験する過程で実習生自らが作成する実習日誌の作成にあたっては，実習先の施設の設置されている目的や役割をしっかりと理解することを通して，施設を利用して生活する子どもや利用者の日々の生活の様子，指導して下さる保育士や指導員などによる指導・助言の内容を適切に整理し，施設利用者の理解のみならず施設養護の実際について理解を深めていくことに結びつけてゆくことが大切である。こうした取り組みは実習という特別な学習活動であるからこそ可能な学習内容である。

第5節　支援内容の理解

　保育実習でお世話になる児童福祉施設などでは発達や自立支援する支援活動，日常生活や各種の活動，訓練に関する支援活動などを基本的な支援内容としている。

　一概に施設と言ってもそれぞれの施設が設置されている目的や役割があり，その実現のために必要とされる支援活動が提供されている。それぞれの施設に共通する内容はあるとしても，児童虐待を受けて児童養護施設を利用している児童と障害があるために訓練や治療を必要として障害児入所施設を利用している児童では施設を利用する目的が異なっており，支援すべき内容は異なったものとなる。

　施設の利用者への支援内容は，年齢や障害の有無・程度，家庭環境や生育歴，自立の方向性など，一人ひとりの背景の違いに応じて個別に支援計画が作成されている（「個別支援計画」，「個別援助計画」などと呼ばれる場合が多い）。

　個別支援計画の作成にあたっては，児童相談所からの記録や，本人の気持ちや施設での生活の様子などをもとに，関係するすべての職員による検討会を経て作成される場合が多い。個別の支援計画は一度作成したら「終了」ということではなく，支援を実施する過程で定期的に見直しを行い，より良い支援計画

の作成を目指すことが大切である。こうした活動の一端でも実習期間中に学ぶことができれば実習生にとってはこの上ない有意義な実習となるであろう。

　実際に作成される個別の支援計画に記載される利用者への支援課題の内容について見ると，その原因の多くは家庭などを含めた施設外にある場合が多く，施設が単独で解決してゆくことはむずかしい場合が多い。そうした場合には家族や地域，その他たくさんの社会資源と連携をとって進めてゆく必要がある。

　実際に実習を開始してみると必要と思われるような支援活動がうまく進められていないと考えられる場面に出会うことがあるかもしれない。施設で行われるさまざまな支援活動は「生活」ということを基本としているため，すべてのことが直接的に課題解決に向けられないで，段階的な対応を行っている場合もあるので，一面的な受け止め方をしないで，経過観察などを行い時系列的な受け止め方が求められる。施設は「生活支援」ということを基本としている関係上，職員の行うべき仕事（「業務」と言う）は雑多で広範囲である。そのため職員は多忙な時間を過ごしている。ここで紹介した支援計画は単なる「計画」ではなく，現実の生活に密接にかかわった計画と言える。

　施設での生活を考える時，配慮すべき課題として，小さな子どもや障害の重い人などが含まれている場合，戸外での活動が制約されたり，レクリエーション活動などもだれでもが参加し楽しめるような内容を考えざるを得なくなる場合があるが，それぞれの人たちが満足できるよう，また，個々の人たちにふさわしい課題を提供できるように努力する必要がある。

　また，施設では，潤沢な予算や人手があって取り組めることばかりではないので外出などの際にはさまざまな工夫をする必要がある。

　さらに，施設を利用して生活している子どもや利用者の方の中には，親子の間での愛着形成に課題があったり，生活して行く上で必要となる基本的な生活習慣が身についていない人がいる。施設での保育や養護活動はこうした点を少しでも改善し，自立した生活ができるよう支援する取り組みが求められている。

　施設内で取り組まれている保育や援助・養護等の活動においてはきびしさとやさしさを併せ持った対応が不可欠であり，こうした取り組みを「身体的なリ

ハビリテーション」に対して「心のリハビリテーション」と言われることもある。

第6節　保育士の業務内容

　保育所における保育士と違って，施設保育士の業務は多種多様である。利用者に対する保育活動だけではなく生活介助や学習指導，学校への通学支援や利用者の送迎，病院などへの通院支援などのほか，こころの相談などの相談支援業務を担当することもある。

　相談支援業務については養成校における相談援助や保育相談支援などの学習内容にも見られるよう，最近では子どもや利用者だけではなく，その家族などに対する支援業務を担当することなどもある。

　こうした活動は利用者に対する支援内容が一人一人異なることと，社会的養護を必要とする子どもや利用者にとって施設は「家庭に代わる生活の場」という大きな役割があり，すべての領域にわたる支援活動が求められている。

　この点に関しては保育所のように「親が迎えに来て引き渡すことで一日が終わる」というわけにはいかず，保育所で働く保育士と施設保育士の役割の違いでもある。

　施設の種類によっても異なるが，一般的には福祉関係や医療関係などの資格を持つ専門職の方がおり，こうした方たちと役割分担を行い，子どもや利用者にとって充実した生活環境，保育や援助を提供するための取り組みを行う必要がある。

　保育所の場合には保育士を中心とした保育活動が園全体の活動の中心であるが，施設の場合には保育士は児童指導員や支援員，看護師，心理士，栄養士と呼ばれる専門職の方たちと連携しさまざまな活動を行う。一例ではあるが障害児・者の施設では医師や理学療法士（PT），作業療法士（OT），言語聴覚士（ST），看護師等の職種の人たちとのかかわりが大きく，保育所の実習等では知り得なかった領域の資格を持つスタッフと連携しての活動となるために，お

互いの職種の内容や役割についての大まかな共通理解がないと支援活動が不可能となってしまう。「異なる専門職が連携をして一つの活動に取り組む」という活動の実際の姿については養成校内の学習では不可能であり，施設での保育士の活動の実際を理解する上でも貴重な体験のできるチャンスである。

　保育士の業務内容を理解する上で忘れてはいけないことの1点目は，施設を利用している子どもや利用者が，施設を利用するようになった背景は一人ひとり異なっており，さまざまな事情を抱え，施設での生活を行っている。そのため，施設を利用するようになった個々の事情や背景，年齢によるかかわり方の違い等を踏まえた上で，一人ひとりにあったかかわり方が求められる。こうしたかかわり方は，実際に施設で勤務している保育士や支援者と子どもや利用者との一つひとつのかかわり方を丁寧に観察することを継続することにより，徐々に理解できるようになって行くことが可能となってゆく。そうした意味では実習生の観察する力や，受け止めて行く力が強く求められると言える。

　2点目は，保育所を利用することのできる乳幼児の年齢は就学前までと定められているが，児童福祉施設では0～18歳までの児童，障害者関係の施設では18歳以上（原則として年齢制限はない）の人たちが利用しており，実習施設にもよるが，「実習生よりも年齢の高い人たちと接することがある」ということである。立ち居振る舞いや言葉づかいなどに細心の注意を払う必要があることを理解しておく必要がある。

第7節　社会資源の理解

　実習でお世話になる福祉施設ではさまざまな活動に取り組んでいるが，利用者のために児童相談所や図書館，公民館などの機関が提供するさまざまな福祉や教育活動に関する支援サービスを利用する場合がある。こうした機関や提供されるサービスは社会資源と言われる活動であり，福祉施設ではこうした社会資源を，施設を利用する子どもや利用者のために有効に利用しており，実習活動を進める過程で実際の様子をよく理解する必要がある。

社会資源の活用について利用者が施設入所するまでを例にとって考えてみることとする。障害児・者の場合，在宅では療育手帳などの障害者手帳の取得や自立支援医療，生活保護，年金などの活用などを希望する場合，児童相談所や障害者関係の相談機関，地域の役所や福祉事務所，医療機関などの社会資源の活用と連携が必要となる。デイサービスや緊急一時保護制度，通所訓練などを利用する場合にはさらに関連する施設やサービス提供事業者などの社会資源の活用と連携が必要となる。施設への入所を希望する場合には児童相談所や関連する相談機関，各自治体の福祉課などの担当窓口の活用が必要となる。

　実習でお世話になる施設自体も大切な社会資源である。福祉施設では外来の相談援助（医療機関の認可を受けている施設では外来診療を行っている施設が多い）や通所サービス，地域の支援事業，巡回相談などの活動を行っており，地域の大切な社会資源となっている。こうした活動はともすると閉鎖的なイメージを持たれやすい施設にとっては大切な活動である。実習という活動を通して，施設の利用している社会資源，施設が果たしている社会資源としての役割を理解してほしい。

── コラム ──

施設の生活は窮屈

　保育士資格の取得を目指すために養成校に入学する学生は多い。学生の幸子さん（仮名）は保育士資格の取得を目指し，目下猛勉強中である。2年生の夏に福祉施設の実習に参加することになり，愛光園（仮称）という児童養護施設で実習することとなった。幸子さんは施設の実習に参加して，あらかじめ起床から就寝までの一日の生活の流れが決められていることに，「なぜこんなに決めなくてはいけないの」とおどろきを感じた。愛光園で生活している子どもたちは4歳位の幼児から中学校2年生までと年齢幅があり，知的な発達もさまざまで，一人ひとり違いのある利用者さんたちなのに，毎朝，同じ時間に起こされて，同じ内容の朝食をとっている。こうした取り組みに違和感を覚えたのである。子どもたちだって「土曜日や日曜日には少し朝寝坊したい」と思うこともあるだろうし，朝の食事にしてみても「ご飯ではなくパンを食べたいと思う時だってあるのではないか」と思ったのである。福

祉施設は集団で行動することが多く，いわゆる「生活上の決まりごと（約束事）」が多い。個人の生活を極度に制約するような「決まりごと（約束事）」は好ましくないこともあるが，家庭で適切な養育環境を得られなかった子どもの中には基本的な生活習慣が身についていない子どもが多い。こうした約束事は，朝起床して，食事をして学校に登校する等の生活リズムを整える。食事に偏りのある場合には，みんなと同じ時間に栄養バランスのとれた食事をすることにより食生活の偏りの是正を図ることなど，子どもにとっては大きな意味のある取り組みと言える。こうした一日の生活の流れは「日課」と言われるが，子ども・利用者に対する支援を工夫した，努力と知恵のかたまりである。

　幸子さんは，子どもたちとともに生活をする中で施設の日課について考えるようになり，「今取り組んでいることは子どもにとってどのような意味があるだろうか」，その理由を考えながら実習に取り組むことにした。

　出所：筆者作成。

第8節　福祉施設専門職の理解

　施設では，利用者のニーズにあわせて，さまざまな職種の人たちが働いている。施設で働くための資格制度には国の定めた資格（国家資格）から法律で仕事をするために定められている任用資格などがあるが，施設の運営基準などに定められている主な職種としては次のような職種がある。

　施設長，サービス管理責任者，生活指導員，生活支援員，児童指導員，職業指導員，作業指導員，理学療法士，作業療法士，言語聴覚士，心理判定員，医師，看護師，薬剤師，精神保健福祉士，ソーシャルワーカー，保育士，児童生活支援員，児童厚生員，母子指導員，介護福祉士，介護員，介護支援専門員，管理栄養士，調理員，事務員，その他の職員。

　これ以外に，利用者の実情に応じて独自に専門の職員を配置しているところもある。このようにたくさんの職種の人がチームを組んで子どもや利用者の生活を支えるためのさまざまな支援を行っている。保育士は子どもたちの保育や養護活動について考えるあまり他の職種の人たちとの連携を忘れるようなこと

があるといけないので，チームを組む専門職間での相互の連絡を密にし，子どもや利用者の支援活動に影響の出ないよう配慮する必要がある。

第9節　勤務形態の理解

　実習でお世話になる施設の形態には生活の場として施設を利用する入所型の施設と保育や治療・訓練などのために施設を利用する通所型の施設がある。入所型の施設の場合には実習生の家庭がそうであるように，特別な事情がない限り施設の「休み」ということはなく，24時間休みなく稼働しており，職員は24時間休むことなくだれかが勤務していなければならない。勤務の形態は交替制勤務が原則となる。勤務の形態としては日勤，夜勤，宿直，早番，遅番，準夜勤などと言われる勤務形態がある。

　看護師や児童指導員，保育士，介護員などの直接支援職員（直接的に利用者の介護や支援を担当する職種）は，夜勤や宿直などの勤務形態を含む交替制勤務，施設長や訓練士，事務員などの間接支援職員（間接的に利用者の介護や支援を担当する職種）は日中だけの勤務（「日勤」と言う）であることが多い。通所型の施設の場合には原則として夜間の勤務がないので日中だけの日勤勤務となる。

　勤務の形態については施設の実情によりさまざまな形態が考えられており，勤務の開始や終了時間は施設によって異なる場合があるが1日の勤務時間は8時間が原則となっている。勤務の形態はどのような形であろうと労働基準監督署に届けを出し許可を得ることが必要となる。

　勤務の形態が異なるということは，利用者に対する支援の内容やかかわり方が異なってくることになる。たとえば，早番勤務の場合，利用者の前夜までの体調管理と起床，洗面，朝食支援などの活動を行い，利用者がうまく一日の流れを開始できるように支援することが主な役割となる。日勤の場合には，利用者の通学や園内保育，訓練や作業などの活動支援，通院や外出，買い物などの活動支援など一日の中心的な活動支援が主な役割となる。遅番は日中活動の支援から夕食，入浴，食後の学習や余暇活動，就寝準備へ向けての支援などの夜

間支援が主な役割となる。

　夜勤は就寝中の利用者の安全確認と見守りが主な役割である。夜勤の場合支援活動が少ないように思われやすいが，利用者の健康管理や一日の記録のまとめ，翌日の活動を円滑に行うための準備など大切な作業が多い。

　施設によっては「夜勤経験は大切だから」という理由で実習期間内に1～2度夜勤実習を組み込む施設もある。施設を利用している子どもや利用者の中には昼間とは違う意外な面を見せてくれることがあるので，実習のオリエンテーションなどの時に夜勤の実習希望を聞かれたらしり込みしないで積極的に取り組んでみると良い。

　交替制勤務の場合，利用者の生活情報が円滑に伝達できるよう注意しなければいけない。日中活動のストレスから，夜間に問題行動を起こす利用者がいても，日中に問題があったことを知らされていなければ，対応にとまどうことも少なくなる可能性がある。そのため各施設では，各勤務帯ごとの情報が上手に伝わるように，申し送りの方法などを工夫しており，実習生も申し送りの方法などの実際を学ぶことのできる絶好の機会である。

第10節　職員に求められる資質の理解

　福祉施設に勤務する職員に求められる資質については他の章で説明しているので詳細についてはそちらでの学習に委ねるとして，配慮すべき点についての基本的な点について説明することとする。

　福祉施設は社会的な存在であり，社会的養護を必要とする人（多くの場合，血縁関係のない他人同士）が共同生活を営む小さな社会集団である。施設を利用して生活している子どもや利用者はいずれ施設を巣立って行く存在であり，施設の職員には子どもや利用者が自立した生活を営むことが可能となるよう，必要な支援活動を提供する役割がある。

　「自立した生活を意図した支援」という視点を持って施設内での生活を見ると，施設の生活の中では許されることであっても，一歩施設を出ると許されな

いことは意外と多い。施設の職員には，施設での生活を行うために必要なことだけではなく施設を巣立った時に求められる基本的なマナーについてしっかりと認識し，子どもや利用者の保育や支援活動に取り組むことが必要である。施設の職員にとって社会人としてのルールやマナーを身につけ，実行できる力は不可欠であり，専門職を目指す実習生にとってもきわめて大切なことである。具体的には，言葉づかいや挨拶の仕方，身だしなみや態度，日誌などの記録の記載方法等についての学びを充実させ，実行することができ，子どもや利用者，保護者などとの信頼関係を築くことができるよう個々の資質の向上が求められる。

　こうしたことを実現させてゆくためにも身体的や精神的な面での健康状態の確保が不可欠となる。このような点については保育士の資格取得を目指す実習生にも共通して求められることであることを認識し，実習生自身の資質の向上に努める必要がある。

第 11 節　実習活動の実際の理解

　福祉施設での実習は「おおむね 10 日間（90 時間）以上」の実習時間を確保することが定められているが，各養成校においては 11〜13 日という日数で実施している場合が多い。実習生にはこの期間に可能な限り多くの学びをすることが求められることとなる。実際に実習に参加するためには実習施設に関する事前学習とともに，実習開始前に養成校や実習施設で実施されるオリエンテーションなどで指示されている点を踏まえた事前の準備，本章でも触れたことではあるが実習の目標（自らの実習課題）の明確化を行うことが不可欠である。

　福祉施設実習の場合，養護系の施設と障害系の施設，入所型の施設と通所型の施設等，施設の目的や形態の違いにより実習生が学ぶ学習内容は相当異なるが，社会的養護を必要とする子どもや利用者への支援という点では共通しており，実習生にはそれぞれの実習環境において最大の学習成果を上げることが求められる。

第Ⅱ部　福祉施設実習へ向けての準備と実習中の学び

表Ⅱ－1－1　児童養護施設A子どもの家，実習生実習計画表例（実習日数11日の場合）

実習初日	施設長，実習担当者からの施設業務の全体説明，職員・利用者への挨拶（自己紹介）。配属部署で担当者から利用者の状況説明を受け，実習開始。
実習初期～後期	施設の支援活動理解のための参加実習。施設によっては通常の活動時間や余暇時間を活用した部分実習や責任実習の取り組みがある。実習効果を確認するために日々の反省会や中間での反省会。施設長等によるレクチャーを行う施設もある。
実習最終日	通常，実習最終日かその前日に全体反省会が行われ，実習に望む前に計画した課題が達成できたか，福祉施設の業務や保育士の役割を理解できたか等についての検討が行われる。

日	午前の活動	午後の活動
1日目	挨拶，オリエンテーション等	保育班での保育，児童への紹介等
2日目	登校支援，清掃，衣類整理等	学習指導，幼児入浴指導，余暇指導等
3日目	保育班での保育指導，生活指導	学習指導，入浴指導，余暇指導，就寝指導等
4日目	洗濯物整理，清掃等	外出付添，学習指導，入浴指導，余暇指導等
5日目	実習中間の振り返り，反省会	余暇指導，学習指導，就寝指導等
6日目	家庭支援専門員との質疑応答	ハウスキーピング等
7日目	洗濯物整理，清掃，環境整備等	学習指導，余暇指導（部分実習）等
8日目	洗濯，室内環境整備等	洗濯物整理，学習指導，食事指導等
9日目	保育班での保育	施設長との話しあい，小学生学習指導等
10日目	保育班での保育指導（責任実習）	衣類整理，室内環境整備等
11日目	実習のまとめ，反省会	清掃，挨拶等

出所：A子どもの家の保育士向け実習計画表をもとに筆者作成。

　福祉施設の場合，実習初日から子どもたちや利用者の支援活動にかかわる参加型の実習が行われる場合が多い。入所型施設の場合には生活支援施設であるため，土曜日や日曜日，祝祭日などでも実習が行われるので，実習生は実習でお世話になる施設から実習計画表が示されたら不平や不満を言わないで実習に取り組む必要がある。

　実際の実習期間の過ごし方としては，実習期間を便宜上，前期・中期・後期と3つの期間に分け，主に前期では，実習における初歩的なことを学び（施設や利用者のいっそうの理解），中期では，実習の内容や利用者と職員とのかかわり方の実際の学習と，自らの実習課題への取り組み（部分実習への取り組み），

後期では，実習前期・中期で学んだことを生かし，今まで以上に積極的に子どもや利用者とかかわることが求められる。

実習生の実習期間の活動については実習受け入れ施設で「実習計画表」を作成してくれるので，実習生は示された計画表に沿って実習活動を進めることとなる。実習計画表の内容をしっかりと確認し，間違いの無いようにしなくてはいけない。通常，実習施設の作成する実習計画表には表Ⅱ─1─1のような内容が組み込まれる。

〔演習課題〕
1）福祉施設での実習に参加する際に気をつけなくてはいけないことは何だろうか。施設を利用する子どもや利用者に対して配慮すべき点，施設自体について配慮すべき点を挙げ，グループごとに話しあってみよう。
2）施設の実習に参加する際の実習生が取るべき立場について説明してみよう。

〈参考文献〉
小野澤昇・田中利則編著『保育士のための福祉施設実習ハンドブック』ミネルヴァ書房，2011年。
加藤紀子編『教育実習・保育実習ハンドブック』大学図書出版，2006年。
小野澤昇・田中利則・大塚良一編『子どもの生活を支える社会的養護』ミネルヴァ書房，2013年。
厚生労働省雇用均等・児童家庭局「指定保育士養成施設の指定及び運営の基準について」(平成25年8月8日)。

（小野澤　昇）

第2章
福祉施設実習の準備

　施設実習はどのように始まり，どのように進んでいくのだろうか。本章では施設実習の流れについて，段階をおって説明するとともに，実習生がそれぞれの段階で行うべき準備について説明するものである。
　施設実習に行く前の学生へ「施設実習の印象」を聞くと，さまざまな返事が返ってくる。すでに保育所や幼稚園での実習を行った学生は，本書で学習を行う中で施設は保育所や幼稚園とは異なる状況であることを深く理解し，とまどっていた。施設実習が近づいていることで，不安だけで一杯になっている学生もいた。これまでのボランティアなどの体験から「施設のことはよく知っている」と自信を持っている学生もいた。みなさんはどうであろうか。とまどいや不安を持っている学生も，自信を持っている学生も，どのようにしたら良い実習にすることができるだろうか。施設実習で学ぶ内容は非常に多いが，実習の流れや実習段階が理解できていると，準備や実習中の具体的な行動が見えてくる。
　貴重な施設実習の機会を活かすためにも，施設実習に向けた準備は時間をかけて行う必要がある。そこで，本章第1節では施設実習とその前後に行う学習活動全体を捉えて説明を行う。第2節から第8節にかけては，施設実習直前までの学びやオリエンテーションについて説明を行う。本章以外でも繰り返して説明を行っているが，その事柄はそれだけ実習にとって重要な事柄である。また養成校や施設の状況によって内容や順番が多少異なることもあるので，チェックしたり間違えないようにするため書き込みながら読み進めてほしい。
　施設実習の流れについて図Ⅱ—2—1に示した。養成校や施設によっては前

第2章 福祉施設実習の準備

```
┌─────────────────────────┐
│ 学内オリエンテーション   本章第2節（1）│
└─────────────────────────┘
              ↓
┌─────────────────────────┐
│ 施設実習事前指導（授業）  本章第2節（2）│
└─────────────────────────┘
              ↓
┌─────────────────────────┐
│ 実習施設の選択と決定      本章第3節│
└─────────────────────────┘
              ↓
┌─────────────────────────┐
│ 自己学習                 本章第4節│
└─────────────────────────┘
              ↓
┌─────────────────────────┐
│ 実習施設オリエンテーション 本章第5節│
└─────────────────────────┘
              ↓
┌─────────┬───────────────┐
│          │   実習前期     │
│ 施設実習 ├───────────────┤
│ （本番） │   実習中期     │
│          ├───────────────┤
│          │   実習後期     │
└─────────┴───────────────┘
              ↓
┌─────────────────────────┐
│ 施設実習事後指導（授業）         │
└─────────────────────────┘
```

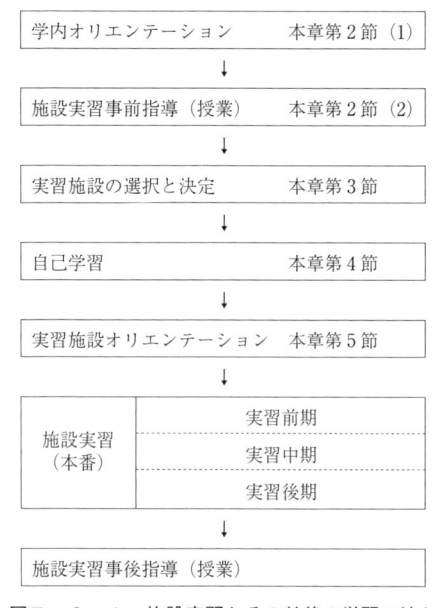

図Ⅱ—2—1　施設実習とその前後の学習の流れ
出所：筆者作成。

後することもあるが，おおよそこのような流れになっている。この流れについて，各段階での学びと手続きに触れながら説明する。

第1節　実習の流れの理解と手続き

（1）学内オリエンテーション

　授業としての実習事前指導に先立って学内で行われる「オリエンテーション」である。「ガイダンス」と呼ばれることもある。後述する「事前指導」とは異なる位置づけで実施されるものである。この学内オリエンテーションでは履修の登録や，実習施設の選択，外部講師の講演会など，実習そのものの説明だけではなく，事務的な手続きなどについても説明が行われる。授業とは異なるが，学内オリエンテーションへの出席が実習の受講条件となっている養成校

もあるため，教務関係や実習関係の学内掲示板などを毎日確認しておくことが必要である。入学直後に開催される場合もあるが，実習に向けた心がまえや，知識・技能を高めるためには早い段階から実習指導を受け，時間をかけて身につける意図がある。本章第2節（1）で詳細に説明する。

（2）福祉施設実習事前指導（授業）

実習を行うにあたって，心がまえや手続きなどの具体的な指導を受ける授業である。各養成校で教科目名称が異なるが，後述する「事後指導」と組みあわされて単位化される授業である。かならず出席しなければ実習本番が迎えられない。本章第2節（2）において説明する。

（3）実習施設の選択と決定

養成校の実習指導教員によって実習生一人ひとりの実習先を決めるための手続きである。その際，学生の希望調査が行われることがある。この希望調査の手続きやそのための事前学習について本章第3節でくわしく説明を行う。

（4）自己学習

学内オリエンテーションや事前指導以外の授業外学習・家庭学習として一人ひとりが行う自己学習である。実習先が決定する前と決定した後では，自己学習が大きく変化する。決定前では，施設実習における心がまえをつくり，これまで学習した内容の復習と深化，そして実習先決定に向けた学習が中心となる。決定後は，自身の実習に向けた学習を行うこととなる。本章第4節で説明する。

（5）実習施設オリエンテーション

施設で実施される実習直前のオリエンテーションである。多くの場合が実習開始の1か月から2週間前までの間に施設内で実施するが，半年前や実習初日に実施するところもある。かならず出席しなければならない。実習を受ける際

の諸注意を受け，施設内を見学する。単なるオリエンテーションではなく，実質的にはこの時点で実習が始まっている。このオリエンテーションの受講態度によっては実習を断られる場合や，実習での活動内容に制限が行われる場合がある。くわしくは本章第5節で説明する。

（6）福祉施設実習（本番）

施設で行う実習，本番である。施設実習は90時間であり，10日から13日の実習日と，その間に1日ないし2日程度の休日を入れ，11日から13日程度の期間で実施される。この限られた期間の中で，実習目標が達成できるようにしなければならない。そのためには，実習期間の過ごし方や学び方について，施設内の行事や配属先の日程・日課等を考慮した実習計画を立てておかなくてはならない。これについては第7節で解説を行う。その解説に先だって，実習期間を大まかに「実習前期」「実習中期」「実習後期」と3つの期間に分けて説明を行うこととする。

1）実習前期

実習前期は更に「初日」と「2～4日目」に分けて捉える必要がある。初日の手続きとしては，求められた物を提出しなければならない。細菌検査結果の書類やレポート課題などを提出し，実習を受け入れていただくための条件を満たす必要がある。この条件を満たさなければ実習中止となる。特に，細菌検査の結果表や健康診断書などが未提出の場合，利用児・者の安心・安全・安定した環境を保つことが証明できない。施設としてはこのような実習生を受け入れることはできない。また，鍵や実習生証，名簿などが貸与される。これらを実習中に紛失しないよう適切に管理，保管しなければならない。これらを悪用されると，取り返しがつかないことになる。これらは，最終日まで実習生が責任を持って管理しなければならない。

初日は，利用児・者，職員との関係づくりを始めることになる。そのため，服装，髪形などは，前日までに準備を終わらせること。緊張もピークを迎えるが，できるだけ笑顔とやさしいトーンで挨拶を行い，安心感をもって受け入れ

ていただけるよう努力しなければならない。実習終了後には実習記録を記入し，翌朝（翌日）に提出しなければならない。

　２日目以降の学びであるが，初日は漠然としてさまざまな仕事があることを「知った」状況であろう。これを「知った」から「理解する」を行うことに重点が置かれる。そのためには，１日の生活，利用児・者や職員との関係づくりと相互理解，支援の内容や手順について意味や意図を考える必要がある。意味や意図を考えることによって，出来事や流れを「知る」から「理解しようとする」営みに変化するのである。この変化に必要不可欠な活動が「観察」である。しかし，ただ「観察」すれば良いのではない。「どんな変化があるのだろう」，「どうしたらより良くなるのだろう」，「どうしたら安心できるのだろうか」こういった探求心が必要なのである。そして，この探求心は「目の前にいる人への関心」から生まれる。人への関心があるから「知りたい」，「理解したい」，「より良くしたい」という探求心が生まれる。目の前の利用児・者は関係ない人ではなく，私にとって関係ある大切な人だという思いを持って実習に取り組んでほしい。

２）実習中期

　中期（５日から８日）になると利用者とのコミュニケーションを図ることに重点が置かれる。コミュニケーションを図るためには利用児・者の理解が土台になる。実習前期から利用児・者に関心を持ってコミュニケーションを図ってきたことだろう。利用児・者のことすべてが理解できていなくとも，相手を一人の人間として無条件に肯定し，関心を持つことが重要である。無条件に肯定し関心を持つとは，存在を認めるということである。「私にとって大切な人だ」，「一人の人間として受け入れる」と頭の中で思っていても，試し行動や振り回しによって実習が嫌になってしまうことがある。つらいという思いが大きくなり，意識がそちらに集中してしまう。こんな時に，本書を開いてほしい。ここで重要なことは，「なぜこの利用児・者は試し行動をしなければならないのか」，「なぜ振り回すという行動に至っているのか」ということである。ここに目の前の利用児・者を理解する事の深まりが始まる。

利用児・者一人ひとりを理解することで，職員が一人ひとりにあわせたコミュニケーションを図っていることが理解できる。言葉としての表現だけではなく，身振りや手振り，声のトーン，間の取り方などについても注目すると良い。注意しなければならないことは，職員と利用児・者との関係は，実習生として入る以前から存在していたことである。1日，2日でできた関係性ではない。それを踏まえた上で適切な場面で，適切な方法を試みるなど，探求心を持って実践的に学ぶようにしてみると良い。

　実習前に設定した実習目標の到達も考慮しながら，日々の実習目標についても具体的な行動目標，学習目標となるよう，自分が実習で動いている姿をイメージしながら立てるようにする。

3）実習後期

　後期（9日から最終日）では実習のまとめとして，実習目標の到達に少しでも近づけるように取り組みたい。そのためには，実習期間中にある休日を利用し，目標に対してどの程度到達できているのか，深く振り返りを行う必要がある。日々の実習課題についても適切であったのか振り返り，軌道修正を行うなどの適切な対応を行う必要がある。また，これまでの学びを活かし，利用児・者とのコミュニケーションをより一層図ることが必要である。

　施設によっては余暇活動などでの部分実習や，グループホームでの全日実習など，これまでの学習成果をまとめる活動を行うことがあるので，その際には事前準備と手続きが必要である。多くの場合は，事前の施設オリエンテーションで実施について伝えられるので，いつ，どのような活動を行うのか確認しておく必要がある。これに加えて，指導案の提出を求められることがあるので，いつ，どのように担当職員と相談し，いつまでに指導案の清書を提出しなければならないのかも確認しておく必要がある。当然であるが，指導案の清書は最低でも締め切り前日には完成させておく必要がある。これは，施設の場合は他の職員との連携が必要不可欠であり，活動内容が最低でも前日には伝わっていないと翌日の支援の見通しや計画が立たないからである。つまり，活動前日に清書を完了させるためには，指導案用紙の下書きやそれに至るまでの相談に必

要な時間を逆算して活動内容を考え始めなくてはならない。オリエンテーションで指示をいただいた後から活動を考えておくと，実習期間に入ってあわてなくてよくなる。ただし，利用児・者の状況は当然配慮しなければならないため，いくつかの活動を事前に準備して取捨選択を行う必要がある。また実習生が突然いなくなることは避け，徐々に「別れ」の準備を行っていくことも必要である。

最終日の実習記録については，翌朝に提出ができない場合がほとんどである。その提出方法については，事前に確認しておかなくてはならない。たとえば，最終日の夕刻より記入させ，提出をもって実習終了にしている施設もある。他の施設では，振り返りの課題を含めて，1週間以内に持参させるところもある。施設からの返却についても，郵送の場合や，施設に取りに行く場合がある。郵送の場合は，返却用の封筒をあらかじめ施設に渡しておく必要がある。封筒には自宅の住所を記入し，料金不足にならないように多めに切手を貼っておかなくてはならない。郵便局のレターパックプラス（使用方法については郵便局で確認すること）であれば，事故での紛失も防げる。こういった手続きについては，実習期間中には用意できないことがあるため，可能であれば施設でのオリエンテーション時に確認しておく必要がある。

コラム1

聞き漏らし

　ある学生が山間部の施設に泊まりがけで実習を行った時のことである。最終日の午後は反省会と日誌の記入であった。日誌を提出した者から帰宅するとのことだ。オリエンテーションでの「日誌の返却はレターパックプラスで行うので，実習前に準備して持参するように」との指示を聞き漏らしていた。日誌を記入した後，郵便局までの雪道を1時間かけて歩いて購入し，施設に戻った。最寄り駅までのバスの最終便は出た後であった。

　この学生は，オリエンテーションで聞き漏らしたことで大変な問題を引き起こした。聞き漏らしが自分自身だけの問題ですむのであればまだ良いが，利用児・者にかかわる事柄であったら，どうなっていただろうか。

この学生の問題はもう一つある。実習が自分のものとしてイメージできていなかったことである。「この時点では何が必要だろうか」、「もしこうなったら、これが必要になる可能性がある」など、さまざまな場面をイメージして準備を行う必要があったのだ。準備が不足していたことを「想定外」と言いわけするだけではすまされないことがある。実習期間中の学習イメージを持って実習に望んでほしい。

出所：筆者作成

（7）福祉施設実習事後指導（授業）

　実習後に養成校で行う「実習後のまとめ」の指導である。指導を受けるとともに、実習で明らかになった自分自身の課題を整理し、次の実習に向けた準備を行う。次の実習に向けた準備としては、実習までの課題と、実習時の課題に分けて課題を整理する必要がある。また自分自身への気づきからの課題もあるだろう。また保育士になるための課題として、卒業までに取り組むべき課題と、実際に現場に立った時の課題があるであろう。

　これらの課題は、単に実習をまとめることで現れるものではなく、実習中の日々の反省会や、最終日の反省会、施設評価の伝達に際しても課題が示されることがある。施設職員から示された課題は「私への批判」に捉えてしまうことがあるが、これはあなたの人格を否定するものではない。実習初日から最終日にかけての成長を踏まえて示された「実習時の評価」である。しかし、対人援助のプロの視点で「将来、一緒に働こうとする者として、実習生の時点でどのような姿勢でどのような学びを行ったのか」という評価である。反省会や評価を受け止め、課題として改善に取り組まなければ、次の実習で同じ失敗を繰り返してしまう。これでは施設実習での学びに意味がなかったことになる。実習での学びで大切なことは、単に知識技能の向上ではなく、改善しようとする営みを身につけることであり、その営みが目の前の利用児・者の安心・安全・安定した生活を追い求めることにつながることを身をもって「実際の現場で習う」のである。

―― コラム2 ――

物事をつなげて考える

　施設実習を目前にしたある学生が，筆者を訪ねて来た時のことである。
　「先生，保育所実習の流れを施設実習にあてはめてみました。実習前期では，利用児・者や配属先の状況を把握する。中期から後期は，利用児・者の理解をもとに，コミュニケーションを深める……という流れをイメージしました。そうすると，実習日誌での振り返りは，実習前期には1日の活動を振り返り，職員や私（実習生）の活動を整理して記述する。中期からは，記録をもとにして利用者の理解や，職員が行う支援の意図を考察する。こんなイメージですが，実際はどうなのでしょうか」という相談であった。この学生は先に行った保育所での実習で，先を見通した実習をすることができず，ずいぶん苦労したため，少しでも施設実習を良いものにしようと懸命なのである。
　物事は「つなげようとしないと，つながらない」。「見ようとしないと，見えない」。授業や自己学習で身につけた知識や技能は，新たに知った事柄や自分の問題に意識的につなげて考えてみよう。そうすると，知識と知識がつながったり，問題解決の道が開けたり，主体的な学習を行うことができるのである。知識と技能を活かすためにも，これから本書で学ぶ事柄につなげることを意識してみよう。

出所：筆者作成。

第2節　養成校での事前学習と確認事項

（1）授業外の学内オリエンテーション指導

　第1節でも説明したように，授業としての実習事前指導に先立って開催されるオリエンテーションである。施設実習の前に施設で行うオリエンテーションと区別するために，本書では「学内オリエンテーション」としている。養成校によっては「保育実習オリエンテーション」，「施設実習ガイダンス」などの名称をつけているので，適宜読み替えてほしい。
　学内オリエンテーションの目的はいくつかあるが，実習生としての心がまえをつくり，準備をさせることが一番重要な目的である。養成校によっても異な

るが，施設実習の事前指導が開講されるのは，2年制課程の場合は1年次の後期以降，4年制課程の場合は2年次の後期以降であろう。しかし，第1節で説明を重ねてきたように，実習生が実習準備や心がまえをつくるためには相当の時間が必要なのだ。実習開始の半年前に心がまえをつくるように促しても準備期間が足りないのである。毎日，自宅で復習する際に，「今日の学びを実習で実践するためには，どのようにしたら良いのか」と考えるだけでも，相当の力になる。物事は見ようと意識しないと見えないし，つなげて考えようと意識しないとつながらないのである。一方，養成校としても科目の登録や施設への申請など，実習生として送り出すためにさまざまな手続きが必要となる。そこで早い段階から実習に関しての指導を行い，実習生としての準備をさせるために開催されるものである。

学内オリエンテーションでは以下のような事柄が行われる。

1) 取得できる免許・資格の説明

入学した養成校で，実際にどのような免許・資格が取得可能であるのか説明が行われる。この際，気をつけなければならないことは，入学した学部・学科・専攻・コースなどによって，取得可能な免許・資格が異なることである。養成校によって，実習参加に何らかの条件を設けている場合がある。たとえば，「指定科目が習得済み」，「学内選考試験に合格」などである。これらを見逃していると，正規の年限で卒業できなくなることや，保育士資格が取得できなくなることもあるので，十分に注意しなければならない。また，各養成校では保育士資格の取得は可能であっても，取得できることをかならず保障しているものではない。保育士資格は自動的に取得できるものではなく，自分自身の不断の努力によって取得するものだという意識が必要である。

2) 実習に向けた予定

実習をいつの学年の，いつの学期に行うのか，その予定の説明である。同じ学科であっても，専攻やコース，クラスによって実習を実際に行う学年と学期が異なることがある。また，取得する免許・資格の組みあわせによっても，同様に学年や学期が前後することもある。友人と同じではない場合があるので，

他人任せにせず，自分自身の将来に対しても責任を持って，「自己責任」の意識が必要である。

3）事前手続き・学内申請

実習に参加するためには，さまざまな手続きと費用が必要になる。それについての説明と方法が示される。養成校によっては，履修科目の登録だけではなく，「保育士資格を取得する登録」や「施設実習を来年の前期に履修する」などの登録がなければ，資格取得や実習参加の資格を得ることができない場合がある。養成校では，これらの登録・申し出によって施設に実習生受け入れのお願いや，保護者に実習科目の履修費用の請求をするようにしているのだ。登録や申し出がない場合，「実習に行けると思っていたのに，実習先がない」といった問題が起こることがある。

不安や疑問がある場合には，教務課や実習指導担当の教員にかならず確認を行ってほしい。決められた期間に定められた方法で手続きを行わなければ，実習ができなくなることを意識してほしい。

4）講演会

施設の現職職員などから，施設や職員の職務の説明や，実習生を受け入れる立場からの話を聞くものである。現場での体験談や，実習生を受け入れて指導する立場からの話は新鮮であり，具体的である。施設や実習のイメージを持つことができ，保育士を目指す者としての意識や実習に向けた心がまえを高め，自己学習に不足しているものを明確にすることができる。

5）実習報告会

実習報告会は，すでに施設実習を終えた先輩や同期の学生から，実習の内容や学びについての報告を聞く会である。報告を聞くことで，具体的な実習へのイメージや，自己学習につなげることができる。講演会と異なるのは，報告者が同じ学生であるという点である。講演会は「実習生を受け入れて指導する側」として事前に学んでおいてほしい事柄が中心となる。実習報告会は「実習に行ってきた学生」の話であるので，失敗談も含めた話を聞くこととなるが，学生の視点から「事前に学んでいたが，これが不足していた」，「こういった意

識が足りなかった」と，実際の体験と学びを聞くことができる。良い部分だけではなく，悪い部分も含め，自分の実習に生かすようにしてほしい。

ここまで学内オリエンテーションについて説明を行った。養成校によっては，学内オリエンテーションにおいて実習先選択のための指導が行われることもあるが，それについては内容が多いため，後ほど説明することとする。

学内オリエンテーションを受けている段階では，実習事前指導が行われていないこともあって，目的を失いがちである。もう一度入学した目的を思い出し，1日の中でも学ぶ時は学び，遊ぶ時は遊び，将来に向けてメリハリをつけた生活を送ってほしい。

（2）授業としての事前指導

国家資格である保育士資格を取得するためには，厚生労働省で定めた教科目を修得し，あわせて保育所と施設での実習を行う必要がある。実習生が保育所や施設で実習を行う前には「事前指導」を受けることになっており，実習後には「事後指導」を受けることになっている。保育所や施設での実習は単位化されており，科目として設定されている。「事前指導」「事後指導」も単位化されており，科目として設定されている。単位化され，教科目として設定されているということは，定められた内容と時間分の学修が必要なのである。「施設実習事前事後指導」，「施設実習指導」などの科目名で時間割の中に組み入れられている。

施設実習が行われる直前の学期に事前指導の授業が開講され，実習を行っている期間（長期休暇）を挟んで，次の学期に事後指導が行われていることが多い。この事前指導を受けていなければ施設実習に行くことはできない。「事前指導」「施設実習」「事後指導」はセットになっており，どれかが欠けても実習の単位を修得することはできない。出欠席も厳密に記録され，欠席が多い場合は実習に行くことができなくなる。

厚生労働省が定める事前指導の内容を整理すると，以下の項目になる。

第Ⅱ部　福祉施設実習へ向けての準備と実習中の学び

> 1．実習の目的と概要
> 2．実習の内容と課題の明確化
> 3．子どもの人権と最善の利益の考慮
> 4．プライバシーの保護と守秘義務
> 5．実習生としての心がまえ
> 6．実習における計画と実践
> 7．実習における観察，記録および評価
>
> 出所：厚生労働省雇用均等・児童家庭局長「指定保育士養成施設の指定及び運営の基準について」（雇児発0808第2号）平成25年8月8日を筆者が加筆修正。

各養成校ではこの基準にもとづき，テキストやさまざまな資料等を用いて事前の指導を行う。本書もそのテキストの一つである。

1）実習の目的と概要

保育実習の中での施設実習の目的とその概要について理解するものである（本書第Ⅰ部第2章および第Ⅱ部第1章参照）。

2）実習の内容と課題の明確化

施設実習の内容を知り，実習生一人ひとりが将来目指している保育士像や，既習の内容から確認したい事柄，試みたいことなどを整理し，施設実習での実習課題を明確にするものである（施設実習の内容については，本書第Ⅰ部および第Ⅱ部第1章，実習計画については，本章第7節参照）。

3）子どもの人権と最善の利益の考慮

子どもの人権や最善の利益について，施設での取り組みについて理解する（本書第Ⅰ部第4章参照）。

4）プライバシーの保護と守秘義務

子どものプライバシーを守ることの意味とその取り組みについて理解する（本書第Ⅰ部第4章参照）。

5）実習生としての心がまえ

実習生としての心がまえとは何かについて学び，理解する（本書第Ⅱ部第1章および本章参照）。

6）実習における計画と実践

施設実習における各自の計画を作成し，それにもとづいた実践をどのように行うのかを理解する。本章第7節および第Ⅱ部第3章第3節を参照し実習計画を立て，目的意識を持って実習にのぞむことが必要である。

7）実習における観察，記録および評価

子ども理解，支援の理解に欠かせない観察とその記録，また記録にもとづいた評価について理解する（本書第Ⅱ部第4章参照）。

1）から7）までの項目は実習に行く前に各自が理解し，身につけておかなくてはならないことである。授業では限られた時間内で上に示した内容説明のほか，さまざまな手続きの説明などが行われるため授業内の指導だけではなく，自己学習を通して身につけておかなくてはならない。

コラム3

授業で習っていない

　ある学生の実習中の出来事である。職員に「児童養護施設運営指針」を知っているかどうかたずねられた。授業で取り上げられたことは覚えていたが，内容を覚えていなかったので「授業で習わなかった」と答えた。最終日の反省会で「授業で習わなかったという言いわけは，私は勉強しない人間ですと宣伝しているようなものです」とのご指摘をいただいた。実習後の事後指導で日誌を読みながら振り返りを行った。実習中は掃除や倉庫の整理などが中心で不満を持っていたが，実習が終わった今になって振り返ると，責任感や探求心のない実習生と思われたのだと感じた……実習報告会でこのような話をしていた学生がいた。

　社会人として社会に出たら，日々移り変わる社会に対応し，自分の職業の専門性を高めるために自ら勉強する必要がある。保育士も例外ではない。学ぶ立場の学生であれば，自己学習は当然のことである。その習慣が身についていない人は今の内から行うようにしてほしい。

　出所：筆者作成

第3節　実習施設の選択と決定

(1) 実習施設はどのようにして決まるのか

　実習する施設はどのようにして決まるのであろうか。養成校によっても異なるが大きく分けて2つのパターンがある。1つ目のパターンは、養成校からの希望調査がなく、実習施設を指定される場合である。2つ目のパターンは、養成校が学生に希望調査を行い、それにもとづいて決定される場合である。実習施設を決定する方法については、各養成校が状況やこれまでの経緯によって判断しており、統一されているものではない。

　実習を受け入れることが可能な施設は限られているが、その一方、保育士を目指す学生は年々増えており、実習施設の依頼と確保に各養成校とも頭を悩ませている。学生が各自の将来を見据えて実習する施設を考え、実習指導教員と相談する中で実習を施設に依頼し、実習施設が決定することが理想である。しかし、施設の数が限られている中、このように理想的に決定することがむずかしい状況になっている。突き詰めて考えれば、実習生のために施設があるのではない、ということである。実習生の通いやすい場所に施設があるわけでもなく、実習生の都合の良い時期に実習期間が設定されるわけでもない。そういった困難を乗り越えることに教科目だけではない、人間としての学びや成長があるのだ。定められたルールにしたがい、変更することのできない状況の中で最善を尽くす姿勢は、社会人としても、保育士としても欠くことのできない姿勢であり、実習を通して自分自身を成長させてくれるものである。

　同じような意味では、家族や親類、知りあいが勤めている施設、利用している施設は避け、別の施設にした方が良い。よく知っていたり、便宜を図ってもらえたりという点に注目しそうになるが、公私の別がつかなくなることがよくある。実習の内容が不十分になってしまうことや、評価に際してもさまざまな感情から、かえって悪い評価になることがあるのだ。こういったことから実習先としては適切ではないので、選択肢からは外さなければならない。希望調査

第2章　福祉施設実習の準備

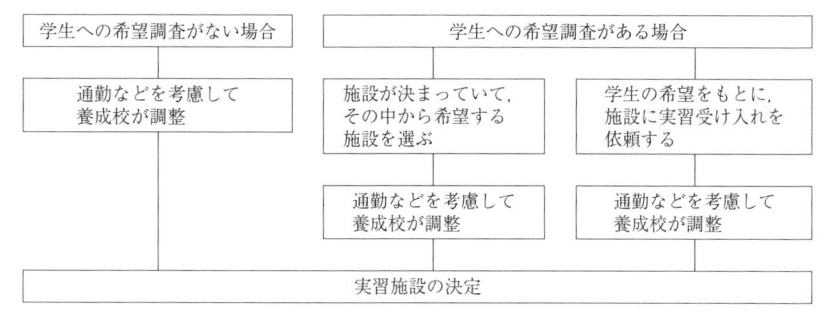

```
┌─────────────────────┐  ┌─────────────────────────────────────────────┐
│ 学生への希望調査がない場合 │  │           学生への希望調査がある場合           │
└─────────┬───────────┘  └──────────────────┬──────────────────────────┘
          │                                  │
┌─────────▼───────────┐  ┌─────────────────┐  ┌─────────────────┐
│ 通勤などを考慮して    │  │ 施設が決まっていて、│  │ 学生の希望をもとに、│
│ 養成校が調整         │  │ その中から希望する │  │ 施設に実習受け入れを│
│                     │  │ 施設を選ぶ        │  │ 依頼する          │
└─────────┬───────────┘  └────────┬────────┘  └────────┬────────┘
          │                        │                     │
          │              ┌─────────▼───────┐  ┌─────────▼───────┐
          │              │ 通勤などを考慮して│  │ 通勤などを考慮して│
          │              │ 養成校が調整      │  │ 養成校が調整      │
          │              └─────────┬───────┘  └─────────┬───────┘
          │                        │                     │
┌─────────▼────────────────────────▼─────────────────────▼───────┐
│                        実習施設の決定                           │
└───────────────────────────────────────────────────────────────┘
```

図Ⅱ─2─2　実習施設の決定方法

出所：筆者作成。

がない養成校の場合，発表後にすみやかに実習指導の先生に申し出て指示を仰ぐ必要がある。

（2）実習施設決定までの流れ

実習施設が決定するまでの流れは図Ⅱ─2─2のようになっている。

みなさんの養成校のパターンはどれであろうか。以下に，それぞれのパターンの説明を行うので，該当する箇所を確認してほしい。

（3）実習施設の希望調査

1）学生への希望調査がない場合

養成校から実習施設を指定される場合である。養成校の教員が通勤可能な範囲，実習生の状況，施設から提示された諸条件を考えあわせ，実習先を決定することとなる。

2）希望調査がある場合

希望調査を行う場合は2つのパターンがある。1つ目はすでに実習を受け入れてくださる施設が決まっていて，その中から学生が選び，希望する施設を申し出る場合である。2つ目は，学生に実習したい施設の希望調査を行い，それにもとづいて施設に実習受け入れを依頼する場合である。

1つ目，2つ目とも，施設を選ぶ際には，十分に調べる必要がある。対象，

役割，機能，特徴，支援方法，施設の目的や理念・運営方針など，できる限りのことを調べる。近隣の施設であれば，見学やボランティア，行事へ参加することで施設の雰囲気に触れるのも良い。また，施設のパンフレットなどの出版物を読むのも良い。インターネットで調べるとさまざまな情報を得ることができるが，間違った情報や個人の感想が載せられていることもあり，情報の取捨選択が必要である。

（4）実習施設の決定

　実習施設が決定したら，実習期間，施設でのオリエンテーションの日程，必要な提出物，一緒に実習を行う学生などを確認しなければならない。

　希望した施設に決まらなかったからといって，意欲を失うことや，消極的な姿勢にならないようにしたいものである。むしろ，希望とは違う所でも自分自身がどのような姿勢で実習に取り組み，何を学び取るのかで，その後が変わるのである。また，複数の実習生や，他校の実習生と一緒に実習を行うことがある。これまでに話をしたことのない学生や，さまざまな感情を持っている学生と一緒に実習を行う場合，嫌な気持ちが先に立ってしまうかもしれない。これを，保育士として他者とのコミュニケーションを行うことの意味を考えるきっかけとしよう。優先されることは，実習で他者とともにいて，他者を支えることである。仲の良い人か，そうではない人なのか，障害者か，健常者なのか，子どもか，大人なのかなど，ここで生じた感情は自分への気づきとして大切にしつつも，感情を横に置き，目の前にある「自分の施設実習」に取り組む姿勢が大切である。その中で，他者とかかわることの意味を考えてほしい。

第4節　実習に向けての自己学習の取り組み

　実習に向けた自己学習の質と量で，施設実習の内容が左右される。ある施設の職員の言葉である「実習に行く前にはできるだけ多くの知識や技能を詰め込んでおく。整理できていなくても良い。実習に行って，その実習で必要となる

知識や技能が徐々に整理されていく」。いつ，どのような知識・技能が必要になるのかわからないが，常に教科書を持ち歩くわけにはいかない。できるだけ多くの知識・技能を実習前に身につけておくしかないのである。実習で実践する中で，「知識・技能を知っている」から「知識・技能を使う」に変えていくのである。

　この自己学習であるが，実習先が決まる前と決まった後では，学習が大きく変化する。ここでは，それぞれの状況での自己学習について説明する。

（1）実習施設決定前

　決定前では，施設実習における心がまえをつくり，これまでの学習の復習と深化，そして実習先決定に向けた学習が中心となる。時間的な余裕がある中で，施設実習に向けての心がまえと学ぶ意識をつくるのである。先輩たちの実習報告書などがあれば，それを読むことで施設実習とは一体どのようなものなのかイメージする。「実習先としてどのような施設があるのだろう」，「実習期間中はどのような流れなのだろう」，「どのような実習を行っているのだろう」，「利用児・者や職員との関係はどのような感じなのだろう」，「実習にはどのような知識や技術が必要なのだろう」。ただ読むだけではなく，「私がこの施設で実習を行ったら，どのような実習になるのだろうか」，「知識・技能は何が必要で，今の私には何が不足しているのだろうか」と，自分がこの施設に実習に行くことを想定し，メモをとりながら読んでいくと良い。

　並行してこれまでに学んだ科目の復習を行うことが重要である。この時に役に立つのは先ほどのメモである。必要な知識・技能は何か，不足している知識・技能は何かを整理した上で取り組むと良い。また，「児童養護施設運営指針」，「乳児院運営指針」，「母子生活支援施設運営指針」，「情緒障害児短期治療施設運営指針」，「児童自立支援施設運営指針」（いずれも平成24年3月29日厚生労働省雇用均等・児童家庭局長通知）に目を通しておくと，共通している社会的養護の考え方や，対象者によって異なる社会的養護の違いについて理解することができる。これらは厚生労働省のサイトからダウンロードできる。同様に，

厚生労働省のサイトに「社会的養護」の項目があるので，こちらにも目を通しておくと良い。

　こうした学修を基盤にして，将来の理想とする保育士になるためにはどのような施設で，何を学ぶ必要があるのかを考えながら，実習したい施設を絞っていくと良い。まずは養成校の近隣にはどのような施設があるのか調べてみよう。地図に書き込むと位置関係（距離，地形）がわかりやすい。その地図上に実習したい種別の施設がどの程度あるのか挙げてみよう。そして，挙がってきた施設について，インターネットで調べてみよう。近い・遠いだけではない，施設ごとの違いが見えてくるはずである。また，先輩の実習報告書を読みながらとったメモを見返しながら，実習内容についても検討してみよう。きれいな施設であっても，自分が体験したいと思うような実習ができないこともある。

　仮にあなたが「私は保育所保育士が希望だから，年齢の近い乳児院か児童養護施設にでもしてみようか……」という消極的な考えを持っていたとしたら，少し考え方を変えてみてはどうだろうか。たとえば保育所保育士の現状を踏まえて，障害のある子どもや保護者，地域の方とのかかわりが増えることを考え，「障害のある子どもにたいして，どのような支援を行ったら良いのだろう」，「障害のある地域の方とは，どのようにコミュニケーションを図ったら良いのだろう」というように，自分自身の将来を見据えた施設選択を行うようにしてほしい。

（2）実習施設決定後

　決定後は，実習施設に向けた学習を行うこととなる。どのような施設であるのかを調べるとともに，周辺環境なども確認し，実習先でのオリエンテーションで現地確認を行うと良い。実習ではどのような知識が必要になるのかを整理し，既習内容も含めてまとめておくと良い。すべての教科書を持っていくことはできないため，ノートにまとめると良いだろう。オリエンテーションで課題を提出することがあるので，その有無を確認して必要ならば作成するようにしたいものである。また，オリエンテーションで課題が課されることもある。内

容については，養成校の実習指導教員に目を通してもらうようにしよう。

オリエンテーション出席後は，さらに具体的な実習の姿が明らかになる。実習計画を作成するなど，具体的な実習の姿を見ながら学修を積み重ねることになる。この時点では，これまでの既習内容をまとめるなどの時間的余裕はない。くれぐれも直前になってあわてないようにしてほしい。

第5節　実習先でのオリエンテーションの目的と留意点

（1）オリエンテーションの目的

実習施設でのオリエンテーションは，実習生にとっては，事前の情報収集ではわからなかった点，たとえば実習施設の職務内容や規則などをたずね，事前に確認をする目的もあるが，その他に，あらかじめ実習の場に行き，現場の職員の話を聞くことで実習への漠然とした不安を軽減し，実習の心がまえや具体的な支援内容のイメージを持てるようにすることが大切である。実習生の多くは，施設での実際の生活や支援の場に初めて臨むため，具体的なイメージがなく，不安を抱くのは当然のことである。その不安を少しでも軽減する意味でも実習先でのオリエンテーションは重要な機会である。

一方，施設側としても，実習生自身の実習の目的や意向を聞き，できる限り実習内容に反映したり，実習に臨む上で大切な事前知識や技術・基本的態度を伝え，守るべきルールや諸注意の伝達の場として重要である。特に，施設で生活をする子どもと同じ場を共有することになる実習生の人物像を事前に把握しておくことは職員として欠かすことができない点である。

なお，オリエンテーションは実際の実習の現場に行って受けることが原則だが，実習生の増加等への対応として，学内に実習担当者が来て集団説明会を開催するなどの方法が取られることもある。その場合でも，事前に実習先の見学のために出向き，通勤の経路や所要時間，地域や周辺の状況などを確認しておくことが，実習当日の不安の軽減につながる。

表Ⅱ—2—1 実習施設へオリエンテーションの依頼をする際の留意点と手順

□自己紹介（大学名，学部，氏名）。
□電話の依頼内容（実習受諾のお礼，実習オリエンテーションの依頼）。
□実習担当者へとりついでもらい（不在の場合は，いつ連絡をすればよいか聞き取っておく），再度，自己紹介と依頼内容を伝え，承諾をもらう。
□実習オリエンテーションの実施日の日程調整。
□訪問メンバー（人数）を伝える。
□持参品，交通手段，他必要事項を聞き取る。
□内容を再確認し，お礼と挨拶を述べる。

出所：筆者作成。

（2）オリエンテーションの準備と手順

　実習生は実習先でのオリエンテーションを受ける前に，事前に実習先の情報をインターネットや当該施設のパンフレットなどで把握しておくことが大切である。把握しておくべき情報は，実習施設の理念や沿革，実習施設の特徴，組織やチームの配置，建物配置，援助の方針や1日の流れなどの具体的な支援内容などである。この情報収集はオリエンテーションの中身を深めるためにも，実習施設からの説明を効率的に把握するためにも必要なことである。

　実際に実習施設でのオリエンテーションの依頼をする方法としては，まずは実習施設に連絡をして，オリエンテーションの日時を相談することから始めるが，その際には，複数の候補日をあらかじめ決めておくこととともに，聞き取るべき事柄についてメモを作成しておくこと。さらに聞き取った内容も記録に残し，再度電話で同じ質問をすることがないようにしなければならない（表Ⅱ—2—1参照）。なお，相手との電話のやりとりは正しい敬語を使って伝えることに注意するようにしたい。電話でアポイントをとった後は，実際にオリエンテーションの日に実習施設に赴くことになる。

　実習施設でのオリエンテーションはおおむね2週間から1か月前までの間に行われることが多い。そこでは実習施設の組織の理念や職員の活動状況，利用者の生活状況や日課，職員の配置や勤務形態，援助内容などについて伝達される。事前学習でイメージしたことと，実際のオリエンテーションの説明に差異があれば，この時に確認し，認識を修正して実習に臨むようにすることが必要

第2章　福祉施設実習の準備

表Ⅱ―2―2　オリエンテーション時の確認内容と留意点

・交通手段やルートなどを事前に確認しておき，遅刻がないようにする。また，通勤での実習では，朝（出勤時）と夕方（退勤時）の時刻表も確認しておく。
・職員や児童，利用者に出会ったら，だれでも元気よく，挨拶をする。
・施設長と実習担当者との面談で確認すべき事項（例）。
□組織の理念や援助に対する方針の聞き取り。
□実習期間，実習時間，出勤・退勤時間，休憩時間，食事の有無，宿泊場所の確認。
□通勤の服装，実習時の服装。
□施設の設備，環境。
□1日の流れ（登園から降園までの実習内容）の確認。
□2週間の実習内容の確認，実習の目的の伝達と意見交換。
□出勤簿の取り扱い，必要な提出物（個人票や健康診断書，誓約書など）の確認。
□日誌の提出方法，提出時間の確認。
□食費や宿泊費などの諸費用の確認。
□通勤方法の確認。
□実習における諸注意事項。
□実習中に準備する持ち物。
□その他不明な点や不安な点の質問等。

出所：筆者作成。

である。また，その際にわからない事柄があれば質問をし，理解を確実なものとしておくことが大切である。背伸びをして知ったふりやわからないことをそのままにするようなことがないように，率直に質問すれば実習担当の職員は丁寧に応じてくれるはずである。また，施設のパンフレットなど実習に役立つ資料があれば提供していただくよう依頼すると良いだろう。表Ⅱ―2―2にオリエンテーション時の確認内容と留意点を示したので参考にされたい。

　なお，実習施設でのオリエンテーションの際，特に，挨拶や，言葉づかいには気をつける必要がある。挨拶は実習の基本であり，関係づくりの第一歩である。いい加減な挨拶では，かえって相手に不愉快な思いを抱かせる結果になりかねない。出退勤時に「ご指導よろしくお願いします」，「ご指導ありがとうございました」など，実習の機会と指導をいただいたことへの感謝の気持ちを表すことを忘れずに心がけたい。

第6節　実習形態および実習中の留意事項

　施設実習の対象施設としては，児童養護施設や乳児院，母子生活支援施設や障害児・者支援施設などがある。同じ種別の施設でも地域性や設立経緯など，施設ごとの伝統や理念などに差があり，支援の形態や日常生活のスタイルも異なっている。

　また，実習施設の形態には入所（居住型）施設と通所施設とがあり，入所（居住型）施設の場合，宿泊をともなう実習形態となることも多い。宿泊をともなう実習などの場合は事前に準備すべき事柄も多いので注意しておこう。本節では実習の形態および実習前から実習中にかけて留意しておくべき事項について説明する。

（1）実習形態

　宿泊をともなう実習（宿泊実習）とは施設に泊まり込んで行う実習のことである。その場合の実習時間は，午前9時から午後5時までの日中勤務のみならず，早朝から始まる場合や，夕食から就寝まで，場合によっては夜勤のプログラムが盛り込まれるなど，実習時間が断続的になることもある。言うまでもなく入所（居住型）施設は家庭生活の代替機能を有しているため，職員はそこで生活している子どもの起床から就寝までの一日の生活全般の支援をしている。したがって実習の内容としても，生活プログラム全体の管理や家事，掃除，炊事，余暇活動，あるいは健康管理や衛生管理，環境構成などのすべての生活内容が含まれてくる。なお，断続的な実習の際，休憩時間や夜間は児童や利用者と一緒に寝泊まりするのではなく，実習生の休息や振り返りの時間の確保のため，宿泊室が用意されているのが通常である。その場合，提供された実習生の宿泊室は，プライベートな空間ではないので，常に整理整頓を心がけるよう注意を払いたい。

　実習にかかわる職員の職種もさまざまであり，実習の指導は保育士にとどま

らず，指導員や看護師，心理療法担当職員，調理員などとも接触の機会をもつことがあり得る。実習の内容としても，健康管理や調理・配膳，清掃，入浴，場合によっては個別相談など，幅広いプログラムを経験することとなろう。多職種とかかわることにより，保育士の施設での役割を再認識できるよい機会ともなるので，可能であれば申し出てさまざまな場面を体験させてもらうと良いであろう。

また，宿泊をともなわない実習の場合でも，早番・遅番などの勤務で，実習時間が変則的になることがあるので，実習中のスケジュールや交通手段の確保などに留意をしておく必要がある。

なお，実習中は利用者の「生活の場」を実習教育のために活用させていただいているという感謝の姿勢を忘れることがないようにすることが大切である。

（2）実習中の留意事項

実習生は，初めの頃は緊張感をもって取り組むが，日が経つにつれてその緊張感が薄れてしまいがちである。一方，職員や児童は，実習生のすべての振る舞いを見ている。実習生の行動が児童の生活に影響を与えることも少なからずある中では，慣れによる緊張感の薄れが気の緩みにつながらないよう，常に実習の目的意識をもち，どのような保育者になりたいか，実習で何を学ぶのかを自分に問いながら，貴重な実習期間に意思を保ち続けることが大切である。

なお，実習指導者からは，実習生の態度，服装や髪形，言葉づかい，子どもに対しての話し方，食べ方，歩き方といった目に見える振る舞いやマナー，日記の記述などを通じて人間観や保育観，援助の基本姿勢，保育者としての適性について常に評価されていることを意識しておこう。

次に実習中の基本的な留意事項についてまとめたので参考にしてほしい。

1）自覚と態度

実習の主体は言うまでもなく実習生自身である。常に実習生としての自覚と主体的，意欲的，積極的な態度を保つと同時に，施設の方針にしたがい，実習施設の日常生活に支障をきたさないよう職場環境に調和するよう心がけておく

ことが大切である。具体的には，実習指導職員の指導・助言を謙虚な姿勢で受け止め，実習生らしい礼儀と節度を心がけ，明るい態度で児童や職員に接することが求められる。当然のことながら無断の遅刻・欠席・早退などは言外である。実習当初に決められた日誌の提出方法，出席簿の捺印方法なども忘れることなく実行する。施設の方針をよく理解し，職員の指示で不明な点があれば質問し，ひとりよがりの行動はしないよう心がけることが必要である。

2）服　装

　実習中の通勤の服装はスーツ（濃紺か濃いグレー）を原則とする。女性の場合，シャツ，ブラウスは白とし，指輪，ネックレス，ピアス，ブレスレットなどの装身具は身に着けない。化粧や髪形は自然で清潔であることに努め，髪が長い場合はうしろでまとめておく。また髪を染めている場合は黒く染め直す。つめは切りそろえ，マニキュアも落としておく。靴はヒールの低い黒革靴とし，かばんも黒色の女性用ビジネスバッグを用意しておく。

　男性の場合，ワイシャツのボタンは上までとめ，きちんとネクタイを締める。髪は短く切り，ヒゲは伸ばさない。スラックスは腰より下ではかない。靴もカバンもビジネス用を用いる。ただし，実習先からスーツ以外の服装も認められれば，その指示にしたがうことはかまわない。その場合でも清潔感を持った装いを心がけることは大切である。

　ちなみに実習中の服装は，オリエンテーションで指示されることが多いが，着替えが必要な場合を想定して余分を用意しておくとよい。また，実習時期や実習内容によって，エプロン，水着や長靴，帽子，手袋なども必要となることもあるので，実習時のオリエンテーションを受ける際に確認しておくことが重要である。

3）守秘義務

　実習生であっても，知り得た個人情報のみならず，施設に関する情報を外部に漏らすことは絶対にあってはならない。情報の漏えいは，たとえ個人名を出さなかったとしても，保育士としての「守秘義務違反」にあたる場合もある。子どもの写真を実習施設の許可なく撮影することも厳禁である。最近では，ブ

ログ，Facebook, LINE 等の SNS（ソーシャル・ネットワーキング・サービス）を利用している学生も多いが，たとえ友人同士のクローズなやりとりであっても，子どものプライバシー侵害や場合によっては名誉毀損の問題につながる可能性があるので，実習の内容を公開することは厳に慎むべきである。これは実習終了後も同様である。大切なことなので繰り返し述べるが，これら個人情報や施設に関する情報の外部への漏えいは，児童の尊厳や施設の実習受け入れ好意を踏みにじる行為であり，学生自身のみならず学校にも多大な迷惑をかけることになるので，十分注意することが必要である。

4）遅刻，欠席，早退

実習先でのオリエンテーションも含め，実習中は指定された時間の10分前までには実習施設に到着していたい。遅刻などは厳禁である。また，1日の実習が終了しても勝手に退勤するようなことはしてはならない。やむを得ず遅刻や欠席をせざるを得ない場合でも，かならず実習開始時間前に実習施設と学校側に連絡を行い，その理由を伝えた上で指示を仰ぐことが大切である。

5）食　事

宿泊をともなう実習では，実習時間以外にも食事が提供され，職員や子どもと一緒に食事をとる場合もあるので注意しておこう。子どもの模範とならなければならないので，出された食事は基本的には残さず食べることが期待される。実習生自身にアレルギーなどがある場合は，事前に施設側に伝え，対応について協議しておくことが必要となる。また，偏食癖がある学生は，実習前までに克服できるよう努力しておくことが望ましい。

6）児童とのかかわり

実習中は子どもとの直接的なかかわりをもつ。時として親密なかかわりとなる場合もあるが，これは友人関係ではなく，実習生としての学びに必要な公としての関係として捉えておく必要がある。要するに「フレンドリー」な関係ではあるが，「フレンド」ではないということをわきまえておくことが重要である。このようなことから考えても，安易に連絡先の交換をするなど，個人的なつきあいは避けなければならない。子どもとのかかわりの中で迷いが生じるよ

うなことがあれば，自分勝手に判断せず，職員に相談し，判断を仰ぐようにする。また，職員との個人的なつきあいも同様であることは言うまでもない。

7）提出物

実習にあたっては，実習施設に個人のプロフィールが記載された「個人票」や，個人情報の保護を約束する「誓約書」の提出が求められる場合が多い。「個人票」は実習先に送るアピール文であり，実習生の実習に対する姿勢を伝えるものでもある。個人票の記載にあたっては，記述内容はもとより，用紙に汚れなどがないよう注意を払うことも心がけたい。「誓約書」はプライバシーにかかわることの多い施設での職務上の秘密の順守，事故の場合の対応を約束するものである。「個人票」や「誓約書」以外にも実習施設によってはさらに提出物を求められることがあるので注意が必要である。また，実習施設からは，健康診断書や細菌検査，抗体価検査の結果についても提出を求められることが多い。その場合，それらの書類が学校から送付されるのか，学生が持参するのかなどの通知方法について事前に学校側に確認しておくことも大切である。

第7節　実習計画の作成

（1）実習計画作成の目的

実習を始めるとすぐ，何もできない自分にあわて，保育者としての未熟さに気づくことであろう。だがその気づきは，理想とする保育者像と現在の自分の実力のギャップを認識し，その差を埋めるために今後どのような学びが必要か，どのような体験をすべきか考えていく重要な視座を与えてくれる気づきでもある。つまり実習は体験で得た知識を現実的でより具体的な対応ができるようになるための知恵を学ぶものであるとも言える。

実習を本当の意味で価値あるものとするには，まずは，実習の現場で学びたいことを明確にすることが大切である。この学びたいことを体系的に明らかにしておくのが，実習計画である。実習施設からは実習でやらなければならないこと，学んでほしいことを提示されることもあるが，どのような保育者を目指

し，その上で何を学びたいのかは，自分自身で決めることである。目指す保育者像に近づくためには何を目標としたらよいか，そしてその目標を達成するための実習計画をどのようにつくったらよいのかわからない学生もいるだろう。次に実習計画作成のポイントについてまとめたので参考にしてほしい。

（2）実習計画における学びの視点

まず，目指すべき保育者のイメージを確立し，その上で実習中に具体的に学べるものとして，初期目標，中期目標，後期目標とレベルを分け，それぞれのステージでの目標を作成しておくことが必要となる。

実習初期は，実習施設の1日の流れを把握し，子どもの名前をおぼえ，話しかけるなどの関係づくりに取り組む時期である。実習施設側ではより多くの援助場面や子どもと過ごす時間を経験させてくれることが多いが，学生は子どもとのかかわりにとまどう場面に何回か遭遇するであろう。この時期は生活プログラムに参加しながら，施設の生活に慣れていく時期でもある。

実習中期は，1日のプログラムの流れも理解し，少し落ち着いて子どもとかかわることができてくる。そこで，さらに子どもたちとより密接にかかわっていくと同時に，職員の援助を観察，あるいは一部を補助しながら，支援の意図について自分なりの考えをまとめていくようにすると，後半の実習がより実のあるものとなるであろう。

実習後期は，子ども同士の育ちあいの姿を見ながら，施設の意義について考察をする時期である。また，職員の実践の観察や業務の一部補助から，自分なりに考えたかかわり方を試しながら，施設における生活ニーズの把握に努める時期である。さらに実習前に設定した目標を見直し，至らない部分や課題について認識し，より良い援助となるよう工夫しながらかかわり，実践を通じて得られた気づきを振り返り，実習の総括としていく。

このような流れの中で実習計画は作成していくが，ここで大切なことは，実習終了後の自分の姿をイメージし，到達可能な目標を設定することである。

表Ⅱ—2—3に実習のステージに応じた学びの視点の例を示した。ただしこ

表Ⅱ—2—3　実習の目標設定

学びの視点 実習の ステージ	実習で学ぶ視点の例	
	子どもの姿と実際のかかわりからの学び	施設の理解や援助者からの学び
初期の目標 （1日～4日）	・子どもとの挨拶や会話を通じて名前や特徴を覚える ・生活プログラムに参加しながら子どもとの関係づくりに取り組む ・施設で生活する子どもの特性などについて理解する	・施設の1日の流れとそれぞれの生活プログラムを覚える ・職員の勤務体制と職種の役割を理解する ・子どもや利用者とのかかわりの中での疑問点を質問し、理解を深める ・生活環境や安全や保健への配慮について学ぶ
中期の目標 （5日～8日）	・子どもとの生活をともにすることから、子どもの願いや思いを理解する ・職員から見習った子どもへのかかわり方を実践してみる ・子どもが集団の中でどのような関係性をもって生活しているか理解する	・職員の指示のもと、業務の一部を補助する ・職員の場面や人に応じた対応について観察し、その気づきを日誌に反映させる ・引き継ぎに参加し、子どもの継続的な支援のしくみと方法について学ぶ
後期の目標 （9日～最終日）	・個々の子どもに対して意図をもってかかわり、その方法について考察する（可能な限りケーススタディに取り組む） ・子ども同士の育ちあいの意義や生活ニーズを理解する ・課題となったかかわりを工夫し、より良い援助となっているか分析する	・施設の役割や他機関との連携について学ぶ ・危機管理の方法について理解する ・子どもの生活上のニーズについて理解を深める ・施設の社会的な役割や地域とのかかわりについて学ぶ

出所：筆者作成。

れは一例にすぎない。この目標設定の例示内容を取捨選択したり、内容をつけ加えたり順番を入れ替えたりしながら、自分なりの目標を設定してもらいたい。実際はこの実習計画で作成した目標や、実習を通じて得た学びや気づきは実習日誌に反映されるものでもある。日誌には毎日の目標や、出来事、支援の内容、気づきを記していくものであるが、その場合、実習初期の目標から、中期、後期になるにつれて、達成された目標をさらに反映させながら目標を設定していくことが大切である。

第8節　実習時に必要な準備（持参品等）

（1）持参品等

　これまで実習の心がまえや留意事項，実習計画の作成の意味について触れてきた。本節では，実習に必要な持参品について触れておきたい。特に宿泊実習では，泊まり込みの実習となるために準備するものが多くなる。実習施設から貸与される備品もあるが，好意に甘えすぎずに準備できるものは，持参するようにしたい。基本的には実習に必要なものだけを持参することである。そして持参品には名前を記入しておくことが不要なトラブルを招かないためにも必要なことである。実習施設の種別や時期によって違いはあろうが，いずれにしても実習施設でのオリエンテーション時に実習施設から，必要とする物品や持参品について指示を受け，基本的には指示された物を準備することとなる。基本的に表Ⅱ－2－4に示したものは必需品として準備しておくと良いであろう。

　最後に携帯電話の扱いについて触れておく。携帯電話の実習時間中の使用は原則禁止であると踏まえた方がよい。持ち歩かずに宿泊場所で管理することが必要である。また休憩時間であっても実習中であることを念頭に置き，やむを得ない場合以外の使用は控えるべきである。

（2）実習に参加する際の準備

　学生は，実習前の事前指導や教科科目において，保育者としての基礎原理や原則・理論や保育技術を持った専門職としての知識や技術について学んでいるが，実習はこれらの知識や技術を現実の場面において実践として試す場でもある。しかし実際は，これまで学んだ知識をすぐに実習で実践できるわけではなく，試行錯誤の連続であり，実践の積み重ねによって援助力が徐々に培われるものでもあるということも実感するであろう。つまり，実習での経験の積み重ねは，自己のパーソナリティや倫理観，人間観，援助観などの専門性を持った専門職としての成長を促していくものであるとも言える。そう考えると実習は

表Ⅱ—2—4　実習に必要な準備品（宿泊実習時）

①実習日誌・メモ用紙・ノート，指導案用紙・筆記用具，国語辞典・ガイドブック
②養成校から指示された書類や事前指導で配布された資料等
③あらかじめ準備した保育用教材
④名札・エプロン・マスク・帽子・上履き・下履き運動靴・着替え
⑤印鑑・健康保険証（写し）・常備薬
⑥箸・コップ・洗面用具・タオル・ティッシュ・目覚まし時計，化粧道具（必要最低限にする）
⑦食費，宿泊代などの施設に納入する費用，交通費（必要額）など
⑧その他実習先から指定されたもの

出所：筆者作成。

　規定された教科科目の中だけで学ぶものだけでなく，自分自身の余暇を利用して，高齢者施設などの領域の異なる社会福祉施設での，ボランティア活動等，さまざまな体験の機会を得ておくことが，自己の実践の力を養う上で，役に立つことであろう。このような体験は，人間力やコミュニケーションの幅を広げる原動力となり，実習の準備として役に立つので，お勧めしたい。

　一方，施設で生活している子どもの興味関心は多方面にまたがる。そのため，学生は子どもとコミュニケーションをとる上で，さまざまな情報の引き出しを持っていたほうが良い。そのためには保育にかかわることだけでなく，今，社会で問題となっている事象についてさまざまな知識を得るよう，日頃から努力をしておくとよい。また，「生活の場」に入り込んでの実習は，日常の生活の課題に直結するものでもある。たとえば日頃から新聞やさまざまな分野の書籍を読み，感想や気づき，教訓などをメモするなど，自己の成長のための課題を見つけてほしい。これらのことは，実習の事前準備としても活きることだが，日頃から自分自身で学び研鑽しておくことで，結果的に援助者としての力につながるものなのである。

（3）家事のスキル

　宿泊をともなう実習では，子どもや職員と一緒に食事の準備や配膳，後片づけ，洗濯，清掃などがその内容に盛り込まれる。普段の日常生活から，食事づくりや掃除の方法，洗濯の方法や干し方，たたみ方などの基本的な家事のスキ

ルも習得しておくと良い。

(4) 生活習慣の見直し
　生活習慣にも気をつけたい。リズムある生活やバランスのとれた食事，運動などでの体力の維持向上に心を配り，身体面のみならず，趣味の幅を広げるなどして精神面でも調和のとれた生活を心がけておこう。

(5) 敬　語
　職員に対しては当然のことながら，敬語で接することが大切である。普段から乱れた言葉の使いかたをしていると，実習においても同様の言葉づかい，あるいは日誌での記述に表れてしまうし，それは相手に対しても不快感を抱かせることにもなる。挨拶同様，失礼な言葉づかいも評価に直結する点であることは言うまでもない。そのため，日頃から教員や先輩に対しても敬語で接するなどして，敬語を使うことに慣れておくことが大切である。

(6) マナー
　挨拶や話し方，あるいは身だしなみだけでなく，一般常識としてのマナーも身につけておく必要がある。マナーとは相手に対する心づかいである。相手が不愉快な気持ちにならないよう，よい関係をつくるためには必要不可欠なものである。箸の持ち方などのテーブルマナーや，お茶の入れ方，書類の渡し方，電話での対応，お辞儀，連絡や報告の仕方などのビジネスマナーだけでなく，電車，バス，タクシー，エスカレーターやエレベーターなどの乗り物でのマナー，病院や図書館などの公共施設でのマナー，自転車や自動車運転での交通マナーなど，生活スタイルに直結するマナーについて一通りの知識を持っておくとよいであろう。

(7) コミュニケーション
　実習生も職員も生身の人間である。どんなベテランであっても常に理想のか

かわりができるとは限らない。そのため，人びとの喜怒哀楽の感情と振る舞い，人びとの行動の背景にある心理と行動，経済問題，家族問題など人生の途上で出会うさまざまなエピソードについて知識を持っておくことが大切である。また，人間は物事に対応する時，それぞれこだわりや手順というものがあり，人それぞれにペースも異なる。自分の先入観や予断，偏見を知り，相手のペースにあわせて動く力を持っておくことが必要である。

実習は学生にとって一大イベントであることだろう。この経験はこれからの保育者としての支えや基本的な援助観に影響を与えるものである。実のある実習になるために，さまざまな人と触れあい，交流を深め，いろいろな立場で物事を考えられるよう意識して実習をよりよいものにしてもらいたい。

コラム4

スマホが手放せない

「スマホが手放せない」という学生の声を聞くことがある。授業中もスマホにメッセージが入っているか気になってしまうようで，我慢ができなくなり，授業中でもスマホを取り出しメッセージを確認しないと気がすまないという学生も見受けられる。こうなるとスマホを管理するコントロールが利かなくなり，一種の依存症（とらわれ）の状態になっている可能性もある。

タバコ依存やアルコール依存と同様，スマホへの依存が常態化すると，授業に集中できなくなるが，実習においても手放せない状態になりかねない。このような状態になる前に，スマホの利用の仕方を考えてみる必要がある。たとえば電車内ではスマホをさわらない。スマホを利用する時間帯を決める。食事中は使わない。予備バッテリーを持ち歩かない。授業中は通知機能をオフにする。スマホを利用していた時間に本を読むなど，スマホと距離を置く時間を少しずつ伸ばしていくことが必要である。

なお，実習中にスマホをポケットに忍ばせておくことは厳禁である。くれぐれも注意しておこう。

出所：筆者作成。

〔演習課題〕

1）図Ⅱ―2―1「施設実習とその前後の学習の流れ」を参考に、あなたの大学にあわせた学習の流れを作成してみよう。その後、あなたが実習までに行う必要がある事柄や学習内容を書き加え、あなた個人の「学習の流れ」を作成してみよう。

2）大学・短大で求められる読書感想文とは何だろう。地域生活での生きづらさを抱える人の手記や伝記を読み、以下の点について整理し、グループで話しあってみよう。

①生きづらさを抱える理由
②利用できる社会福祉サービス
③当事者の人生観（心情や生きる上でのメッセージ）
④得られた教訓

　これらの意見をグループで共有しあい、生きづらさの原因を探求してみよう。
（なぜこのような演習を行うのか）

　人の痛みや苦しみがどのような背景からもたらされるのか。制度不備や人間関係、生活スキルや知識など、さまざまな要因が隠れている。この背景を探り、保育者あるいは隣人としてどのようにかかわれるのかを考えることは、施設利用者の人生を尊重していくきっかけとなる。また、グループでの話しあいは、共通の意見を集約するにとどまらず、さまざまな価値観や援助観の違いの発見をもたらす。それが援助の幅をひろげ、自分自身の成長にもつながるからである。

3）実習目標の設定

　学生は実習前にはさまざまな不安にかられることであろう。子どもとうまくコミュニケーションがとれるであろうか。子どもに拒絶されたらどうしようか、などなど考えれば考えるほど不安にかられることであろう。しかし、実習が始まってみると、そんな不安を覚えている余裕もなく、子どもとかかわることでいっぱいになり、あっというまに2週間が終わってしまうこととなりがちである。

2週間でできることは限られている。その2週間をかけがえのない経験とするためには，目標を設定して実習することが何より大切なことである。目標は自分の成長を図る「ものさし」であるとも言える。

そこで自分自身が立案した実習の目標が実現可能なものかを改めてチェックしてみよう。また，学生同士で立案した実習の目標を説明しあい，その内容が相手に伝わるかどうかたしかめてみよう。

チェック
□その目標は，実習期間中に達成できるものですか？
□その目標を設定した理由を説明できますか？
□その目標は達成可能な順番となっていますか？
□その目標を達成するための実習内容をイメージできますか？

POINT
○目標を立案するためには，短期的な目標と中長期的な目標に分けて記載することが大切である。あまり大それた目標を設定しても評価できないことがあるため，まずは，実現可能な目標を設定しよう。
○立案した目標の内容について，実習指導者からその理由を求められることがある。なぜその目標を設定したのか，自己を分析して自分の言葉で説明できるようになろう。
○目標の設定の前に実習施設の特徴をよく理解しておこう。

〈引用・参考文献〉
厚生労働省雇用均等・児童家庭局長「指定保育士養成施設の指定及び運営の基準について」（雇児発0808第2号），2013年。
白石崇人『幼児教育の理論とその応用2　保育者の専門性とは何か』社会評論社，2013年。
小野澤昇・田中利則編著『保育士のための福祉施設実習ハンドブック』ミネルヴァ書房，2011年。
星野欣生『人間関係づくりトレーニング』金子書房，2003年。
「施設で育った子どもたちの語り」編集委員会編『施設で育った子どもたちの語り』明石書店，2012年。

（第1節〜第4節　野島正剛，第5節〜第8節　小野智明）

第3章

福祉施設実習を成功させるための事前学習

第1節　実習前学習の内容と必要な知識（医療を含む）

（1）事前学習の内容

有意義で意味のある実習にするには，事前学習をしっかり行うことが重要である。

特に，身近な地域に福祉施設がないことでイメージが捉えにくい点では保育所等とは大きな違いがある。だからこそ，事前学習が実習を成功させる大きなポイントになるのである。

実際に，どのような事前学習をしておくことが必要かについて具体的に示していく。

1）福祉施設に関する教科目の復習

すでに，入学した時から実習における準備は始まっているという認識が必要である。日々の講義は，実際の現場をイメージしながら理解を深めていくことであり，獲得した知識や技術を単なる学びと捉えるだけでは不足である。ことに，「児童福祉法」の規定や「児童福祉施設の設備及び運営に関する基準」，「障害者の日常生活及び社会生活を総合的に支援するための法律に基づく障害者支援施設の設備及び運営に関する基準」の内容を通して，自分が実習でお世話になる福祉施設にはどのような職員の方々が協働しているのか，保育士としての役割は何かということについて調べるのは事前学習として有益である。

2）医療に関すること

　医師や看護師が常駐している施設は限られているが，医療に関する知識は必要である。利用者の病気やけがについては嘱託医の指導を受けることもあるが，日常の健康管理や軽度な病気やけがの処置は看護師や指導員，保育士が行う。施設では，インフルエンザや風疹などが流行すると，特に抵抗力の弱い利用者がいる施設では感染しやすく，拡大しないように施設全体で注意をすることが必要になってくる。拡大しないためには，日常どのようなことをしていると予防ができるのかなど最低限の知識を事前に学習しておく必要がある。また，利用者の中にはB型肝炎やC型肝炎およびHIVに感染している方がいる可能性もあり，他人の血液には直接触れないなど自分の身を守るためにも医療に関する知識が必要となってくる。それは，自分が利用者へ病気をうつさない意味でも学習をしておかなくてはいけない。その他にも，てんかん発作や過呼吸などの応急処置，AED（自動体外式除細動器）の使用方法などを理解し，そのような状況に遭遇した際には職員へ早く連絡する方法を確認しておかなくてはいけない。これらは，緊急時の対応に役立つことである。

（2）施設実習のいっそうの理解──「施設実習おぼえ書きノート」の作成

　日頃の講義や演習から学んだ内容について授業時のノートとは別に「施設実習おぼえ書きノート」を作成する。各授業を受講する際に，「施設実習おぼえ書きノート」を常に携帯して施設実習に必要な内容だと思うことについて書きとめておくことが肝要。また，わからない用語についても記し，あとで調べて理解を深めておく必要がある。2年生の前期には，このノートの内容をわかりやすく理解できるように整理をする。インデックスを使用し，施設実習先の種別に分ける。その施設ごとに，協働している職員・保育士の支援内容・支援理由・施設の理念や方針・活動内容・専門用語などを確認しながらまとめる。内容について不足だと思う場合は，自主学習をしてノートへ補足しておきたいものである。

　学校によっては，実習先を個々人が選択せずに養成校が学生へ実習先の決定

をすることがある。特にこのような場合は，ここまでの事前学習を地道にしておくと自分の実習先がどこになったとしても，「施設実習おぼえ書きノート」を読み返せば事前学習がなされ，あわてないで実習へ臨むことができる。

　施設実習を成功させるのには，日々の学習の努力と実習の事前学習が実を結ぶということは言うまでもない。

第2節　実習中に習得すべき知識や技術のリストの作成

　施設実習は，児童福祉施設でも障害児・者支援施設でもその方々が生活の場として（家として）日々過ごされている所へ行くことになる。施設へは資格を取得するために必要だから行くという考えでは，実習先の利用者や職員の方にとって非常に迷惑で失礼なことである。自分の生活している家を想像してみると明らかなように，突然知らない人が家に訪ねてきて「資格を取得するために実習をさせてください」と来たらどうだろうか。しかも，何を知り，何を学び，どんな技術を得たいのかなど考えていないとしたら，とんでもないことである。施設実習ではそのようなことがないよう，事前にそれらの内容をリストアップしておくことが必要である。習得したいと思う内容を箇条書きにたくさん書いてみる。その中から似た内容の項目をグループ化することによって，自分が知りたいと思う知識や技術が明確になってくる。この作業で明らかになった内容を，いくつかリストアップをしておきたいものである。あるいは，そうしておくことが重要である。

　1）知識について学びたい内容のリストアップ
　・一人ひとりの入所理由や通所理由
　・利用者のQOLの向上に向けて行っていること
　・個々人の具体的な福祉的サービスの内容
　・利用者の抱えている問題
　・リスク管理
　・支援計画の内容と立て方

第Ⅱ部　福祉施設実習へ向けての準備と実習中の学び

- 一日の生活の流れ
- 保育士としての職務内容の把握
- 職員間のチームワークについて
- 地域とのかかわりと連携
- 施設の運営・管理体制，など

2）援助技術について学びたい内容のリストアップ

- コミュニケーションのとりかた（会話・ジェスチャー・絵を通してなど）
- 食事の介助方法
- はみがきの援助方法
- 入浴の介助方法
- 利用者のアドミッションケア，インケア，アフターケアの実際
- 利用者の病気とその対応方法
- 利用者の家族とのかかわり方と支援内容の実際，など

あくまでもリストアップをしたのは計画であり，実際の現場へ行くことによって，学びたいことや習得したい新たな内容がわきおこることは当然である。実際には，それらの内容に沿いながら実習に臨むことがよい。

コラム

施設で使う専門用語について

施設では，QOL の向上を目指している。QOL（quality of life）とは，自分自身の生活に関する主観的満足感・安定感・幸福感・達成感などの意味である。また，施設入所にあたって，不安を軽減し施設での生活がスムーズに始められるように支援することをアドミッションケアと言う。また，基本的な生活習慣が身につけられるよう入所中に支援をするのはインケア，退所後の生活が円滑にいくように支援することをリービングケアと言う。

出所：筆者作成。

第3節　実習計画の作成と目標の設定

　施設実習へ行く際には目標を設定し，どのような内容の実習にするのかを明確にしておく必要がある。目標を設定し，さらにその目標に近づけるために日々の「ねらい」を掲げ，実習計画にもとづいて実施してこそ意義ある実習へとつながるのである。「意義ある実習」とは，どういうことか。それは，施設実習が「価値」のある「重要な」実習になることを意味する。施設の実習担当者は，この目標や実習計画を見ることによって実習生の実習に対する意欲や姿勢を判断する手がかりになるのである。

（1）目標の設定

　施設実習においてどんなことを学びたいかという目標を設定することによって，その目標に向けて日々努力を重ね，達成できる方向へ向かって行くのである。貴重な施設実習を有意義に過ごすためにも，目標を設定することは必要である。しかし，施設での実習は短期間なため，子どもや利用者の方々と密度の濃い人間関係を築くには，時間が足りないかもしれない。さらに，医療の必要な方へのかかわりについても実際に実践することは困難であろう。したがって目標に掲げる内容は，利用者への支援内容や利用者とのかかわりから感じることなどを中心に考えるとよい。

　施設実習での到達目標として厚生労働省は，「児童福祉施設等の役割や機能を具体的に理解する」などと示している。その目標へ到達するために，実習の内容をおおむね次のように挙げている。かぎかっこ内は，その実習の内容を具体化するために日々の「ねらい」にするとよい。いくつか示すが，このことは先に示した「学びたい知識や援助技術」の内容と関連する。

　　・施設の役割と機能→「一日の流れを知る」，「休日の過ごし方を体験する」，「地域とのかかわりを知る」，「家族との連携方法を学ぶ」
　　・子ども理解→「名前を覚える」，「子どもをよく観察して記録をする」，「一

第Ⅱ部　福祉施設実習へ向けての準備と実習中の学び

表Ⅱ—3—1　実習計画（例）（実習期間12日の場合）

	日	実習内容
実習前期	1日目 2日目 3日目 4日目	施設の概要を理解する 一日の流れを知る 子どもや利用者，職員の名前を覚える 活動内容を経験する
実習中期	5日目 6日目 7日目 8日目	一人ひとりとコミュニケーションをとる 職員のかかわり方を観察して学ぶ 支援内容を把握する 個々に必要な支援を理解する
実習後期	9日目 10日目 11日目 12日目	個々にあった支援を実践する 食事や入浴介助の仕方を学ぶ 積極的に支援へ加わる まとめ

出所：筆者作成。

人ひとりに応じたかかわりを知る」，「職員の子どもの対応の仕方を学ぶ」，「食事の介助の仕方を学ぶ」
・養護内容→「子どもの心身の状態に応じた対応」，「子どもの活動」，「生活環境を理解する」，「健康管理の方法を知る」
・計画と記録→「個々人の支援計画の理解と活用」，「丁寧に記録を書く」
・専門職としての保育士の役割と倫理→「保育士の業務内容を学ぶ」，「職員間の役割分担や連携を学ぶ」

（2）実習計画の作成

　実習における事前指導の内容を十分に把握して「目標」を設定する。その後日々の「ねらい」がおおむね決定したら，次に実習計画を作成する。実習計画を作成することによって，実習に行って何を学びたいかが明確になるとともに，効果的な実習となる。しかしあくまでも計画であり，実際の現場へ行くことによって計画内容が変わることがあっても当然である。
　実習期間を前期・中期・後期の3期に分けて計画を立てる（表Ⅱ—3—1を参照）。

1) 実習前期

　施設の生活に慣れることが，先決である。そして，実習における基本的なことを学ぶ。実習先の沿革や概要を把握し，どのような機能を持っているのかを理解する。職員構成や職務内容，勤務体制を知るとともに名前をかならず覚える。また，利用者の名前も覚えることは必要である。人は，自分のことを名前で呼ばれると親しみがわき，ラポールが築きやすい。

2) 実習中期

　実習中期に入ると，徐々に実習にも慣れる頃である。子どもや利用者のことも理解し始められる時と言える。この時期にはさらにコミュニケーションを図り，一人ひとりの現状を知り，どのような支援がなされているのかに目を向けることが必要である。

　また，その支援はどのような点に配慮をしなくてはいけないかを把握することである。

　そして，子どもや利用者に対して職員がどのようにかかわっているのかも観察し，その意図を知るよい機会である。

3) 実習後期

　実習後期は，実習のまとめの段階である。前期・中期で学んできたことを実際に活かしながら実行することである。それには，今まで以上に子どもや利用者，職員の方々とかかわりを深めていく必要がある。そして，個々にあった支援がなされているのかを確認しながらその支援方法を獲得していくことは欠かせない。多くは実習最終日に反省会を開いてくださるので，そこで出された実習生の課題を今後に活かせるよう努力することである。

　このような内容を参考にしながら実習計画を立てていくと，実習の見通しがつくとともに実習の目標や目的を持って実習が行えるのである。

第4節　関連する福祉施設の訪問や施設見学，ボランティア活動への参加

　実際の実習を行う前に，自分がお世話になる施設と同種の施設に訪問や見学ができると，より効果的な実習となる。しかし，同種と言っても施設の規模・理念・支援に対する考え方などは当然異なるが，同じ法律を根拠として開設していることには変わりがない。また，同種でなくとも違う施設に訪問や見学ができれば，それはそれで意味のあることである。限られた所へしか実習に行くことはできないので，さまざまな目的の違う施設を訪問すると，利用している対象者が違うことなどから新たな発見を見出すことができる。

　訪問や見学だけではなく，運動会や夏祭り，クリスマス会などの行事に参加することによって，その施設の概要などをより深く理解することができる。また，子どもや利用者と直接かかわることで，どのようにコミュニケーションをとればよいのか，どうしたらとれるのかなど考えるよい機会になる。保育士の資格を取得するからこそ，施設実習を経験できるのであり，おそらく児童福祉施設や社会福祉施設へ行く機会はほとんどないと言っても過言ではない。学生によっては，この施設実習が最初で最後になる場合もある。

　施設実習の事前学習としてはもちろんであるが，人は多様な人びとの中で生活をし，成長するのであるから，さまざまな人とのかかわりは自分自身を成長させるためにも非常に重要な経験となる。したがって，同種に限らず幅広い知識や技術を学ぶためにも，実習へ行く前に関連する福祉施設を見学およびボランティアをすることは重要である。

第5節　通所実習と宿泊実習での留意点

　これまでの「保育実習Ⅰ」の施設実習は，子どもや利用者がそこを家として過ごす「居住型施設」に限定されていた。しかし 2011（平成 23）年度から，

「居住型施設」だけではなく「児童発達支援センター」を利用する知的障害児や肢体不自由児の「通所型（通園型）施設」でも実習が可能となった。また，保育実習Ⅰにおいては，居住型施設への就職を希望する者への居住型施設での実習が可能となるような養成施設の配慮が必要であるという「但し書き」が添えられている。

（1）居住型施設での実習

　居住型施設は，子どもや利用者が過ごしている「家」である。つまり，そこが家庭に代わり日々の生活をしている場所である。ここでの実習は，ほとんど宿泊実習となる。日々の生活では，生活指導・学習指導・職業指導および家庭環境の調整・保護者との連絡・健康管理など，保護者が行うすべての内容を担っているのが居住型施設である。これらの支援は，保育士・指導員・看護師・栄養士などと協働して行っている。したがって，実習生は保育士や指導員の指示のもと実習を行う。職員は，24時間をさまざまな時間帯に分けて交替しながら勤務をしているので，職員の勤務形態と同様に実習生もいろいろな時間帯を経験することが望ましい。それは，施設をより深く知り，理解することができるだけではなく，子どもや利用者の本来の姿に接することができるからである。具体的には，朝起きてまだ身体が目覚めていない時に食べる朝食の時と，一日の活動を終えてリラックスして食べる夕食の時では，話す内容も違ってくる。居住型施設だからこそ，朝昼だけではなく一日の食事をともにすることによって，好きな食べ物や嫌いな食べ物を知ることはもちろんであるが，実習生をともに生活している一人として受け入れてくれるのである。そしてお互いが心を開きやすくなり，信頼関係が築けるようになってくる。また，日常を知ることによってさまざまな場面に対する職員の対応や支援技術を学ぶことができる。

　実習生は，起床から日中活動，そして就寝までの時間の流れを把握し，子どもや利用者の全ての人に対する積極的な支援にかかわることが期待されている。あたりまえな日常ばかりではなく，熱が出た時やけがをした時の対応，時には

眠れない時の見守りやかかわり方など，施設保育士としての役割の大切さを知るよいチャンスなのである。

― エピソード ―

ひとりで宿泊するのがこわい

「先生，5時に実習が終わると部屋に戻って自由に過ごして下さいと言われたのだけど，テレビも何もなくてどのように時間を過ごしたらいいかわからない。だから，家に帰りたい」と，メソメソ泣きながら実習生から夕方電話があった。一日を振り返ってみて，自分の課題は何かわかったのか，明日のねらいはどうするのか，これらのことを基本に実習日誌は書いたのか……などなど。時間の使い方を話しても「もう嫌だ，静かだし，普段ひとりでいることがないからひとりで宿泊するのが怖い，テレビでもあったらまだがまんできるのに……」。このような学生は，8年間施設実習を担当してきた私にとって初めてであった。自由時間と言えども，あくまでも実習中の自由時間であることを忘れてはいけない。テレビを観に来ているのではなく，たとえば利用者の方の余暇時間をともに過ごすとか，職員の方の手が空いているようであったらいろいろお話を聞いてみるなど，せっかく施設で実習をさせていただいているのだから時間を有効に使うことを考えることが大切である。

出所：筆者作成。

居住施設での留意点について記していく。実習日誌は，その日が終わったらできるだけすぐに書き提出をする。日々の内容は，起床から就寝までの時間の流れはおおむね同じとなるので，一日の流れが把握できた段階で，翌日からは「ねらい」に掲げた内容を中心に記録していく。「その日の日誌はその日に提出する」，このことを忘れないようにする。

宿泊実習は，さまざまな技術や知識を習得することができるという点では非常にプラスである。しかし，慣れない環境で実習を行うため，ストレスを感じることがある。実習生にとっては非日常を過ごすことから，緊張感のあまり食欲がなくなったり，睡眠不足となることもある。普段，あまりやらない作業を行うことで身体への負担が増え体調を崩すこともある。そのようにならないた

めには，日頃からの健康管理が必要である。基本的には，よく食べよく眠ることを心がける。

施設では，子どもや利用者だけではなく多くの職員とともに生活をしていることを忘れてはいけない。みんなで使うトイレやお風呂，食堂や居室などの清掃をする役割があり，実習生も同様に行う。お客様ではないのだから，そこで生活をしている一員として積極的に役割を担うことが大切である。

実習は，他の養成校の学生と一緒になることがあり，お互いに協力をするなど良い点や楽しいこともある反面，トラブルになることもある。実習生同士で解決がつかない場合は，職員の方に相談をしてできるだけすみやかに問題を解決し，実習に取り組めるようにすることが大切である。

(2) 通所施設での実習

通所施設は，子どもや利用者が自宅から施設へ通い，そこでさまざまな活動やリハビリ等を行い，時間になると自宅に帰るという形態である。したがって，ほとんどの場合実習生は通勤での実習となり，日常の活動に参加しながら職業指導や生活指導に触れていくこととなる。

宿泊実習とは違い，子どもや利用者とかかわる時間が限られているため，その日の「ねらい」は前日の反省を踏まえてしっかり立てる必要がある。また，職員とかかわる時間も限られていることから，その日に感じたことや質問はその日に解決をしておくことが望ましい。しかし，日中の時間帯が無理な時は，その内容を日誌に書いてアドバイスをいただくのも一つの方法である。活動中のメモは，休憩時間や人のいない時などに書きとめておく。実習生は，職員の指導のもと意欲的に子どもや利用者とかかわり理解することが求められる。そうすることによって，職員の果たす役割や，施設の保育士としての役割を学ぶことができるのである。

通勤実習の場合，実習開始10分前には自分の配置場所で準備ができていなくてはいけない。良い意味での緊張感は必要である。当然ではあるが，遅刻は厳禁である。

また，自宅での準備に時間がかかり朝食を食べないで家を出たとしても，実習先へ行く道すがら食べ物などを口にしてはいけない。家を一歩出た瞬間から実習は始まっており，公の場所でのマナーや周りへの配慮が必要である。また，通勤時の服装であるが，女子は露出が少なく華美にならないようにし，男子はズボンを腰まで落としてはくのではなく，ウエストできちんとベルトをする。実習生とはいえ，実習中は施設職員の一員であるという認識をもって行動することが大切である。

　一日の実習が終了したら，時間になったからといって勝手に帰るのではなく，かならず実習指導職員の許可を得て帰ること。その際には「実習のご指導をしていただきありがとうございました」と，丁寧に挨拶をすること。時々「お疲れ様でした」と言っている学生がいるが，アルバイトや仕事ではないことを充分に認識する必要がある。

　また，体調不良やけがなどでやむを得ず休まなくてはいけない場合は，実習施設の実習担当職員へ連絡をするとともに養成校へも連絡をし，その旨を伝えてお休みをいただく。遅刻や早退をしなくてはいけない状況が生じた場合も同様である。

第6節　実習中の所持品の準備

　通勤で行く実習と宿泊での実習では持っていかなくてはいけない物はおのずと違ってくる。次にリストアップをしておくので，忘れ物がないかチェックをして実習に備えることが大切である。

〈準備すべき書類など〉
　◇実習生個人カード（履歴書　写真添付），◇健康診断書（胸部レントゲン結果など），◇腸内細菌検査結果（O157・赤痢菌・サルモネラ菌などの結果），◇実習成績評価表

〈携帯すべき物〉
　◇実習日誌（実習マニュアルを含む），◇施設からの実習マニュアル（オリエン

テーション時にいただいた書類など），◇学生証，◇筆記用具，◇ノート，◇メモ帳，◇国語辞典，◇名札（ひらがな），◇保険証またはそのコピー，◇印鑑，◇常備薬（必要な場合），◇必要経費（オリエンテーション時に，必要な金額をうかがっておく。たとえば食費や宿泊費など），◇上履き用の靴・下履き用の運動靴，◇箸，◇コップ，◇エプロン・三角巾（給食配膳時や調理時に必要），◇雨具，◇帽子（外での作業時に必要），◇着替え一式（下着・Tシャツ・スラックス・タオル大小・靴下など），◇入浴必需品（シャンプー・リンスなど），◇洗剤，◇携帯用物干し（下着程度が部屋に干せるくらいの簡易な物）

　その他には，施設から指示があった物や，実習に関する書籍など読み物を用意しておくとよい。施設によっては部分実習の時間をいただけるので，実習中に子どもや利用者へ，ゲームやペープサート（紙人形劇）など，ともに活動できる物の準備をしておくとよい。できるだけ実習生から，積極的に部分実習の時間をいただけないか申し出ることが期待される。また，夏の実習なら水着（海水パンツなど）が必要かを事前にうかがっておく。所持金については必要最小限の額にとどめておくことが望ましい。紛失などをして，施設に迷惑をかけないことが大切である。携帯電話は持参したとしても，実習中は必要がないので持ち歩かないで宿泊施設あるいは実習先の金庫などで管理することが必要である。基本は，実習に必要のないものは持参しないことである。

第7節　実習巡回教員との打ちあわせ内容

　実習の中盤頃に，実習施設へ教員が訪問することになっている。その訪問について，巡回教員と学生は事前打ちあわせをしておく必要がある。学生は，施設でのオリエンテーション終了後に巡回教員を訪ね，実習期間や施設の場所，どのような施設かなど情報の共有を行う。そして，今自分が抱えている不安などを話して，できるだけその不安を取りのぞいてから実習へ臨むことが大切である。また，実習中に緊急事態が発生した時に連絡ができるようにしておくとよい。

〔演習課題〕
1）養成校で実習先を配当される学生は，自分の学校と連携している実習先を実習事務担当者などに聞いて，事前に調べてみよう。
2）車椅子を保健室（または学校の事務所）などで借り，実際に操作を行ったり，乗ってみる体験をしてみよう。

〈参考文献〉
日本社会臨床学会編『施設と街のはざまで』影書房，1996年。
宮田和明ほか編『四訂　社会福祉実習』中央法規出版，2005年。

（藤　京子）

第4章

福祉施設実習に参加する際の留意事項

第1節　実習期間の主な流れと利用者とかかわる際の留意事項

（1）実習期間の主な流れ

　施設実習の場合，保育所実習のように初めに観察実習，次に参加実習，そして部分実習・責任実習の流れで実習を行うことは少ない。実習初日から参加実習となることも多い。また，入所型施設においては，利用者が365日24時間生活していることもあり，土曜日・日曜日・祝祭日も実習を行うことがある。

　実習日数は，90時間以上の実習時間を必要とし，養成校によって多少異なるが，おおむね11〜13日間で行われる。施設実習期間の流れの一例を図Ⅱ―4―1に示す。

　実習初日は，施設長，実習担当者から主に施設業務の全体説明，職員・利用者に対する挨拶（自己紹介）がある。その後は施設において配属された部署で担当者から利用者の状況説明を受ける。2〜5日目が参加実習前半である。実習の半ばに中間の反省会が行われ，後半の6日間に部分実習または責任実習を行う。乳児院や障害児・者支援施設の場合は，主に余暇時間を活用して部分実習を行うことが多い。児童養護施設においても部分実習や責任実習を行うことが多い。

　実習終了日は，実習期間を通した全体的な反省会が行われ，11〜13日間の実習を通して，実習に臨む前に計画した実習目標が達成できたか，施設の業務や利用者の特性と支援，施設における保育士の役割を理解できたか等について

第Ⅱ部　福祉施設実習へ向けての準備と実習中の学び

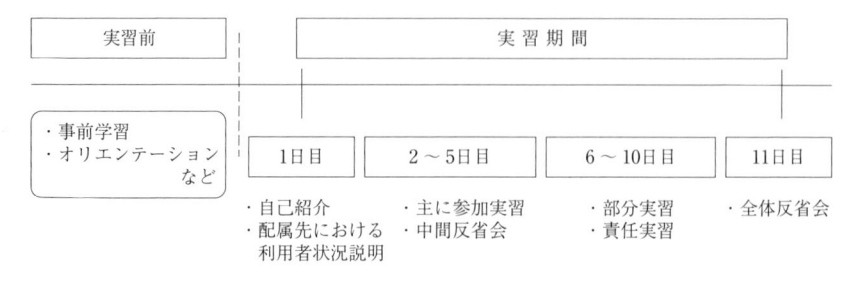

```
┌─────────┬──────────────────────────────────────┐
│  実習前  │              実習期間                │
├─────────┼──────┬──────────┬──────────┬────────┤
│         │ 1日目 │ 2〜5日目  │ 6〜10日目 │ 11日目 │
└─────────┴──────┴──────────┴──────────┴────────┘
```

・事前学習
・オリエンテーションなど

・自己紹介　　　　・主に参加実習　・部分実習　・全体反省会
・配属先における　・中間反省会　　・責任実習
　利用者状況説明

※実習期間とは別に休日を1日設ける施設が多い

図Ⅱ—4—1　施設実習期間の流れ（実習期間11日の場合）
出所：筆者作成。

表Ⅱ—4—1　実習期間における実習生の活動

実習前期	実習中期	実習後期
・実習先施設の概要を理解する。 ・実習先施設を利用する利用者の大まかな障害特性を理解する。 ・職員の氏名を覚える。 ・利用者の氏名を覚える。 ・実習内容について理解する。	・利用者と積極的なコミュニケーションを図る。 ・職員が利用者に対してどのような支援を行っているのか理解する。 ・職員が利用者とどのようにコミュニケーションを図っているのか知る。	・実習前期，中期で学んだことを活かして利用者とコミュニケーションを図る。 ・実習を行う上で実習生が利用者に対して発表の場が与えられた場合，計画を立てて行う。 ・実習先施設による反省会にて，実習を振り返る。

出所：筆者作成。

実習先施設と実習生によって振り返りが行われる。施設によっては，日々反省会を行う場合もある。

　また，実習生が実習に取り組む姿勢として，実習期間を前期・中期・後期と3つの期間に分けて考えることができる。この3つの期間における実習生の主な活動について表Ⅱ—4—1に示す。

　前期では，実習における初歩的なことを学び，中期では，実習の内容や利用者と職員とのかかわり方を学び，後期では，実習で得たことを実習に反映できるような活動がよいであろう。

　実習前期では，実習先施設の詳細な概要や役割，利用者を職員がどのように支援しているかなどを理解していくとともに，実習を円滑に進めるためにも職

員と利用者の氏名を覚えることを心がけたい。ただし，実習内容によっては，部署を日替わりで変更になることもあり，ある程度，氏名を覚えられるようにするとよい。

　実習中期では，実習施設の雰囲気や利用者への接し方にも慣れ始める時期である。また，この時期には実習内容の理解も深まってくる。そのため，実習生は利用者に積極的にかかわりコミュニケーションを図ることで，利用者の生活の様子や支援についてさらに理解を深めることが大切である。また，職員が利用者とどのようにかかわり，支援を行う上でどのようなことに注意しているかを学ぶと良いだろう。利用者は一人ひとり接し方が違うため，職員と利用者のかかわり方を観察し，実習生が利用者とどのように接すればよいか学ぶ必要もある。

　実習後期では，実習前期・中期で学んだことを活かし，今まで以上に積極的に利用者にかかわり，支援にも携われるようにしたい。実習施設によっては，保育技能を活かした発表を利用者の前で行うこともある。そのため，実習担当者から部分実習や責任実習などの指示があった場合は，事前に計画を立てる必要がある。

（2）利用者とかかわる際の留意事項

　実習を行う施設は，入所型と通所（園）型に大きく分けて考えることができる。さらに対象となる利用者によって，さまざまな種別の施設がある。実習生は，施設の種別により，対象となる利用者は異なるが，利用者は施設において生活を送っていることを忘れず，そのような中で実習をさせていただいているという感謝と謙虚な気持ちを忘れてはならない。

　利用者は，乳児から成人のように年齢的な分け方もできれば，知的障害や重症心身障害などの障害による種別で分けて考えることができる。ここでは，利用者を表Ⅱ―4―2に示すように大きく分けて考えてみる。

　養護を必要とする利用者に対しては，基本的な生活習慣に対する支援も必要とされるが，利用者の入所の背景には，家庭の崩壊や虐待など家庭から阻害を

第Ⅱ部　福祉施設実習へ向けての準備と実習中の学び

表Ⅱ—4—2　施設における利用者の大別

利用者	説　明
養護を必要とする利用者	・家庭の崩壊や虐待などにより基本的な生活支援とともに心のケアを必要とする利用者。 ・乳児院や児童養護施設などを利用する。
障害による支援を必要とする利用者	・知的障害や情緒障害，身体障害などの障害により基本的な生活支援を必要とする利用者。 ・児童発達支援センターや障害者支援施設などを利用する。

出所：筆者作成。

受けたことに対する心理的なケアを必要とする利用者も少なくない。そのため，実習生としては，利用者の入所背景や環境をよく理解した上で，会話などのコミュニケーションを図る必要がある。

　障害による支援を必要とする利用者に対しては，障害による生活の困難さに焦点をあてて機能訓練やさまざまな療法などによる支援がなされる。障害児・者の中には，言語によるコミュニケーションが困難な利用者もいる。そのような場合，実習生は利用者に対して表情や動作（身振り手振り）などを利用して意思を伝達すること，利用者の表情や動作をよく確認して利用者の意思を受け止めることを心がけたい。

第2節　福祉施設の生活を理解するための観察の視点と留意事項

　保育実習における施設実習では，さまざまな種別の施設の中から実習施設を選択・決定する。施設の生活を理解する上で留意しなくてはならないことは，入所型，通所（園）型に関係なく利用者は施設で生活しているということ，実習生はその生活の中に入り込むということを自覚することである。
　ここでは主に児童養護施設と福祉型児童発達支援センター，情緒障害児短期治療施設について，一日の活動の流れと観察における留意事項を述べる。

（1）児童養護施設

　児童養護施設は，保護者のない児童（乳児を除く。ただし，安定した生活環境の確保その他の理由により特に必要のある場合には，乳児を含む），虐待されている児童その他環境上養護を要する児童を入所させて，これを養護し，あわせて退所した者に対する相談その他の自立のための援助を行うことを目的とする施設である（児童福祉法第41条）。

　児童養護施設に配置される職員は，児童指導員，嘱託医，保育士，個別対応職員，家庭支援専門相談員，栄養士および調理員ならびに乳児が入所している施設にあっては看護師を原則として配置している。児童養護施設の対象は，原則として1歳から18歳までの子どもであるが，特別の理由や条件により乳児から20歳までの子どもたちが施設を利用している。施設において，子どもたちは生活支援や自立支援などを受けながら，生活を送っている。実習生は，施設では，さまざまな年齢層の子どもが生活を送っていること，そして，入所経緯もそれぞれの子どもによって違うことを理解しておく必要がある。表Ⅱ－4－3に児童養護施設の一日の生活の流れを示す。

　表Ⅱ－4－3を確認すると，小学生や中学生，高校生と施設で生活している子どもたちの生活時間には多少の違いが見られるものの，施設において集団的な生活を送っていることがわかる。児童養護施設に勤務する職員は，このような生活の流れの中で，子どもたちから相談を受けたり，学習を見たりすることだけでなく，子ども一人ひとりの自立支援も考え支援計画を作成し，子どもたちの生活を支えている。現在，児童養護施設では，さまざまな生活の場が提供されるようになってきている。子どもらが全員一つの建物の中で生活を送る形式から一つの建物の中でも少人数のグループに分かれて，より家庭に近い形式で生活する施設や，建物の構造自体を小グループ化して生活をする形式で子どもを支援する施設が増加している。

　実習生は，施設において，子どもたちがどのような生活を送っているのか，職員は子どもに対してどのような支援やかかわりをしているか事前に学習した上で，実習においては，子どもたちの生活に入り込んでいることを自覚し，子

表Ⅱ—4—3　児童養護施設の一日の流れ

時　間	平　日	土日祝日
6：00	起　床 清　掃	
7：00		起　床 清　掃 朝　食
	朝　食 学校へ行く準備。小・中学校，高等学校に登校。 幼稚園に職員が送る。	
8：15		
	学校生活および幼稚園生活	余暇活動 もしくは 作業
11：30	幼児がいる場合，職員と昼食。	昼　食
13：00	幼児がいる場合，午睡。	
15：00	小・中学校，高等学校から順次施設に下校する。 部活動などの課外活動に参加する場合の下校時間にはそれぞれ違いがある。 下校後は，宿題などの学習を行う。 清掃，余暇活動。	余暇活動 もしくは 作業
18：00	夕　食	
18：30	入　浴 余暇活動	
20：00	幼児　就寝	
21：00	小学生　就寝	
22：00	中高生は，就寝もしくは自室で自主学習などを行う。	

出所：筆者作成

どもたちの生活を尊重しつつ，施設における実習活動を行うことが大切である。

（2）福祉型児童発達支援センター

　児童発達支援センターは，障害児を日々保護者のもとから通わせて，支援することを目的とする施設であり，日常的生活における基本的動作の指導，独立自活に必要な知識技能の付与又は集団生活への適応のための訓練を目的とする

福祉型児童発達支援センターと日常的生活における基本的動作の指導，独立自活に必要な知識技能の付与又は集団生活への適応のための訓練及び治療を目的とする医療型児童発達支援センターに分かれる（児童福祉法第43条）。ここでは，福祉型児童発達センターの内，知的障害を主に対象とする施設に触れることとする。

　福祉型児童発達センターに配置される職員は，嘱託医，保育士，栄養士，調理員および児童発達支援管理責任者のほか，日常生活を営むのに必要な機能訓練を行う場合は，機能訓練職員を配置している。施設には主に機能訓練を目的に就学前の幼児が通園している。その中でも知的障害児を対象とする施設について一日の流れの例を表Ⅱ－4－4に示す。

　午前中は，朝の会を通して，クラスごとの活動，個別の遊びが行われ，午後は言語療法や作業療法，音楽療法等の専門的療法や個別療育が取り組まれている。また，保護者に対して送迎時や面接などを通して子育ての悩み相談，障害の受容などを目的に障害に対する情報の提供や指導等が行われている。

　利用者である子どもとかかわる際は，子どもが抱える障害を理解することが不可欠である。子どもの抱える障害には個人差があり，個々にあわせた療育指導がなされている。そのため，実習生は，指導員が子どもに対してどのようなかかわり方をしているか観察し，子ども一人ひとりの障害による行動特性や支援目標などを理解して子どもとかかわる必要がある。

（3）情緒障害児短期治療施設

　情緒障害児短期治療施設とは，「軽度の情緒障害を有する児童を，短期間，入所させ，又は保護者の下から通わせて，その情緒障害を治し，あわせて退所した者について相談その他の援助を行うことを目的とする施設（児童福祉法第43条の2）」である。

　情緒障害児短期治療施設の対象となる年齢は，おおむね学童期から18歳までである。必要があれば，20歳に達するまでの措置延長が可能である。現在，情緒障害児短期治療施設では，入所児の高年齢化が進んでおり，その支援内容

表Ⅱ—4—4　福祉型児童発達支援センター（知的障害者対象）の1日の流れ

時　間	内　容
10：00	登　園
10：30	入　室 手洗い うがい
10：40	朝の会
11：00	主活動（グループ遊び・個別の遊び）
11：40	片づけ 給食準備
12：00	給　食 歯磨き
13：00	個別療育・グループ活動
13：30	入　室 手洗い うがい
14：00	帰りの会
14：30	降　園 ＊日によって個別支援がなされることもある。

出所：筆者作成。

の充実が求められている。また，児童福祉法の規定により，年少の非行少年が対象とされていたが，現在は，発達障害を抱える子どもや保護者から虐待を受けた子どもまで対象が広がっている。ここで言う情緒障害とはさまざまな状態を指しており，文部科学省によれば，「情緒の現れ方が偏っていたり，その現れ方が激しかったりする状態を，自分の意志ではコントロールできないことが継続し，学校生活や社会生活に支障となる状態」を指す障害としている。それは，心理的困難や苦しみを抱え日常生活に困難さを感じている心理的治療が必要な子どもたちも含まれる。また，情緒障害は，さまざまな要因で起こり得る

障害であり，アスペルガー症候群や高機能自閉症，学習障害，注意欠陥多動性障害などの発達障害を抱える子どもたちの二次的障害としても配慮される障害である。

　情緒障害児短期治療施設には，医師，心理療法担当職員，児童指導員，保育士，看護師，個別対応職員，家庭支援専門相談員，栄養士および調理員の配置が義務づけられている。情緒障害児短期治療施設における心理治療は，定期的に行われ，遊戯療法（プレイセラピー）やカウンセリングなどを通じて，情緒の安定を図るよう援助を行う。

　情緒障害児短期治療施設の援助形態には，入所援助と通所援助がある。入所援助には，生活指導や心理治療，学校教育などの生活全般が治療となり，子どもとその家族を援助することが特徴的である。通所援助には，保護者のもとから対象児が情緒障害児短期治療施設に通い，必要な心理治療，学校教育を受ける。入所していた子どもが退所後にも援助を受けることを目的に通所援助を利用することもできる。通所援助の場合は，対象児が保護者のもとから情緒障害児短期治療施設に通うため，家庭と施設との連携および保護者からの協力が不可欠となる。これらのことを踏まえ，情緒障害児短期治療施設の1日の流れの例を表Ⅱ－4－5に示す。

　施設では，子どもたちの心理的な課題や人間関係の形成の仕方などについて，生活の場面や対人関係において，社会的自立を含めた成功体験や目標達成を増やすことを目的に支援がなされている。実習では，利用者である子どもの入所背景と行動特性を理解し，成功体験を増やす支援のあり方について考えがながら子どもとかかわる必要がある。また，入所背景を理解するとともに子どもたちにとって施設が安全・安心できる環境であるよう努めなければならない。

　前述した施設以外についても，利用者が施設で生活を営んでおり，その中で自立訓練や職業訓練，余暇支援などのさまざまなサービスが提供されている。実習生は，利用者の一日をよく観察し，どのような支援がなされ，どのように施設職員が利用者とかかわっているかを学ぶことが大切である。

第Ⅱ部　福祉施設実習へ向けての準備と実習中の学び

表Ⅱ—4—5　情緒障害児短期治療施設入所援助の主な1日の流れ

時　間	日　課	内　容
7：00	起　床	
7：30	朝　食	
8：30	登校・始業 授　業	本校もしくは施設内にある分校に登校する。 ＊登校がむずかしい子どもは，職員と学習を行ったり，心理療法が行われたり，個別対応のプログラムが進められる。
12：00	昼　食	
	授　業	
15：00	下　校	｝子どもの状態に応じて，自主学習や心理療法，遊びなどの個別的な対応がなされる。個別だけでなく，集団遊びなども行われる。
	夕　食	
18：00	自由時間	｝子ども同士の自由遊びなどのだんらん時間でもあり，入浴もすませる。
21：00	就　寝 （小学生）	
22：00	就　寝 （中学生）	

出所：筆者作成。

第3節　支援活動に参加する際の留意事項

　実習において支援活動に参加する場合は，実習担当者の指示をかならず仰ぐようにする。実習だから特に指示がなければ何もしなくてもいいわけではない。実習生は施設における利用者の「生活」に入り込むのであって，利用者にしてみれば職員に見えることもある。そのため，実習内容の指示が事前にない場合は，積極的に実習担当者に指示を仰ぐべきである。また，支援活動においては，

支援がどのような目的で行われているかを理解する必要があり，事前に支援活動について実習担当者に確認することが大切である。

　また，施設によって異なる利用者の特性についても理解しておく必要がある。乳児院のように乳幼児を対象とする施設であれば，保育所での実習の対象と利用者の年齢はあまり変わらないが，児童養護施設は幼児から高校生までが施設で生活している。また，知的障害児・者支援施設であれば，児童から成人，場合によっては60歳を超える高齢の利用者が施設で生活している。そのため，支援活動においては，利用者の年齢や社会経験，障害の特性などに応じた支援の仕方が必要となる。実習施設を選択・決定する際に施設の概要を調べ，その施設で生活する利用者がどのような対象であるか学ぶことが重要である。

　第Ⅱ部第2章でも触れていることではあるが，最近実習に参加した学生がインターネット上を利用したLINEやFacebookなどのSNSを利用して実習中の様子等を掲載し大きな問題となっている例がある。実習生にとって施設で取り組まれている支援活動を理解することは容易なことではなく，「友人同士で情報交換をしたい」という気持ちを持つことは理解してあげたいが，実習に参加する学生は養成校の事前指導で「実習中に知り得た施設利用者の個人情報や施設の様子などについて外部に漏らさない」という守秘義務に関する誓約書を作成し実習施設に提出していると思うので，安易な対応をしないよう細心の注意を払い支援活動に参加する必要がある。

　実習中は，実習生自身が実習をさせていただいているという気持ちを忘れてはならない。また，施設を利用する方や外部の方にとっては，実習生は職員と同様に見えることもある。そのため，常に実習生は，社会人としての礼儀やマナーを遵守するとともに，実習先施設の職員としての自覚も持ち，積極的に実習に励むべきである。

第4節　利用者を支援する際に求められる視点と留意事項

　ここでは，施設実習において，利用者の支援にかかわる際に求められる視点

と留意事項について，児童養護施設や情緒障害児短期治療施設などの「養護系施設」と，障害児入所支援施設などの「障害系施設」に大別して述べる。

(1) 養護系施設における留意事項

児童養護施設や乳児院，児童自立支援施設，情緒障害児短期治療施設などの「養護系施設」では，「利用者」ではなく，「子ども」や「児童」という呼び方が一般的である。「子ども」と言うと，保育士養成校に入学したばかりの学生であれば，乳幼児をイメージしていることが多い。しかし，児童福祉法における「児童（子ども）」の定義は18歳未満であることから，広く0歳～18歳までの児童について，適切に理解しておくことが求められる。

養護系施設に入所する児童は，多くの場合，家庭環境にさまざまな課題を抱えた結果，施設入所に至っている。すなわち，児童自身に原因があるのではなく，保護者や家庭環境が抱える理由により，入所に至っているケースが多いことを理解しなければならない。また，虐待や非行など，児童の健全な成長発達にきわめて悪影響を及ぼす出来事を経験してきた児童が多いことから，入所当時は，職員をはじめとする大人に対して，不信感を抱いていることが少なくない。結果，実習生との関係構築に，一定の時間を要することがほとんどである。短い実習期間の中で，子どもたちとの信頼関係を構築することは容易ではないが，困難だからとあきらめるのではなく，真摯な姿勢で子どもたちと向きあい，「ドアをノックし続ける」ことにこそ，実習の価値があると言えよう。

なお近年，養護系施設では，これまでの児童虐待に加えて，発達障害を有する児童の増加が目立っている。実習にあたっては，ADHDやアスペルガー症候群，LD（学習障害）といった軽度発達障害に関する学びも，深めておく必要があるだろう。

(2) 障害系施設における留意事項

福祉型障害児入所施設（旧知的障害児施設ほか）や，医療型障害児入所施設（旧重症心身障害児施設ほか）などの「障害施設」では，それぞれの施設に入所

する利用者に応じた，障害の特性理解が重要である。ひとくちに「障害」と言っても，身体・知的・精神の3障害があるほか，近年では発達障害を有する利用者も多く，時にそれらの障害が重複している利用者もいることから，利用者それぞれの状態は多岐にわたる。加えて近年，障害者自立支援法から障害者総合支援法への改正や，同改正に付随する形での児童福祉法の改正など，障害系施設においては，関連法制度の改正が非常に多い。そのため，事前学習の際には，最新の法制度の理解に努めるとともに，自身がすでに学習した内容についても，適宜修正して理解し直すことが必要である。

　また，利用者とのかかわりについて言えば，障害系施設の多くで，実習生自身よりも高年齢の利用者がいる。実習が進み，利用者との関係が深まる中で，つい，利用者をあだ名で呼んだりするケースが散見されるが，たとえ多くの支援を必要とする利用者であっても，年長者への敬意を払った対応・言葉づかいでなければならず，何より「利用者と支援者」の関係であることを，忘れてはならない。

　なお，障害系施設では，医療的なかかわりが行われているケースが大半である。医師や看護師などの医療職が従事しており，業務自体はそれらの専門職が担っているが，利用者の健康管理や事故防止の観点から，実習生も，一定程度の医療知識は備えておくべきである。実習にあたっては，自身が実習する施設の利用者の状況をオリエンテーション等で把握し，事前学習の段階で，学びを深めておくべきである。

（3）施設実習全般において留意すべき事項

　施設は，保育所や幼稚園とは異なり，基本的にローテーション勤務を行っている。養護系施設であれば，養育担当者がほぼ固定されているが，それでも，職員の休日は必要であるから，複数の職員が利用者（子どもたち）とかかわることになる。そのため，情報共有がより一層重要となる。たとえば，実習生自身も，職員の許可を得た上で，前日の業務日誌等に目を通し，利用者や子どもの前日までの状況について把握しておくべきであろう。利用者をより深く知る

ことは，より適切な支援に結びつくからである。
　また実習生は，実習を通じて，利用者や子どもに対する支援を行うが，それ以前に，施設における支援の実際を学びに来ている立場である。つい「指導しなければ」と，力が入りすぎてしまう実習生も散見されるが，むしろ，利用者や子どもから学び，吸収しようとする謙虚な姿勢こそが肝要である。長期間入所している利用者の場合，入職期間の短い職員よりも，むしろ施設のことを深く理解しているケースもある。施設実習に限らず，対人援助職を志す者として，謙虚に学ぶ姿勢を大切にしてほしい。

第5節　福祉施設の全般的な活動への参加の必要性と取り組む姿勢

　ここでは，施設実習において，実習生が施設の諸活動に参加する必要性・意義と，その際に求められる姿勢について，述べることにする。

（1）職員会議

　施設の種別を問わず，ほとんどの施設では，月に最低1回，職員会議が開かれる。実習生が職員会議に同席できることもあるが，実習生はあくまで「職員会議について学ぶ」ために同席しているのであって，職員会議への参加者（出席者）とは位置づけが異なることを押さえておく必要がある。
　職員会議では，この1か月間の利用者の状況や変化について，職員全体で確認するとともに，注意点や反省点を共有する。利用者への支援内容の詳細については，後述する「事例検討会（ケース検討会）」などで，さらに議論が深められることが多い。また，今後1か月の行事予定や，そのための人員配置，行事の内容についての確認を行う。いずれも，大枠としては年間（年度）計画に沿ったものであり，予定されている行事が滞りなく進むための準備作業となる。
　実習生としては，職員会議に参加することで，実習前後の期間を含めた，施設の動きを理解することができる。また，利用者の状況についても，さまざまな職員による異なる「見立て」を理解することができるほか，"点"ではなく

第4章　福祉施設実習に参加する際の留意事項

"線"で，利用者の変化を捉えることができる。

（2）朝礼・引き継ぎ

　朝礼や引き継ぎは，主に夜勤担当職員から利用者の情報を引き継ぎ，当日の職員全体で情報共有を図るための場である。朝から実習が開始される場合，実習生は，朝礼や引き継ぎから，その日の実習が本格的にスタートする。

　全体での引き継ぎのほか，必要に応じて，夜勤担当者や，自分が当日担当する部署を前日に担当した職員に，直接情報をたずねることもある。利用者の疾病，特に感染症罹患の場合などは，衛生管理に細心の注意が必要となることから，検温の結果や利用者の様子の変化など，細かな情報伝達・情報共有が行われる。実習生としても，その利用者とかかわる際に重要となる情報を，的確に前担当職員から引き継いでおく必要がある。

　また，施設内で何らかのトラブルがあった場合は，その対応（対応状況あるいは対応結果）が周知され，共有される。たとえば，施設側の過失により，利用者のケガにつながった場合などである。この場合，利用者の保護者や関係者に対して，施設側として状況説明等を行う必要があるが，職員によって説明内容に食い違いが生じることのないよう，情報を共有する営みである。ただし実習生の場合，そのような情報を知り得たとしても，自身の判断で，施設外の第三者らに話すことは，差し控えるべきである。仮にたずねられたとしても，「実習生なので，施設の許可がなければお話しできない」旨を丁重に説明し，そのような質問があった旨を，施設側実習指導者に報告しなければならない。

（3）事例検討会

　事例検討会（ケース検討会）は，利用者や子どもを事例（ケース）として取り上げ，支援の具体的内容について検討し，その利用者自身への支援向上のほか，施設全体の支援の質向上に資するための活動である。

　多くの施設で，事例検討会は定期的に開催されており，ローテーションで職員が事例を出しあう。一人（あるいは少人数）の職員が，特定の利用者のケース

で困難を抱え込むことがないよう，利用者の情報を共有し，的確な支援について，施設全体で検討する。つまり，事例検討会は，あくまで施設全体で支援を「検討」する場であって，事例を提供した職員に対し，批判や評価を下す場ではない。建設的な議論と，多様な観点からの提案から，より良い支援に結びつける営みなのである。

なお近年では，内部の事例検討会であっても，書類上，利用者や子どもの氏名は匿名やイニシャル表記とすることが多い。また事例検討会では，職員会議や朝礼では扱われないような，機密性の高い情報が扱われることがある。そのため，配付資料は事例検討会終了後に回収，破棄する場合がある。実習生は，実習全般において施設側の指示に従うべきであるが，特に事例検討会への出席を許可された場合には，そこで取り扱われる情報（書類のみならず，議論の内容など）については，守秘義務の遵守が求められる。

（4）保護者会

施設の多くが，定期あるいは不定期に，保護者会を開催している。保護者会は，子どもや利用者の保護者に対し，施設での生活状況の説明や，施設の方針等について周知することが目的であるが，同時に，施設側として，保護者の状況を確認する意味あいもある。

なお，保護者への情報提供については，利用者の利益尊重の観点から，一部情報をふせている場合などもあることから，実習生が保護者会に参加できる場合には，事例検討会の解説で述べたのと同様，守秘義務遵守に留意しなければならない。

第6節　記録の重要性と記述内容のポイント

ここでは，施設実習における記録の重要性について考えるとともに，記述内容の具体例を示しつつ，記述の要点を解説したい。

なお，実習日誌にはさまざまな形態があり，保育所実習と施設実習で同じ様

式を用いているケースや，それぞれの実習用に異なる様式を用いているケースがある。しかし，多くの指定保育士養成施設において，実習日誌は，「表面が時系列記録（日課），裏面が総括的な記録（まとめ）」になっていることから，以下，それぞれについて解説する。

（1）時系列記録

表面の「時系列記録」は，実習を行った1日について，大まかな流れを記録するとともに，利用者や子どもの動き，職員が行った支援の内容，実習生の取り組みについて記録するものである（図Ⅱ－4－2，図Ⅱ－4－3参照）。通常，8時間程度の実習時間になるため，仮にA4判の実習日誌であれば，1時間の出来事について記述できるのは，多くて3～4行程度である。そのため，内容を厳選して記述しなければ，単に起きたことを並べただけの日誌になってしまい，文字数だけがいたずらに増えてしまう。

「時刻」については，細かい刻みではなく，5～10分刻みの記述で記入し，その時間帯に実施されたプログラムや，具体的活動内容を「利用者（子ども）の活動」に記す。そして，「職員の活動内容」には，職員の行動や言葉がけの内容，職員から実習生になされた指示などを記入し，「学生の実習内容」に，実習生が実際に行った活動や支援行為について記入する。

この時注意すべき点としては，「1日の活動全体を整理した上で，可能な限り，1枚の紙面で1日の出来事を記述する」ということである。時系列記録は，あくまでも，実習を振り返った時，1日の流れを把握するためのものである。単に出来事を並べていると，紙面は不足し，追加の用紙等が必要になる。その一方，記述内容は薄くなり，結果的に，記述にも，また施設側実習指導者が読み込む際にも，多くの時間を必要とする。紙面に対して記述が不足する（空行が多い）ことは論外だが，文字数が多ければよいというものではない。日誌記述の際には，いきなり用紙に記述を始めるのではなく，まずは下書きとして，いったん，頭の中で整理を行った上で，日誌の用紙に記述することが望ましい。そうすることで，いたずらに文字数だけが増えることもなく，また，重要な出

図Ⅱ—4—2 時系列記録の書式例（養護系施設）

		(2)学年　クラス(B)　氏名(□□ □□)	
実習 **2** 日目	3月 8日 木曜日 天候 曇り 主な実習内容　○○寮での日常生活支援 ［ 見学 ・ 観察 ・ 参加 ・ 責任 ］実習		実習時刻 開始　6：30 終了　21：00 （9:30-16:00休憩）
居室またはグループ　□□ホーム			7 名（男 4 名、女 3 名）
本日の実習目標　職員の日常業務を理解し、子ども達との関係作りに努める			
時刻	利用者の活動	職員の活動内容	学生の実習内容
7:00	小学生以上児、起床	児童への声掛けと朝食準備	起床してこない児童に声掛け 洗面、歯磨きを促す
7:30	朝食	幼児の食事支援	食べ終わった児童へ片付けを促し 歯磨きと、登校前の確認

出所：記述内容は筆者作成，日誌書式は育英短期大学施設実習日誌。

図Ⅱ—4—3 時系列記録の書式例（障害系施設）

		(2)学年　クラス(B)　氏名(□□ □□)	
実習 **4** 日目	2月 10日 水曜日 天候 晴れ 主な実習内容　○○寮での日常生活支援 ［ 見学 ・ 観察 ・ 参加 ・ 責任 ］実習		実習時刻 開始　8：30 終了　17：30
居室またはグループ　○○寮（□□グループ）			8 名（男 8 名、女 0 名）
本日の実習目標　障害の特性を理解し、利用者に応じた具体的支援を行う			
時刻	利用者の活動	職員の活動内容	学生の実習内容
10:00	ホールでの体操	体操の見本を示す	利用者の誘導と、身体の動き に制限のある利用者に援助。
10:30	園周辺の散歩	利用者の人数確認、引率	列の最後尾から帯同し、車道に 出る利用者に注意を払う。

出所：記述内容は筆者作成，日誌書式は育英短期大学施設実習日誌。

来事について多くの紙面を割くことができるようになり，日誌の記述にもメリハリが生まれる。

（2）総括的記録

　裏面の「総括的記録」は，「指導を受けたポイント」や，「今日の反省点」といった項目が用意されているケースもあれば，一面，罫線のみの自由記述欄となっている日誌もある。いずれにせよ，この裏面は，表面で1日の流れを振り返り，「その結果，実習生として何を学んだのか」を総括する場所である（図Ⅱ—4—4）。そのため，実習生自身の関心の度あいによって，特定の出来事について集中的に記述し，内容を厚くするなど，自由度の高い記述が可能である。しかし，それは同時に，「実習生自身の問題意識や力量によって，記述内容が大きく左右される」ことを意味する。漫然と1日を過ごしていれば，この総括的記録の記述で，頭を抱えることになる。自身の問題意識を明確にするため，前日や前々日の日誌の振り返りはもちろんのこと，実習中に取ったメモや，施設側実習指導者からの指導内容を確認した上で，記述に取りかかるべきである。

　なお，総括的記録では，実習生自身や利用者（子ども），職員など，複数の人間がかかわる，さまざまな場面を説明することになる。そのため，「5W1H」を踏まえた記述が肝要となる。実習日誌に限らず，文章は，「いつ（when），どこで（where），だれが（who），何を（what），なぜ（why），どのように（how）行ったのか」が書かれていれば，第三者が読んだ際に，その状況を的確に理解することができる。

　また，実習生自身の感じたこと（主観）と，だれの目から見ても明らかな状況・情報（客観）との区別を明確にしなければならない。表Ⅱ—4—6に示したのは，看護学の領域で用いられる「SOAP」記述法をアレンジしたものであるが，"S"が同じであっても，経験豊富な職員と新人職員，あるいは実習生とでは，"O"に至る過程や"A"の内容が変化する。結果，"P"の時点では，大きな差が生じることになる。

　「SOAP」記述法をアレンジした例を，図Ⅱ—4—4に示す。

表Ⅱ—4—6 「SOAP」記述法

S（Subjective）：主観的情報，利用者の訴え
O（Objective）：客観的情報，事実や観察にもとづくデータ
A（Assesment）：SやOを踏まえた評価・判断
P（Plan）：計画と実施（具体的な支援）
例：Aくんが，「頭が熱い……」と言ってきた（S）ため，検温したところ38℃であった（O）。かなりつらそうな様子のため（A），担当職員に指示を仰ぎ，氷枕の準備と，通院担当職員への通院付き添い依頼の連絡を行った（P）。

出所：筆者作成。

感想と反省・考察（次への課題）
今日から、新しく□□ホームに移動しての実習となった。起床の際、Aくんがなかなか起きてこないため、2回、声掛けをしたものの、その後、幼児の支援に気を取られてしまっていた。結果、Aくんはかなり慌ただしく朝食をとることになってしまった。Aくん自身も「前日夜ふかしをしたので起きられなかった」と言っていたものの、やはり朝から生活リズムを上手くスタートさせるためには、あと一歩踏み込んで、Aくんを起こしてあげるべきだったと反省した。
また、午後の勤務では、子ども達の学習指導に入らせて頂いた。学習指導担当のB指導員から………

指導者の講評・助言など　　　　指導者名あるいは指導者の印：
□□ホームでの1日目、おつかれさまでした。子ども達は、実習の先生に対しては、やはり「甘え」の気持ちが強く出てしまうこともあります。Aくんの事例では、結果的にAくんに負担が行ってしまったわけですが、「甘えさせること」と「甘やかしてしまうこと」の区別、境界線が難しいところです。また、午後の学習指導の際には…………

図Ⅱ—4—4　総括的記録の書式例

出所：記述内容は筆者作成，日誌書式は育英短期大学施設実習日誌。

（3）全体的な注意点

その他，実習日誌記述の注意点として，次のような点を挙げることができる。

①ペンを使い，丁寧な筆記を心がける

日誌の記述は，基本的に鉛筆は不可。乱雑な筆記にならないよう心がけることはもちろん，誤字脱字にも，細心の注意を払う。なお，誤った箇所の修正方法については，施設側の指示にしたがう（認印を活用して修正するなど）。

②その都度，指導者からの指摘を確認する

返却された日誌はその都度確認し，翌日以降の実習と，その日誌記述に活かす。特に，不適切な記述について指摘されていた場合には，適宜修正や削除を行う（特に利用者の個人情報に関することなど）。

③記述方法の詳細は施設側の指示にしたがう

紙面が不足した場合の「用紙の追加の可否」や，記述の都合上，どうしても利用者個々人がわかるよう記述が必要な場合，実習指導者と相談し，実名ではなくイニシャル等の方法で記述する。

④施設に対する批判や評価ではなく，「自身の振り返り」として記述する

施設職員の業務に対する批判や評価ではなく，自分自身の行動・支援について，批判的に検討を加える姿勢で記述する。

第7節　実習施設での反省会の意図と参加する心がまえ

施設実習に限らず，実習においては，何らかの形で「反省会」が実施されることが多い。ここでは，反省会の意図と，それに臨む際に実習生に求められる心がまえ・準備について述べることにする。

（1）「反省会」とは何か

「反省」という言葉には，どのようなイメージがあるだろうか。一般的にイメージするのは，「自分の悪かった点を"反省する"」といった用法からわかる通り，欠点や落ち度に目を向けること，場合によっては謝罪やお詫びといったイメージさえあるだろう。しかし，「反省」という言葉が真に意図するところは，「自身の内面に目を向けること」や，「批判的検討を加える」といったことである。すなわち，自分自身にきびしい目を向け，自身の向上すべき部分を確認し，次につなげるということであり，その機会こそが，反省会である。

（2）反省会の形態と意図

反省会は，毎日あるいは1〜2日ごとに行われる反省会（日々の反省会）と，

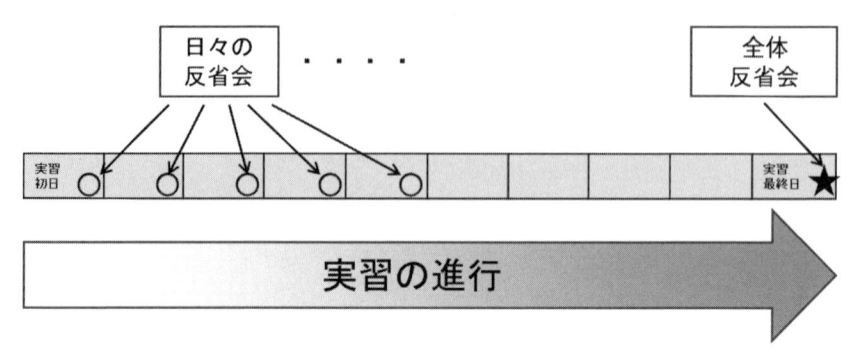

第Ⅱ部　福祉施設実習へ向けての準備と実習中の学び

図Ⅱ－4－5　反省会の種類と位置づけ

出所：筆者作成。

実習の中間もしくは実習最終日に行う反省会（全体反省会）とに大別される（図Ⅱ－4－5）。

1）日々の反省会

　日々の反省会の意図は，「その日の課題を，その日の内に解決すること」である。施設実習の場合，職員の多くがローテーション勤務であることから，実習における指導担当職員が，日々交替するケースがよくある。そのため，同じユニットで実習を継続したとしても，今日指導を受けた職員に，明日もまた指導を受けることができるとは限らない。日々，実習が終了する時点で，その日の実習で困った点や，実習生なりに成果が上がったと思われる点を担当者と確認し，担当者からの助言指導を受けることが，翌日以降の実習を，より実り多いものにする。日々の反省会が十分なされていると，翌日以降の実習で指導担当者が交替したとしても，前日までの課題を積み残していないため，次の課題にスムーズに取り組むことができる。

　なお，日々の反省会は，その日の実習終了後に，短時間で行うことが基本的なスタイルである。そのため，時間は短く，参加者も，その日の指導担当職員と実習生程度であることが多い。短い時間でその日の課題を整理するためにも，実習中の気づきについてメモを取っておくことや，その時に確認できることは，なるべくその時に確認するクセをつけ，反省会は，あくまで「その日を，簡単

に振り返る」程度にすべきである。

　2）全体反省会

　全体反省会の意図は，「実習を振り返り，軌道修正や目標を再設定すること」にある。

　たとえば，中間反省会を実施する場合，実習全体を通して実習生が掲げている目標について，その達成度や課題を明らかにし，残り半分の実習期間で課題達成が可能なよう，その不足を補ったり，目標を変更したりする。目標があまりに高すぎて到達困難な場合は，指導担当職員から，到達目標の変更が促されることもある。登山にたとえるならば，「何合目まで登るかを変更する」ことである。逆に，目標設定が適切でない場合には，目標そのものの再検討が行われる。実習に入る前の段階では，実習生なりに目標を立てていたとしても，「その施設で経験できる内容ではない」場合や，「経験できるものの，指導担当職員として，十分な指導ができない」と判断された場合には，実習生の意図を尊重しつつ，目標を変更する。先と同様にたとえるならば，「登る山を変更する」ことである。

　最終日の反省会では，まさしく「実習の総括」を行うことになる。実習期間中の自身の気づきや，技術面の向上など，実習生が「自分が，どのように，どの程度成長したか」を確認する場となる。中間反省会とは異なり，実習中の目標設定は行われないが，「実習を終えて学校に戻った後の目標設定」を行うことになる。「保育実習Ⅰ（施設）」での経験を踏まえて，「保育実習Ⅱ（保育所）」や「保育実習Ⅲ（施設）」に向けて，自己改善を図る指標を得ることになる。

　なお，中間反省会，最終日の反省会のいずれにおいても，事前準備として，実習日誌の復習は不可欠である。日々，指導担当職員から返却される日誌に目を通し，日々の反省会の内容や，日誌で解決していない疑問点を整理しておくことで，総括的な反省会が，より実り多いものとなる。

（3）反省会に対する心がまえと準備

　先にも述べた通り，反省会に臨むにあたっては，心がまえ（気持ちの準備）

と，モノの準備の両方が必要である。

　まず，心がまえ（気持ちの準備）としては，「実習させていただいている身」として，謙虚な姿勢で臨み，指導担当職員や施設長からの助言について，素直に受け止めることが肝要である。中には，大変きびしい指摘や叱責を受け，実習に対する意欲が失われそうになるケースや，最終日の反省会であまりに多くの反省点・改善点が出され，「自分がそれを改善できる自信がない」という学生もいる。しかし施設側としては，「改善できる（それだけの力量がある）」と踏んだからこそ，実習生に，相応の指導を行う。施設側からの指摘の多さは，むしろ，施設側からの期待の表れと受け止めたい。

　そしてモノの準備としては，日々の日誌やメモ，実習に際してまとめた書類（例．施設概要，沿革など）が必要である。もし実習最終日頃の反省会であれば，日誌はもちろん，関係書類は，すべて完成しているはずである。万一，記載漏れ等がある場合には，早急に整えて，できるだけ完成させた状態で，反省会を迎えるべきである。一般的に，反省会は1日の終わりに実施されるため，実習最終日頃に行われる実習全体の反省会の場合は，それ以降に時間がほとんど残されていないため，特に注意が必要である。

（4）施設側にとっての反省会の意義

　さて，ここまで「反省会」を実習生の側から見てきたが，実は反省会は，「実習生にとっての反省会」であると同時に，施設側にとっての，「十分な実習指導を行うことができたか」の反省の場でもある。実習生を受け入れることは，施設側にとって通常業務以外の作業が増えることになり，特に直接指導にあたる職員の負担は相当増える。しかし，施設側にとってみれば，普段当たり前のように行ってきた業務に実習生が感心する様子を見ることで，自らの業務に自信を深めることになる。また逆に，実習生が利用者に対し，すぐれた支援を行った際には，施設側がそれを参考とすることもある。さらには，実習生からの質問や指摘で，自らの支援の改善点に気づかされることもある。

　反省会は，実習生のためだけのものではなく，施設にとっても，自らの普段

の業務を顧み，新たな支援につなげていくための貴重な場であるが，実習を通して多くを学ばせていただいた立場であるからこそ，実習生（自分）だけが学びを得て実習を終えるのではなく，お世話になった施設に対して，質問や指摘を通じて，いくばくかの「お返し」をする気持ちを大切にしたい。

第8節　実習中にトラブルが生じた際の対処の仕方

　残念ながら，実習中にさまざまなトラブルを経験することも，実習生は想定していなければならない。ここでは，実習中のトラブルへの対処方法と，注意点について述べる。

(1)「実習前」の段階
　そもそも，「実習中のトラブル」と言うと，実習が始まってから（実習第1日目以降）を想定しがちだが，広い意味では，実習を施設に依頼した段階から，「実習中（実習が始まっている）」と考えることができる。
　この段階でのトラブルとしては，オリエンテーションに関するトラブルや，実習生（実習予定学生）自身の問題による実習の中止のほか，施設側の事情による実習内容の変更などが想定される。

　1）オリエンテーション
　実習事前オリエンテーションは，ほとんどの養成校で実施されているが，このオリエンテーションを軽く考え，安易に欠席してしまう学生が見受けられる。実習生が自分を含めて複数人であった場合，他の学生に依頼して，自身はオリエンテーションを欠席するといったケースも散見されるが，オリエンテーションを含めての実習である以上，出席は当然の義務である。万一，特段の事情（忌引き等）が生じた場合には，すみやかに学校に相談した上で，実習予定先施設に連絡すべきである。なお，同じ施設に複数人数で実習予定の場合には，他の実習予定学生に対しても，自分が欠席することを伝えるのが望ましい。通常，実習生がそろってオリエンテーションを受けるため，施設の近隣で待ちあわせ

るなどして，所定の日時に施設にうかがうことが多い。他の実習予定学生への連絡を怠ると，あなたが欠席であることを知らず，あなたをずっと待ち続け，結果，他の実習予定学生がオリエンテーションに遅刻する事態にもなりかねない。

２）実習生の問題による実習中止

実習生自身の問題などによる実習中止は，基本的には，学校からの指示に従って，実習予定先施設とすみやかに連絡を取ることになる。実習生に対して，一定のハードルを課す意味から，所定の科目（実習要件科目）を修めていない場合，実習を中止する学校もある。履修時期やクラス編成等の事情によっては，実習直前の段階で実習要件に抵触し，実習を中止せざるを得ない状況となることも想定される。

学校側としては，実習受諾施設に対し失礼のないよう，また，実習生にとって極力不利益のない形となるよう，さまざまな手続きを進める。そのため，実習生が学校側との連絡を怠り，自己判断で安易に進めてしまうと，その不利益は，結果的に実習生自身に返ってくることになる。また，実習受諾施設と学校との関係にも影響は及び，次年度以降の実習受入拒否といった事態にもなりかねない。そのため，これは実習に関して常に重要とされることだが，かならず「学校側と施設側，双方への連絡」を徹底しなければならない。

３）施設側の事情による実習内容変更

施設側の事情により，実習内容（実習時期，内容等）が変更となる場合には，多くの場合，実習生と学校の両方，もしくは学校に連絡がなされる。実習生が施設側からこうした連絡を受けた場合には，その内容を学校の実習指導担当者に報告すべきである。

施設側の事情としては，利用者に関する問題や，他実習生との受入重複など，さまざまなケースが想定される。ほとんどの施設では，実習受入に関する中長期的計画を立てて実習日程を組むことから，突発的な変更はきわめて少ない。しかし，実習施設の本業は，あくまで施設としての子どもや利用者支援の業務であるため，利用者の不利益になると判断されれば，実習内容の変更というよ

第4章　福祉施設実習に参加する際の留意事項

うなケースも起こり得ると考えておくべきであろう。

（2）実習中の段階

次に，実習開始後（実習進行中）の段階のトラブルを考えてみたい。

この段階のトラブルとしては，遅刻や欠勤など実習参加に関することや，実習時間中に発生する事故などを想定することができる。

1）遅　刻

本来，実習における遅刻は厳禁である。実習は，施設の通常業務の中から，実習生の指導に人員を割く形で行われているため，実習生を受け入れる時点で，実習施設の負担は相当増えている。それに加えて，実習生の遅刻は，その日の実習予定内容の変更や，人員配置の再検討など，さらなる負担を施設側に発生させる。通勤型での実習，宿泊型での実習，いずれの場合も，余裕を持った出勤を心がけなければならない。

なお，特に通勤型の実習において，万一遅刻する可能性が生じた場合には，可能な限りすみやかに，実習施設および学校に連絡を入れるべきである。よく，「遅刻するかどうかわからない（が，可能性がある）」時点では，連絡をためらう学生がいる。また，その連絡に要する時間や手間を惜しむ学生も見受けられる。しかし，連絡を入れておくことで，実習施設側は遅刻を想定し，業務内容や実習内容の変更に取りかかることができ，実習生自身も，多少，心の余裕を持って施設に向かうことができる。遅刻の可能性からの焦りが，通勤中の事故等につながると，実習そのものの中止や延期を余儀なくされる。このような事態を回避するためにも，早めの連絡を心がけるべきである。

2）欠　勤

実習は，実習期間中に1日の欠勤もなく，すべての日程を完遂して初めて，当該実習を修了する要件となり得る。そのため，理由なき欠勤は，当然許されない。しかし，欠勤は望ましいことではないものの，事情によっては，かならずしもトラブルとは言いがたい面もある。たとえば体調不良の状態を隠して実習に臨めば，結果的にその日の実習を中断する事態になりかねない。また，冬

季のインフルエンザなど，感染性疾患の場合には，利用者保護の観点からも，無理な出勤をすべきでない。このような観点から，実習生の状態によっては，施設側から，その日の実習を欠勤するよう指示される場合もある。自己判断を避け，状況を学校側と施設側に連絡した上で，施設側の指示にしたがうべきである。

3）実習中の事故

実習中の過失によって，子どもや利用者にケガを負わせたり，施設の備品等を破損した場合などが，これに該当する。この場合，すみやかに実習指導担当職員（もしくは施設職員）に連絡し，その後の指示にしたがわなければならない。

たとえば，器物の破損であれば，早急に始末しなければ，利用者のケガにつながる場合がある。また，子どもや利用者のケガにつながった場合には，ケガそのものへの対応（治療や通院）の他，その状況の記録，関係者への連絡など，さまざまな業務が発生する。これらは，施設側の対応マニュアルに沿って実行されるため，実習生が十分に，その手順を把握しているとは言いがたい。実習指導担当職員の指示にしたがって行動し，事態の収拾を行わなければならない。

なお，程度にもよるが，上記のような事態が発生した場合，その日の実習終了後に，実習生から学校側に報告を入れておくことが望ましい。特に，事故以前に実習巡回指導が終了している場合には，学生からの報告がなされなければ，施設側から実習関係の文書が送付されるまで，学校側が事故について把握できないことも考えられるからである。

（3）実習後の段階

最後に，実習終了後のトラブルについて考えてみたい。

この段階でのトラブルとしては，日々の実習そのものは終了しているため，実習内容そのものではなく，事後のさまざまな事務処理が主である。

1）実習日誌等の提出と受取

多くの場合，実習最終日の日誌や，その他実習日誌に付随する文書について，実習最終日までに施設側と相談した上で，提出日や提出方法を決定する。これ

は，受け取りについても同様である。本来であれば，いずれも実習施設側の指定にしたがうべきであるが，学校の授業等の理由に限り，施設側に変更を相談してもよいと考えられる。当然ながら，一個人の私的な都合を理由に，施設側に変更を依頼するのは，厳に慎むべきである。

なお，施設職員はローテーション勤務が多いことから，実習指導担当職員の時間調整が困難な場合もある。場合によっては，かなり期間が空くこともあるが，施設側からの指定を基本とすべきである。

2）学校側への書類提出等

施設側とのやりとりが終わり次第，学校側に，速やかに関係書類を提出する。通常，実習日誌等の提出期日は，あらかじめ定められていることが多いが，上記のように，施設側の事情で，期日内に提出できない場合もある。その際は，施設とのやりとりの状況について，学校の実習指導担当に報告しておくべきである。これを怠ると，学校側としては，実習生自身の怠惰による提出遅延と区別がつかないばかりか，実習施設との連絡内容に，齟齬が生じるためである。

〔演習課題〕

1）実習を行う施設はさまざまであるが，施設種別を決め，その施設の利用者の生活に対してどのようなことに注意を払って実習に臨むべきが，意見を出しあってみよう。

2）養護系施設，障害系施設，その他の施設について，直近の法改正など，最新の動向について，話しあってみよう。

3）実習に関するトラブルが発生した際，どのような手順で，どこに連絡すればよいか。連絡方法や連絡先（電話番号，担当者），連絡すべき内容などについて，確認してみよう。

〈注〉

(1) 発達障害は脳機能の障害とされ，保護者のしつけや教育環境が要因で発生する障害ではない。発達障害は学童期まで気づかれないこともあり，コミュニケーションがとりづらいこと，考えが偏ってしまうことなどから周囲とトラブルを起こす場合があり，きびしい指導や非難

を受ける場合がある。それが要因で情緒障害のような二次的障害を引き起こす恐れもある。発達障害は早期に発見し早期に療育をしないと，ますます支援がむずかしいとされている。
(2)　遊戯療法は，子どもを対象とし，プレイルームなどで玩具や遊具を用いて，遊びを通して，子どもの心理的状態の分析，子どもと治療者の関係づくりを目的とする心理療法のひとつである。

〈参考文献〉
加藤紀子編『教育実習・保育実習ハンドブック』大学図書出版，2006年。
小野澤昇・田中利則編著『保育士のための福祉施設実習ハンドブック』ミネルヴァ書房，2011年。
日本社会福祉士会編『社会福祉士実習指導者テキスト』中央法規出版，2008年。
福山和女・米本秀仁編著『新・社会福祉士養成テキストブック5　社会福祉援助技術現場実習指導・現場実習』ミネルヴァ書房，2007年。
鈴木力編著『生活事例からはじめる新しい社会的養護とその内容』青踏社，2012年。
愛知県保育実習連絡協議会「福祉施設実習」編集委員会編『保育士をめざす人の福祉施設実習』みらい，2006年。

　　　　　　　　　　　　（第1節～第3節　大屋陽祐，第4節～第8節　中島健一朗）

第5章

実習中の学び

第1節　保育ソーシャルワーク実践としての保育実習

（1）保育ソーシャルワークの意義

　施設は保育所と異なり，虐待や障害などさまざまな特別なニーズを抱えている子どもや利用者（以下，子どもと記す）を守り育てる必要がある。特に，近年，虐待の件数は毎年増加しており，虐待で傷ついた子どもの支援や家族関係が崩壊した機能不全家族への支援など，これまでの保育所保育士の専門性では対応が困難なケースも保育士の仕事として位置づけられている。このような特別なニーズを抱えている子どもに対する支援技術として，近年，保育ソーシャルワークの重要性が注目されている。

　保育ソーシャルワークは，社会福祉領域で用いられる対人援助技術であるソーシャルワークを保育現場に応用したものである。厚生労働省の保育所保育指針解説書[1]によると，ソーシャルワークは，「生活課題を抱える対象者と，対象者が必要とする社会資源との関係を調整しながら，対象者の課題解決や自立的な生活，自己実現，よりよく生きることの達成を支える一連の活動をいいます。対象者が必要とする社会資源がない場合は，必要な資源の開発や対象者のニーズを行政や他の専門機関に伝えるなどの活動も行います。さらに，同じような問題が起きないように，対象者が他の人々と共に主体的に活動することを側面的に支援することもあります」と定義されている。保育ソーシャルワークは，施設における子どもの最善の利益を保障し，子どものウェルビーイング（生活

課題が解決され,自立的な生活や自己実現,よりよく生きることが達成された状態)を実現するための専門的な支援活動であると言える。現代の施設保育士は保育ソーシャルワークの基本的な知識と実践的な支援技術を身につけることが求められている。実習生においても,施設保育士の役割や子どもへの支援のあり方を的確に学ぶために,施設で実践される保育ソーシャルワークの概要を実習前に理解しておく必要がある。

(2) ソーシャルワークの原則
　アメリカの社会福祉研究者バイステック (Biestek, F. P.) は,ソーシャルワーカーが身につけなければならない基本的態度を7つにまとめた[2]。これはバイステックの7原則と呼ばれ,ソーシャルワーカーが守るべき行動規範として支持されている。バイステックの7原則を保育ソーシャルワークに置き換えて理解しよう。

1) 個別化:個人として捉える
　利用者を大勢の中のひとりとして捉えるのではなく,人格を持つひとりの人間として個別的に対応しなければならないという原則である。子どもが施設に入所するまでの背景やプロセスはさまざまであり,家族関係や心理的・身体的特性など個人差が大きい。子どもは,一人ひとり異なる個性を持った人間であることに留意しなければならない。子どもを集団の中のひとりとして捉えてしまうと,個人特性やニーズを見逃したり,信頼関係が築けなかったりする。保育士(保育者,以下略す)は,子どもの個人特性を理解し,個人特性やニーズに応じた支援を行うよう心がけることが必要である。

2) 意図的な感情の表出:感情表現を大切にする
　意図的な感情の表出とは,子どもが自分の考えや感情を自由に表現できるような環境構成や働きかけを行うことである。イライラや怒りなどのネガティブな感情についても抑圧させることなく,ありのままを表現させることが重要である。自由に表出された感情は,子ども自身の内面世界を理解する手がかりとなる。

3）統制された情緒的関与：保育士は自分の感情を自覚して吟味する

　統制された情緒的関与とは，保育士が自分自身の感情をコントロールしながら，子どもの感情に冷静に対応するという原則である。意図的な感情の表出と一対をなすものである。子どもは，時に保育士に対して激しい感情や理不尽な感情をぶつけることがある。このような場面で保育士は冷静でいられなくなるかもしれない。ケアワーカーとしての保育士は，子どもの感情に共鳴し，怒りやつらさを感じ取ることが重要である。喜怒哀楽の感情をともに分かちあうことで，子どもは保育者に受け止めてもらったと感じる。しかし，一方でソーシャルワーカーとしての保育者には，自分自身の感情や価値観に左右されることなく，子どもの感情に共感しながらも冷静に分析し，感情の背景にある真のニーズを把握することが求められる。子どもの感情を冷静に受け止めるには，保育者自身が日頃から自身の感情や価値観を把握しておくこと（自己覚知）が必要である。

4）受容：受け止める

　子どもの感情や言動，行動をあるがままに受け止め対応するという原則である。受容は，施設のルールや一般常識から逸脱した言動や行動までも無条件に認める（許容）ということではない。しかし，受け止めがたい言動や行動も子どもの現在のありのままの姿の一部であり，子どもは保育士に受容されることにより安心感や自己肯定感が芽生え，自分の姿を理解することにつながる。受け止めがたい言動や行動の出現は，子どもを理解するサインとなるものである。

5）非審判的態度：一方的に非難しない

　保育士自身の道徳観や価値感によって子どもを非難してはいけないという原則である。子どもをあるがままに受け止める受容は，非審判的態度がなければ成立しない。保育士は裁く側ではなく，あくまでも弁護する側（味方の立場）であることが大切である。

6）自己決定：自己決定を促して尊重する

　問題解決の方法や人生における事柄の選択は，子ども自身に決定権があるという原則である。子どもの決定権を尊重し，子どもが自己決定できるように支

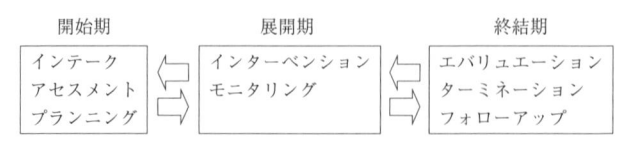

```
開始期              展開期              終結期
┌─────────┐        ┌─────────┐        ┌─────────┐
│インテーク│  ⇄    │インターベ│  ⇄    │エバリュエー│
│アセスメント│      │ンション  │        │ション    │
│プランニング│      │モニタリング│      │ターミネー│
│         │        │         │        │ション    │
│         │        │         │        │フォローアップ│
└─────────┘        └─────────┘        └─────────┘
```

図Ⅱ─5─1　保育ソーシャルワークのプロセス
出所：筆者作成。

援していくことは，子どもの自立につながるものである。

7）秘密保持：秘密を保持して信頼感を醸成する

子どもの個人情報や職業上知り得た秘密は，第三者に提供してはいけないという原則である。児童福祉法（第18条の22）においても「保育士は，正当な理由がなく，その業務に関して知り得た人の秘密を漏らしてはならない。保育士でなくなった後においても，同様とする」と規定されている。秘密保持は，子どもの人権を尊重することであり，子どもとの信頼醸成にとって必須の原則である。

（3）ソーシャルワークのプロセス

保育ソーシャルワークは，開始期，展開期，終結期の3段階で進行する（図Ⅱ─5─1）。基本的には時系列で進んでいくが，展開期や終結期のモニタリングの結果で期待した効果が得られない場合は，前の段階に戻り，モニタリングを繰り返しながら子どもの自己実現やウェルビーイングを目指して進めていく。

1）インテーク（受理面接）

インテーク（受理面接）は，保育ソーシャルワークを開始する初期の段階の面接のことである。面接の相手は，援助が必要な子ども本人，子どもの家族，施設職員などケースによってさまざまである。インテークは子どもの感情や言動，行動に共感的に対応することが重要である。子どもから安心して話しができる相手だと認識され，信頼関係が成立しないと次の援助段階に進むことは困難である。インテークにおいては子どもとの信頼関係の確立が大きな目標となる。ある程度の信頼関係が築けると，次に子どもに関する基本的な情報（年齢，家族構成などの個人情報）を収集し，子どもの主訴を明らかにすることを試みる。

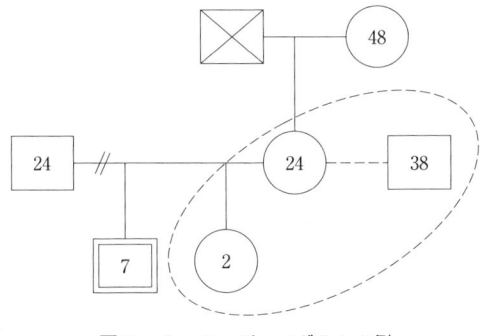

図Ⅱ—5—2　ジェノグラムの例
出所：筆者作成

しかし，この段階では子どもは心の整理がつかず混乱していることが多い。そのため，子どもの話しを傾聴し，十分な時間をとってコミュニケーションを行うことが必要である。

2）アセスメント（事前評価）

アセスメント（事前評価）は，インテークで得られた情報を手がかりに，子どもの心身の状態や家族関係，子どもの抱える問題に関する情報をさらにくわしく収集し，得られた情報の分析と評価を行う段階である。保育士は情報の分析と評価を通して援助が必要となる子どものニーズの全体像を把握し，援助の方向性を検討する。アセスメントの段階では子どもを取り巻く環境やニーズを把握する目的でファミリーマップやジェノグラム，エコマップを作成する。ファミリーマップやジェノグラム，エコマップは保育士が子ども理解のために用いるだけではなく，支援者間の共通理解や子ども自身が保育士とともに積極的に自らの課題に立ち向かうための見取り図として用いられる。保育ソーシャルワークを効果的に展開するために必要な資料である。

ジェノグラム（図Ⅱ—5—2）は，子どもの家族関係を図式化したものである。一般的な家系図とは異なり，家族内の人間関係が視覚的に示されているため，家族の抱える問題やニーズが把握しやすい。図式化する際の表記法は，施設や作成主体によって異なるが，基本的には，男性を四角，女性を丸で表し，

第Ⅱ部 福祉施設実習へ向けての準備と実習中の学び

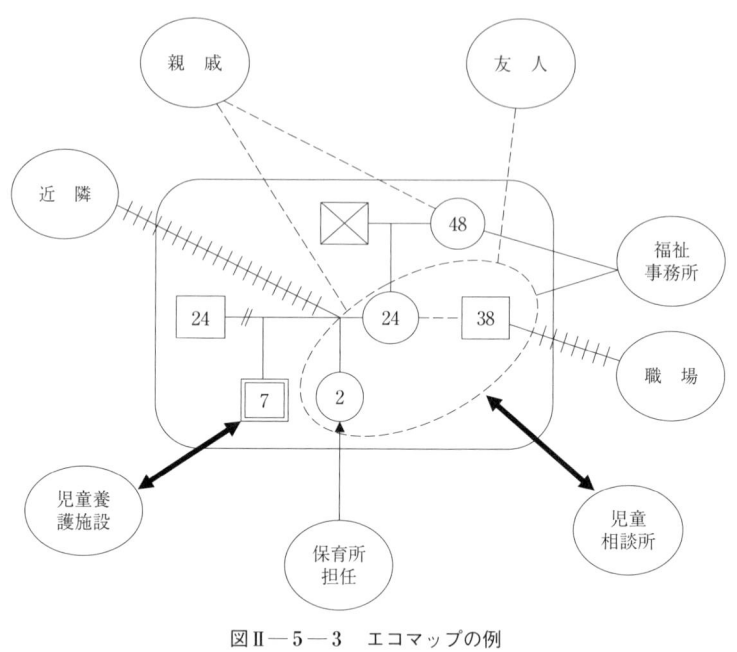

図Ⅱ―5―3 エコマップの例
出所：筆者作成

　その内部または下部に年齢を書き込む。支援が必要な中心人物（本人）は二重線で表す。兄弟姉妹は年長順に左から右へ配置する。婚姻関係は実線，内縁関係は点線で結び，離婚は斜め二重線で関係線を遮断する。死亡はクロスまたは斜め一重線で表す。同居家族は点線で囲む。
　エコマップ（図Ⅱ―5―3）は，子どもを取り巻く社会環境（関係者，社会的資源など）を図式化したものである。エコマップの表記法もファミリーマップやジェノグラムと同様，施設等によりさまざまであるが，一般的には中央に子どもと家族のジェノグラムを配置し，その周囲に社会環境を円で配置する。社会環境と子どもおよび家族との関係は線で表す。実線は関係の強さを表し，関係が強いほど線を太く描く。弱い関係は点線で表し，何らかのネガティブな課題を抱えている関係は関係線に直交した複数の線を柵状に描くことやギザギザ線で表す。関心の方向は矢印で表す。

3）プランニング（援助計画）

プランニングは，アセスメントの結果をもとに，援助目標を設定し，目標を実現するための具体的な援助方針を計画する段階である。子どもが抱える課題は子ども本人が主体的に判断し解決すること（自己決定）を目指したプランニングを策定しなければならない。そのためには子どもにプランニングに関する情報を十分に説明し，援助目標・方針を共通理解することが重要である。

4）インターベンション（介入・関与）

インターベンションは，プランニングにおいて設定した援助目標・方針を実施する段階である。保育士は自分自身の知識や援助技術だけではなく，社会資源（課題解決につながる人・物・制度などの資源）を適切に活用しながら援助を進めていくことになる。

介入においては子どもが自己肯定感や自尊心を回復し，自己決定力の向上が図られること（エンパワメント）が大きな目標の一つとなる。子どもへの援助が適切に行われ，期待した効果が得られたかを検討するモニタリング（経過観察）を繰り返し，援助の内容を再検討することも必要である。

5）エバリュエーション（評価）・ターミネーション（終結）

エバリュエーションは，インテークから始まった子どもへの援助のプロセスを振り返り，適切な援助が実施され目標を実現できたかを評価する段階である。目標が実現したと評価した場合，ソーシャルワークはターミネーション（終結）となり，不十分だと評価した場合は，子どもへの援助を継続する。評価は，ケースを担当した保育士以外の第三者のチェックも必要であり，施設ではケース会議などで援助効果を検討する場がある。ケース終了後も新たな問題が発生しないかフォローアップしていくことも大切である。

第2節　福祉施設の運営計画や個別支援計画の理解

（1）運営計画

運営計画は，児童福祉施設の運営の基本となる運営理念や基本方針，事業計

画を記したものである。施設は運営計画にもとづいて実際の運営が行われる。各施設は，児童福祉施設の種類ごとに示されている厚生労働省の「運営指針」（表Ⅱ−5−1）にもとづいて運営計画を策定していくことが求められる。厚生労働省による運営指針は，各施設ともほぼ共通した項目構成となっており，各施設の対象児童や家族支援のあり方などによって内容が異なったものになっている。

各施設は，厚生労働省「運営指針」との整合性を保ちながら，施設独自の運営理念を掲げ，基本方針を作成する（事業計画）。事業計画は単年度ごとに作成されるが，一方で施設の将来を見通した計画の作成（中・長期計画）も必要となる。事業計画は施設の将来像である中・長期計画を反映したものでなければならない（図Ⅱ−5−4）。

運営計画を理解することは，施設の理念や目標，機能と役割，子どもへの支援のあり方，行事，他機関との連携など施設の全体像を把握することにつながる。実習生は，実習期間中，子どもに接することになる。施設職員という立場ではないものの，子どもの最善の利益と権利の実現に向けて活動するという点では一緒である。施設職員と同様に，施設の運営計画を理解することが子どもを理解することにもつながる。事前オリエンテーション等で運営計画についての説明がなされたり，資料が配布されたりする場合はきちんと理解できるよう心がけなければならない。

（2）個別支援計画

個別支援計画は，子ども一人ひとりのニーズに対応した効果的な支援を行う目的で作成される計画である（表Ⅱ−5−2参照）。個別支援計画は，主に，①子ども一人ひとりの成育歴，心身の健康状態，日常生活の状況，家族関係などの個人情報（フェイスシート），②子どもの評価（アセスメント），③支援を必要とする子どもの具体的な内容（ニーズ），④支援目標，⑤支援目標を実現するための具体的な方法，⑥支援の効果を評価する項目，などで構成される。個別支援計画は，子どもの自立を支援目標の中心におく施設（児童養護施設や児童自立

表Ⅱ—5—1　厚生労働省「運営指針」の例（乳児院，児童養護施設）

乳児院	児童養護施設
第Ⅰ部　総　論 　1．目　的 　2．社会的養護の基本理念と原理 　3．乳児院の役割と理念 　4．対象児童 　5．養育のあり方の基本 　6．乳児院の将来像 第Ⅱ部　各　論 　1．養育・支援 　2．家族への支援 　3．自立支援計画，記録 　4．権利擁護 　5．事故防止と安全対策 　6．関係機関連携・地域支援 　7．職員の資質向上 　8．施設運営	第Ⅰ部　総　論 　1．目　的 　2．社会的養護の基本理念と原理 　3．児童養護施設の役割と理念 　4．対象児童 　5．養育のあり方の基本 　6．児童養護施設の将来像 第Ⅱ部　各　論 　1．養育・支援 　2．家族への支援 　3．自立支援計画，記録 　4．権利擁護 　5．事故防止と安全対策 　6．関係機関連携・地域支援 　7．職員の資質向上 　8．施設運営

出所：筆者作成

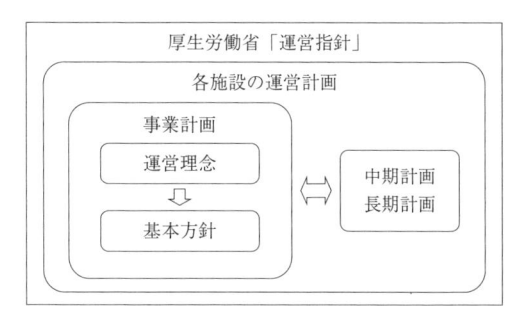

図Ⅱ—5—4　厚生労働省「運営指針」と各施設の事業計画の関係

出所：筆者作成。

支援施設など）では「自立支援計画」と呼ばれる。

　個別支援計画は，保育ソーシャルワークのプロセス（第Ⅱ部第5章第1節〔3〕ソーシャルワークのプロセスを参照）に即して実施される。子どものニーズは，子ども自身の状態や環境の変化によって変化するため，個別支援計画はモニタリング（経過観察）を繰り返し積極的に見直すことが必要である。

表Ⅱ―5―2　個別支援計画の項目例

障害系施設の項目例	養護系施設の項目例
〈個人記録：フェイスシート〉 ・氏名，生年月日 ・保護者名，保護者住所 ・入所日 ・発給手帳の種類（身障手帳，療育手帳） ・障害程度区分，診断名，既往歴 ・てんかん発作の有無，合併症の有無，アレルギーの有無 ・服用中の薬，主治医からの注意事項 ・各検査の結果（発達検査，知能検査，社会性検査など） ・発達的特性 〈子どもの状況〉 ・日常生活の状況（食事，衣服着脱，排泄，整容，入浴） ・意志疎通の状況 ・活動状況（起床，移動，余暇活動，就寝，行動障害） 〈家庭生活・家族関係〉 ・生育歴（妊娠出産，乳幼児健診，乳幼児期） ・療育歴，相談歴 ・保護者の心身の健康状態，養育態度 〈支援目標〉 ・短期目標（ニーズ，優先順位，支援内容，担当，評価） ・長期目標（ニーズ，優先順位，支援内容，担当，評価） 〈社会環境〉 ・関係機関（機関名，担当者，連絡先，支援概要） ・ソーシャルサポート（親戚，友人，職場）	〈個人記録：フェイスシート〉 ・アドミッションケア ・氏名，生年月日 ・養育者名，養育者住所，現在の養育形態 ・生育史（妊娠，出生時，検診受診歴，既往歴），生育史に関する特記事項 ・心身の健康（身体発育，栄養状態，予防接種歴，医学的所見，疾患，障害の有無，虐待に関する事項，情緒行動上の問題傾向） ・基本情報（主訴，相談通告経路，相談受理日，過去の相談歴） 〈家庭生活・家族関係〉 ・家族関係（ジェノグラム，エコマップ） ・子どもの養育歴（兄弟関係） ・実母との関係，実父との関係，夫婦関係 ・養育者の心身の健康状態（疾患の有無） ・養育者の社会的状況（就労状況，職種） ・養育者の経済的状態（困窮の程度，生活保護受給の有無） ・家庭の養育機能（不適切な養育行動） 〈施　設〉 ・インケア ・自立支援計画（短期目標，長期目標，支援目標，支援課題，支援内容・方法，評価） 〈社会環境〉 ・ソーシャルサポートの状況 ・各種手当の利用状況 ・支援機関，支援内容 ・保育施設，福祉施設との関係 ・児童相談所 ・リービングケア，アフターケア

出所：筆者作成。

個別支援計画は子どもの個人情報が記載されており，その内容は保育士の守秘義務の対象となるものである。そのため，各施設が作成した実際の個別支援計画については閲覧制限を行っている施設が多い。施設によっては実習指導の一環として，実習オリエンテーションなどで個別支援計画に関する説明や一部の閲覧の許可，さらに個別支援計画の作成に実習生がかかわる場面がある。こういった機会が得られた場合は，実習担当者の指導にしたがいながら個別支援計画の書式や書き方，子どもの抱える課題について理解するよう努めよう。しかし，そのように個別支援計画にかかわることが許可された場合でも実習生は子どもの個人情報を守秘する義務が発生する。個人情報は実習終了後も他者に伝えてはならない。施設実習に関するレポートなどを作成する必要がある場合は，個人が特定できないように十分に配慮すべきである。子どもの個人情報を守秘することは，とりもなおさず子どもの人権を守ることにつながる重要な義務である。

第3節　施設保育士の専門性と職業倫理

(1) 施設保育士の専門性

　保育士は児童福祉法第18条の4で「保育士の名称を用いて，専門的知識及び技術をもつて，児童の保育及び児童の保護者に対する保育に関する指導を行うことを業とする者」と定義されている。このことから，保育士は専門的知識や技術を有した専門職として位置づけられていることがわかる。

　厚生労働省の保育所保育指針解説書[3]によると，保育士の専門性として「①子どもの発達に関する専門的知識を基に子どもの育ちを見通し，その成長・発達を援助する技術，②子どもの発達過程や意欲を踏まえ，子ども自らが生活していく力を細やかに助ける生活援助の知識・技術，③保育所内外の空間や物的環境，様々な遊具や素材，自然環境や人的環境を生かし，保育の環境を構成していく技術，④子どもの経験や興味・関心を踏まえ，様々な遊びを豊かに展開していくための知識・技術，⑤子ども同士の関わりや子どもと保護者の関わりな

第Ⅱ部　福祉施設実習へ向けての準備と実習中の学び

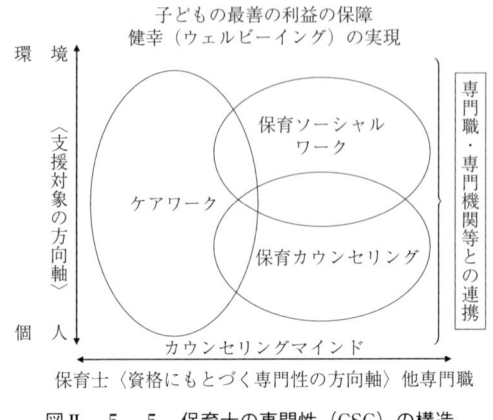

図Ⅱ─5─5　保育士の専門性（CSC）の構造
出所：筆者作成。

どを見守り，その気持ちに寄り添いながら適宜必要な援助をしていく関係構築の知識・技術，⑥保護者等への相談・助言に関する知識・技術」の6項目が指摘されている。これらの専門性は保育所保育士に求められる一般的な専門性と言えよう。

　施設保育士は，保育所保育士に求められる専門性（ケアワーク）以外に施設の子どもに対応した特有の専門性（保育ソーシャルワーク，保育カウンセリング）が必要になる（図Ⅱ─5─5）。福祉施設においては，保護者からの虐待で傷ついた子どもや障害のある子どもなど何らかの環境的問題や心身の課題を抱え特別なニーズを持つ子どもに適切に対応する必要がある。また，保護者・家庭に対する支援も施設保育士のかかわる職務となる。保育ソーシャルワークはソーシャルワークの知識・技術を用いて子どもと子どもを取り巻く環境との調整を図るものであり，保育カウンセリングは心理学や心理療法の知識と技術を用いて子どもや保護者の心のケアを行っていくものである。

　施設保育士は，CSC（care work, social work, counseling）の基本的な知識や支援技術を身につけることが望まれる。その一方で，施設保育士は自らの対人支援に関する知識・技術の向上に努めるだけではなく，社会資源を適切に活用する力も重要である。特に，施設保育士に求められる専門性を超えた困難なケー

スに関しては他専門職(ソーシャルワーカー,臨床心理士,福祉心理士,医師など)や専門機関と連携し対応することが必須となる。

子どものウェルビーイングの実現と最善の利益の保障を目指し,子どもに寄り添い,カウンセリングマインドをもって受容的・共感的に相談援助を行う姿が何よりも施設保育士の専門性を表していると言えよう。

(2)施設保育士の職業倫理

保育士資格は,2001(平成13)年11月に児童福祉法の一部が改正となり,2003(平成15)年11月の施行によって国家資格となった。これにより,保育士は子育て支援の専門家としての社会的な役割と機能が明確化されたと同時に専門職としての職業倫理が強く求められるようになった。

保育士の職業倫理は,法律(児童福祉法)や省令(児童福祉施設の設備及び運営に関する基準),保育士の団体(全国保育士会)等で規定されている(表Ⅱ—5—3,表Ⅱ—5—4)。保育士の職業倫理の中でも,保育士としての信用失墜行為の禁止と職業上知り得た情報を外部に漏らしてはならないとする守秘義務の2点は,保育士登録の取り消しや保育士の名称使用の停止という罰則規定が設けられている。守秘義務の場合,違反の状況によっては1年以下の懲役または50万円以下の罰金というきびしい処置が施されることも規定されている。罰則規定が設けられたということは,専門職としての保育士が有する社会的責任の大きさを示すものと言える。

保育士は子どもの最善の利益を図る仕事である。社会の中で子どもの命を守り,子どもの発達を保障する重要な役割を担っている。子どもにとって不利益になるような行為は決して行ってはならない。保育士は専門職として社会から大きな期待を寄せられている職業であることを自覚し,専門職としての職業倫理を厳守しなければならない。

〔演習課題〕

1)大学図書館には保育ソーシャルワークに関する図書がたくさん所蔵されて

表Ⅱ—5—3　保育士の倫理に関係する規定

規　定	主な内容
1948年 児童福祉施設最低基準[1]	・入所した者を平等に取り扱う原則（第9条） ・虐待等の禁止（第9条の2） ・懲戒に係る権限の乱用禁止（第9条の3） ・秘密保持等（第14条の2） ・苦情への対応（第14条の3）
2001年11月 児童福祉法一部改正 ＊施行は2003年11月	・保育士は，保育士の信用を傷つけるような行為をしてはならない（第18条の21）。 ・保育士は，正当な理由がなく，その業務に関して知り得た人の秘密を漏らしてはならない。保育士でなくなった後においても，同様とする（第18条の22）。 ・罰則規定（第18条の19，第61条の2）
2003年2月 全国保育士会倫理綱領	・子どもの最善の利益の尊重 ・子どもの発達保障 ・保護者との協力 ・プライバシーの保護 ・チームワークと自己評価 ・利用者の代弁 ・地域の子育て支援 ・専門職としての責務
2010年5月 全国児童養護施設協議会倫理綱領	・私たちは，子どもの利益を最優先した養育をおこないます ・私たちは，子どもの理解と受容，信頼関係を大切にします ・私たちは，子どもの自己決定と主体性の尊重につとめます ・私たちは，子どもと家族との関係を大切にした支援をおこないます ・私たちは，子どものプライバシーの尊重と秘密を保持します ・私たちは，子どもへの差別・虐待を許さず，権利侵害の防止につとめます ・私たちは，最良の養育実践を行うために専門性の向上をはかります ・私たちは，関係機関や地域と連携し，子どもを育みます ・私たちは，地域福祉への積極的な参加と協働につとめます ・私たちは，常に施設環境および運営の改善向上につとめます

注：1）2011年に「児童福祉施設の設備及び運営に関する基準」へ名称変更。
出所：筆者作成。

いる。図書館に行って保育ソーシャルワークに関する図書を探そう。そして，発見した図書のページをめくり，保育ソーシャルワークの「原則」と「プロセス」について理解を深めよう。

2）自分自身の家族関係のジェノグラムを作成し，ジェノグラムをもとにさらに自分や家族を取り巻く人間関係のエコマップを作成しよう。自分自身のジ

表Ⅱ－5－4　全国保育士会倫理綱領

> すべての子どもは，豊かな愛情のなかで心身ともに健やかに育てられ，自ら伸びていく無限の可能性を持っています。
> 　私たちは，子どもが現在（いま）を幸せに生活し，未来（あす）を生きる力を育てる保育の仕事に誇りと責任をもって，自らの人間性と専門性の向上に努め，一人ひとりの子どもを心から尊重し，次のことを行います。
> 　　私たちは，子どもの育ちを支えます。
> 　　私たちは，保護者の子育てを支えます。
> 　　私たちは，子どもと子育てにやさしい社会をつくります。
>
> （子どもの最善の利益の尊重）
> １．私たちは，一人ひとりの子どもの最善の利益を第一に考え，保育を通してその福祉を積極的に増進するよう努めます。
> （子どもの発達保障）
> ２．私たちは，養護と教育が一体となった保育を通して，一人ひとりの子どもが心身ともに健康，安全で情緒の安定した生活ができる環境を用意し，生きる喜びと力を育むことを基本として，その健やかな育ちを支えます。
> （保護者との協力）
> ３．私たちは，子どもと保護者のおかれた状況や意向を受けとめ，保護者とより良い協力関係を築きながら，子どもの育ちや子育てを支えます。
> （プライバシーの保護）
> ４．私たちは，一人ひとりのプライバシーを保護するため，保育を通して知り得た個人の情報や秘密を守ります。
> （チームワークと自己評価）
> ５．私たちは，職場におけるチームワークや，関係する他の専門機関との連携を大切にします。
> 　　また，自らの行う保育について，常に子どもの視点に立って自己評価を行い，保育の質の向上を図ります。
> （利用者の代弁）
> ６．私たちは，日々の保育や子育て支援の活動を通して子どものニーズを受けとめ，子どもの立場に立ってそれを代弁します。
> 　　また，子育てをしているすべての保護者のニーズを受けとめ，それを代弁していくことも重要な役割と考え，行動します。
> （地域の子育て支援）
> ７．私たちは，地域の人々や関係機関とともに子育てを支援し，そのネットワークにより，地域で子どもを育てる環境づくりに努めます。
> （専門職としての責務）
> ８．私たちは，研修や自己研鑽を通して，常に自らの人間性と専門性の向上に努め，専門職としての責務を果たします。

出所：全国保育士会『改訂版 全国保育士会倫理綱領ガイドブック』全国社会福祉協議会，2009年。

ェノグラムとエコマップを見ながら，家族の重要性や他者とのつながり，きずなのたいせつさについて考えてみよう。
3）保育士はなぜ職業倫理を遵守する必要があるのか，子どもの権利をまもるという視点からグループで討論し，各自の認識の違いや一致点をまとめてみよう。

〈注・引用文献〉
(1) 厚生労働省雇用均等・児童家庭局保育課『保育所保育指針解説書』厚生労働省雇用均等・児童家庭局，2008年，181頁。
(2) F. P. バイステック／尾崎新・福田俊子・原田和幸訳『新訳改訂版 ケースワークの原則——援助関係を形成する技法』誠信書房，2006年，26〜210頁。
(3) 厚生労働省雇用均等・児童家庭局保育課『保育所保育指針解説書』厚生労働省雇用均等・児童家庭局，2008年，13頁。

（金城　悟）

第Ⅲ部
福祉施設実習後の学び

第1章

福祉施設実習の振り返り

第1節　実習生自身による実習の自己評価と学習課題の発見

　保育士を目指す学生の中で，児童養護施設について強い興味・関心を持っている人は決して多くない。図Ⅲ―1―1は保育士を目指す短期大学生100名にアンケートを行った結果である。社会的養護の中で，代表的な児童養護施設についても「まったく知らなかった」，「内容は知らないが名前は知っていた」が73％になっている。保育所や幼稚園は内容を知らないで実習に行く学生はいないが，児童福祉施設の場合，施設種別によっては内容を理解しないで実習に臨んでしまうことも起こってしまう。さらに，実習配属先が障害者支援施設の場合は，成人の方を対象として実習を行わなければならない。表Ⅲ―1―1は障害児・者支援施設（旧知的障害者更生施設）で実習を行った男子学生の感想である。実習当初のとまどいが，率直に表現されている。

　施設種別がたくさんある児童福祉施設の場合，全施設の業務や利用者状況などを理解させて実習に臨ませることはむずかしい。これは，保育士養成校の共通の悩みであると考えられる。しかし，学生が体験してきたことを大切にし，保育士として活かしていくことはどこの養成校でもできることである。

　たとえば，表Ⅲ―1―1の学生は「自分が相手に心を開けば言葉がなくても相手も心を開いてくれ，それだけで心を通わせることができる」と，障害のある利用者との対応を表現している。この「自分が相手に心を開けば」の中には，「相手のプラスの面を見つけようとすれば」との大切な意味を含んでいる。

第1章 福祉施設実習の振り返り

児童養護施設について，授業を受ける前から知っていましたか。

- ①まったく知らなかった　10%
- ②内容は知らないが名前は知っていた　63%
- ③おおまかなことは知っていた　26%
- ④よく知っている　1%

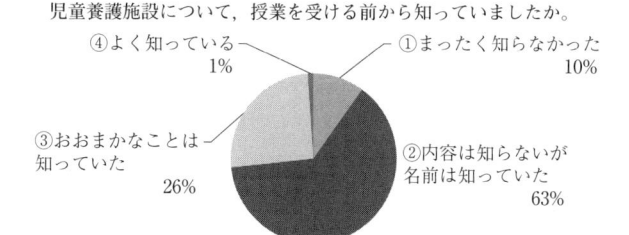

図Ⅲ－1－1　児童養護施設認知度調査
出所：大塚良一「保育士を目指す学生に対する児童養護施設教育について」全国保育士養成協議会編『平成22年度全国保育士養成セミナー全国保育士養成協議会第49回研究大会実施要領』2010年，80～81頁。

表Ⅲ－1－1　実習を体験しての学生感想Ⅰ（障害児・者支援施設）

施設実習を始める前，施設実習の始めは「なぜ保育ではないここで実習をするのか」「なぜ自分なのか」と思ってばかりでしたが，実習が終わる頃になるとそんな考えは一切ありませんでした。実習を通して自分の考えが大きくかわったからです。いままで私はだれかと関わるときに，「ここがいけない」「もっとこうしなきゃだめだ」などマイナスの所を見つけてしまうような見方をしていました。しかしこの実習を通し，「このひとにはこんないいところがあるのだ」や「こんなこともできるのか」と相手のプラスの面を見つけるようになっていました。最初には見えなかった，利用者の方の良いところ，すごいところもたくさん見つけることができるようになりました。そして自分が相手に心を開けば言葉がなくても相手も心を開いてくれ，それだけで心を通わせることができるということを学びました。

注：下線筆者。
出所：東京成徳短期大学『桐の花　幼児教育研究』2013年，166頁。

　これは，講義を主体とする授業では教えられないものであり，学生が自ら体験を通してつかんだものであり，今後の生き方にも影響を与えるものである。また，幼児教育者として大切なノンバーバルコミュニケーション（非言語コミュニケーション）の理解にまで及んでいる。

　このような，貴重な体験を単なる学生時代の経験にしてしまうか，今後の学生自身の人生に影響を与える体験にするのか，施設実習の振り返りが大切な役割をもっている。

　また，施設実習でわかりにくくなっているものの一つに，個々の利用者にあわせて職員間で取り決めを行っていることが挙げられる。施設では利用者対応について児童自立支援計画を実施するため，ケースカンファレンスが行われて

いる。ケースカンファレンスで決まったことについては，職員全員がカンファレンスにもとづく利用者支援を行う。

　たとえば，児童養護施設で虐待を受けた子どもに対して，心の傷を癒すためコミュニケーションチャンネルを少なくすることがある。職員間で父親役の職員，母親役の職員を決め，その子の対応についてその職員が中心となって行う場合がある。当然，甘えや，要求についてもできるだけ決められた職員が対応できるよう全体で支援を行い，個別の信頼関係を深めていくというものである。乳児院では，乳幼児に関して，愛着関係を確保するため入所から退所まで一貫した担当者による支援（特別な配慮が必要なケースを除く）を行う「担当養育制」をとっている。しかし，これらのことは突然施設現場に配属された実習生には理解できないこともあり，職員から説明がなされても個別ケースや背景がわからないため，対応することができないものがある。

　また，同様に障害児・者支援施設でも，利用者の障害にあわせて，対話や，一つひとつの介助に決まった手順を設けていることがある。これは，自閉的傾向が強く言葉によるコミュニケーションがむずかしいため，一定の対応を行い利用者がとまどわないようにする手段でもあるが，背景や障害状況を理解していないと特別扱いをしている，無視をしていると捉えてしまうこともある。実習生にはケース説明の時，それらのことが伝えられるが，利用者の背景を理解していないとわからないまま過ごしてしまうことがある。なぜ，施設ではそのようなことを行うのか，振り返りを通して，確実にしていくことが施設利用者理解を深めるための重要なポイントである。

　ここでは，これらのことを前提として，実習の振り返りを行い，それぞれの施設実習で得た体験や課題を保育士としての専門技術の向上に役立てていくため，実習計画のまとめや学習成果の発表などについて紹介する。

第 2 節　事前に作成した実習計画や実習目標への取り組みの結果のまとめ

　2003（平成15）年12月9日付，厚生労働省雇用均等・児童家庭局長通知（雇児発第1209001号）「指定保育士養成施設の指定及び運営基準」では保育実習について，「保育実習は，その習得した教科全体の知識，技能を基礎とし，これらを総合的に実践する応用能力を養うため，児童に対する理解を通じて保育の理論と実践の関係について習熟させることを目的とする」としている。

　また，施設実習の対象施設として「乳児院，母子生活支援施設，障害児入所施設，児童発達支援センター（児童発達支援及び医療型児童発達支援を行うものに限る），障害者支援施設，指定障害福祉サービス事業所（生活介護，自立訓練，就労移行支援又は就労継続支援を行うものに限る），児童養護施設，情緒障害児短期治療施設，児童自立支援施設，児童相談所一時保護施設又は独立行政法人国立重度知的障害者総合施設のぞみの園」を挙げている（一部改正，平成25年8月8日付，雇児発0808第2号）。

　児童福祉施設などの実習と保育，幼稚園での実習の一番の違いは，職員の勤務ローテーションや決められた日課があるということである。福祉施設の入所型施設では，勤務ローテーションにより，利用者の生活にあわせて職員業務が決まっている。また，通所型施設では日課が決められており，それぞれの時間帯の職員業務が決まっている。

　一般的には表Ⅲ―1―2のような実習目標を持ち，実習に臨む。

　施設実習では，それぞれの日課と職員業務を理解することが施設実習の目的の一つとなる。入所型では表Ⅲ―1―3のように早番，遅番，日勤，宿直（夜勤），中空き勤務のそれぞれの業務内容を理解し，それぞれの業務の流れの中で利用者とのかかわり方を学ぶことである。施設実習は利用者の生活や仕事の中に入っていくものであり，利用者はそれぞれの生活や仕事の中で役割を持っている。利用者ができないことについては職員が行うが，できることまで行ってはいけ

表Ⅲ—1—2　児童福祉施設などの実習目標

項	実習目標
共　通	①施設の勤務ローテーション（日課）を理解し，1日の流れの中で職員のそれぞれのかかわりや業務について学ぶ。 ②施設利用者の「気持ち」を理解し，援助の仕方について学ぶ。 ③施設の社会的役割と施設が連携を取っている諸機関について理解を深める。 ④地域の中で施設が行っている役割を理解するとともに，施設と地域との連携について学ぶ。
児童養護施設関係	①施設（乳児院，児童養護施設など）を利用している子どもの状況を理解するとともに，虐待等で心の傷を負った子どもへの支援の仕方について学ぶ。 ②子どもとのかかわりを通して，施設での保育士の役割を理解する。 ③集団生活の中で，それぞれの子どもの役割を理解するとともに，幼児，小学生，中学生，高校生への職員の接し方について学ぶ。 ④施設と学校などの各関係機関との連携について，どのように行っているかを学ぶ。
障害関係	①それぞれの障害に対して，職員がどのように支援しているかを学ぶ。 ②障害のある方が施設での生活を通して，地域や社会とどのようにかかわりを持って生活をしているかを学ぶ。 ③それぞれの障害について理解するとともに，医療面での配慮をどのように行っているかを理解する。

出所：筆者作成。

表Ⅲ—1—3　児童福祉施設での勤務ローテーション（参考例）

早　番	6:30～15:30	遅　番	11:30～21:00
日　勤	8:30～17:30	宿直（夜勤）	13:00～翌朝9:30
中空き勤務	6:30～9:00　　16:00～21:00		

出所：筆者作成。

ない。この関係を利用者との人間関係の中で築いていくことが大切である。

　また，勤務ローテーションや日課にはそれぞれに引き継ぎ（申し送り）と呼ばれる時間がある。これは，それぞれの勤務者にその時間帯に解決できなかった業務や利用者の状況，特記事項などを伝える役割を持っている。この引き継ぎの内容が理解できるようになることは，実習生として利用者理解が深まったと考えてよい。

　施設の実習計画には，利用者の名前，個性を覚えることと，それぞれ勤務ローテーションでの業務内容を理解することが大切である。また，それぞれの業務での留意点，対応などについて，表Ⅲ—1—4のように整理し，これをもと

第1章 福祉施設実習の振り返り

表Ⅲ―1―4　実習計画のまとめ（参考例）

（児童養護施設）

実習計画項目	業務内容での留意点	対応と反省点
利用者状況の理解	・4つある寮の中の一つであるあさひ寮（仮称）に配属される。利用者は20人で東西に分かれている。 ・幼児4人，小学生10人，中学生4人，高校生2人が生活している。	・東に配属された。東は女子が中心であり幼児に男の子が1人いる。全員の名前，性格を把握することができたが，西の子どもたちについては名前を覚えたが性格までは理解できなかった。
個別ケースの理解	・実習担当者からみちこさん（仮名）についての説明がされた。みちこさんは幼児から入所しており現在小学校の4年生。 ・両親離婚で父親が親権を持っているとのこと。 ・性格は活動的で，素直であり，いろいろなことに興味を示す。	・宿題や遊びの時間帯などでみちこさんと接する時間帯を多くとらせていただいた。 ・みちこさんは漫画が好きで，似顔絵も得意である。実習最終日に似顔絵をプレゼントしてくれる。 ・携帯電話番号を教えてほしいとの依頼があったが，諸注意の中でプライベートのことは教えないとのことがあったので，<u>教えられないことを話す</u>。
業務内容の理解 （早番業務）	・申し送りでかおりさん（仮名）の自転車がパンクしているため予備の自転車の鍵を渡すことを言われる。 ・朝食は卵でそれぞれ目玉焼き，スクランブルエッグなど利用者の好みをつくる。 ・幼児は地域の幼稚園に通うため，玄関先で迎えの車を待つ。 ・子どもたちを送り出した後，食事の後片づけ，洗濯，布団干しを行う。	・<u>自分で食事をつくりたいという小学生の子どももいる。行わせてよいか迷う。しかし，中学生の子どもが「いつもやっているから大丈夫だよ」と言うのでやらせてみる。</u> ・幼児は玄関先で車を待っている時にはしゃぎすぎてしまう。職員が来ると静かに整列している。 ・残飯の計量を行う。嗜好に役立てるとのこと。
業務内容の理解 （遅番業務）	・申し送りでしおりさん（仮名）が少し風邪気味だったが学校に行かせたとのこと。様子を観察してほしいと言われる。 ・幼児を迎える。連絡帳の確認を行う。 ・小学生が帰園してくる。連絡帳の確認を行う。宿題を見る。 ・夕食の準備を行う。夕食の後片づけを行い，幼児と低学年を入浴させる。 ・幼児の布団を敷き，洗濯を行う。 ・幼児，低学年の順で寝かしつける。 ・子どもたちの学校の準備を行う。	・しおりさんの帰園後の様子観察を行う。熱は37度。職員に話し，早く寝るように指示する。 ・宿題をしないで遊びに行ってしまう子どもがいる。職員は子どもが帰ってきてからも対応している。 ・入浴ではお風呂場で遊んでしまう。 ・<u>幼児を寝かせつけていると，小学生の女子から「おねえさん，私のところにも来て」と言われる。</u>
業務内容の理解 （宿直業務）	・宿直業務は遅番者と同時に入り，早番者と同じ業務を行う。夜間は東西の子どもたちを一人で見ることになる。 ・定時の夜間巡視を実施する。 ・高校生がアルバイトを終えて帰ってくる。食事の準備を行う。 ・高校生と話す。 ・仮眠，巡視。 ・早番者に引き継ぎ。 ・朝食準備 ・起床	・夜間巡視では子どもたちの部屋を一つひとつ確認する。中学生の子どもが最後まで起きている。 ・職員は高校生と気軽に話をしているが，なかなか話を切り出すことがむずかしい。とりあえず，食事の準備ができたことを話す。 ・職員室で仮眠をとる。定時巡視（11時，0時，2時，4時，5時）を行う。 ・夜間，巡視で体調不良の吉田さん（仮名）の検温を行う。36度5分であり特に問題なし。記録に記入する。
施設と地域との関係理解	小学校との連絡会に参加する。	・一人ひとりの状況について，<u>学校側，施設側で細かく話されている。</u> ・忘れ物が多い子どもについて，また，学校で暴力をふるった子どもについての話がされている。

出所：筆者作成。

に，実習終了後に実習担当教員と話しあうことも大切である。

　たとえば，「携帯電話番号を教えてほしいとの依頼があったが，諸注意の中でプライベートのことは教えないとのことがあったので，教えられないことを話す」との体験があった。ここでは，諸注意にしたがって学生が行動している。「なぜ携帯電話の番号を教えてはいけないか」について，学生自身が判断していることではない。個人情報，守秘義務，子ども理解，ルールという視点で，携帯電話の番号をなぜ教えてはいけないのかを考えさせる必要がある。

　また，「自分で食事をつくりたいと言う小学生の子もいる。行わせてよいか迷う。しかし，中学生の子が『いつもやっているから大丈夫だよ』と言うのでやらせてみる」との記載がある。結果として事故につながらなかったことで，ここでは問題にならなかったが，中学生の判断で実習生が動いていること，また，もし事故が発生した場合の責任はどうするのか，などの問題点がたくさん見られる。なぜ，職員に判断を求めなかったのか，保育士としての適切な判断は，など整理しておく必要がある。

　さらに，「幼児を寝かせつけていると，小学生の女子から『おねえさん，私のところにも来て』と言われる」とあるが，この時にどう対応したのかも大切である。児童養護施設の子どもは，その背景にさまざまな問題を抱えている。この対応を行う前に，この子の背景を職員から指導を受けることが必要である。また，この子の要求を通すことにより他の子に与える影響はどうなのかを考える必要がある。

　保育を学ぶ学生の中で，福祉施設について興味関心を強く持っている学生は少ない。しかし，実習体験を通して施設に興味関心を持つ学生は多い。実習で経験した一つひとつの体験を整理することは，保育士としての子ども理解や専門的技術の育成に不可欠である。

第3節　実習施設の実習指導や環境などの評価のポイント

　「指定保育士養成施設の指定及び運営基準」では，実習施設の選定等につい

第1章　福祉施設実習の振り返り

表Ⅲ-1-5　実習施設のチェックリスト

項　目	内　容	チェック
職員対応	利用者に対して適切な呼称をしているか	
	利用者に対して大声で対応したりしていないか	
	利用者の要求に対して，適切に対応しているか	
	喧嘩の仲裁など，利用者トラブルに対して適切に対応しているか	
	実習生に対する日課，業務の説明は適切に行われているか	
	実習生の質問に対して適切に対応しているか	
	外部関係者に対して，適切に対応しているか	
利用者の生活について	利用者についての制限は厳しくないか	
	利用者の問題行動について適切に対応しているか	
	利用者の個性に合わせた個別の配慮がされているか	
	自立支援計画は作成されているか	
	自立支援計画の実習生への説明はなされていたか	
	苦情解決についての第三者委員の掲示はされているか	
	リスクマネジメントの対応はできているか	
	防災体制に対する対応はなされているか	
実習期間中の生活	実習施設までの交通手段適切であったか	
	実習生の宿泊場所は適切だったか（冷暖房等）	
	実習生の食事は適切に出されているか	
	実習記録に対する指導は適切にされているか	
	実習反省会の時間を取っているか	
施設環境	地域との関係は良いか	
	学校等との関係は良いか	
その他	実習指導料は適切であったか	
	実習期間中の学生の金銭的負担は適切であったか	
	実習事務の手続きは適切であったか	

出所：筆者作成。

て，「指定保育士養成施設の所長は，実習施設の選定に当たっては，実習の効果が指導者の能力に負うところが大きいことから，特に施設長，保育士，その他の職員の人的組織を通じて保育についての指導能力が充実している施設のうちから選定するように努めるものとする」とある。また，「児童福祉施設以外

の施設を実習施設として選定する場合に当たっては，保育士が直接入所者の指導に従事している施設を選定するものとする。なお，その施設の設備に比較的余裕があること，実習生の交通条件等についても配慮するものとする」とある。

　これらのことから，実習施設の評価のポイントを考えると，職員（保育士）が利用者に対して専門的知識，技術をもって接しているかが大切となる。組織の中で，教育，訓練された職場では利用者の要求や欲求に対して，適切に対応するとともに，大声を出さず穏やかに接している。これは児童養護施設，障害児・者支援施設などすべての施設に共通している。実習前の施設見学で設備や機能だけに関心を向けるのではなく，職員の利用者に対する言葉づかい，利用者の呼び方，上司，見学者に対する対応などを観察することが大切である。心に傷や，障害のある方に対して職員がどう接しているかは，これから実習生がどう指導されるかのポイントにもつながるものである。表Ⅲ－1－5に実習施設のチェックリストを挙げた。

　福祉施設は職員常勤換算方式により非常勤職員，パート職員の割合が増えてきている現況がある。その中で，後輩を育成するとの理念で，実習生の受け入れを積極的に行ってくれている施設も多い。保育士を目指す学生にとって，実習先での出会いは将来の生き方にも影響してくる体験である。良き出会いができるよう施設との積極的な交流を行い，施設の理念や指導方針を理解し学生を任せられる施設開拓を行う必要がある。

第4節　福祉施設実習の振り返りと報告会の準備

　施設実習の振り返りは，学生の自己覚知にもつながる。これはスーパービジョン関係のスタートでもある。スーパービジョンの実施方法としては，スーパーバイジーの人数によって，2種類の方法が存在する。1つは「個人スーパービジョン（individual supervision）」であり，スーパーバイザーが1人のスーパーバイジーをスーパービジョンする。それに対比して7～8人のスーパーバイジーの集団をつくり，1人のスーパーバイザーがスーパービジョンする方法を

表Ⅲ―1―6　実習を体験しての学生感想Ⅱ（乳児院）

私は"子どもが生活する上で必要な介助を身に付ける"を一つの実習目標としていました。その中でもおむつ替えと沐浴の介助は学校の人形を使った実習以外やったことがありませんでした。当たり前ですが人形と違って激しく動き回るのでおむつ替えでも最初は戸惑い、ぎこちないものでした。ですが、慣れていくにつれて子どもの興味を引きながら手際よくできるようになりました。沐浴は前日に職員の方が介助する様子を見学させていただき、5ヶ月と2歳の二人の介助をしました。年中児は常に横にした状態で維持しなければならず、左腕に負担がかかり大変でしたが、年長児は自分で座ってくれるのでとてもやりやすかったです。初めてのことで不安でしたが、それが子どもに伝わらないように声かけを十分にして楽しくお風呂に入れるよう心がけました。食事、おむつ替え、沐浴、着替えの介助を日常的に経験できたのは確実に自分の力になったと思いますし、自信にもつながりました。

注：下線筆者。
出所：東京成徳短期大学『桐の花　幼児教育研究』2012年，72頁。

「集団スーパービジョン（group supervision）」と言っている[1]。

　実習の報告会の準備として，教職員とのスーパービジョンを通して，実習目的が達成できたかなどを確認しておく必要がある。さらに，福祉施設の理解について，実習生自身の考え方を固めておくことが大切である。

　表Ⅲ―1―6は乳児院での実習感想である。介助を身につけることを実習目標にし，それが自信につながったと振り返っている。この実習で何を得たのかが明確にできていることが大切である。また，学生同士のインタビューを通して，実習を振り返ることも効果的である。表Ⅲ―1―7の演習はインタビューによる振り返りの参考例である。

　福祉施設実習は，施設種別も増え，入所型から通所型まで幅も広がった。学生一人ひとりが経験した施設は個別の体験であり，共通性が少なくなっている。たとえば，乳児院で実習した学生と児童発達支援センターで実習した学生とではその内容に大きな違いがある。そのために，学生同士のインタビューを通して，それぞれの施設を理解する機会をつくることが大切となる。

　しかし，再度，守秘義務に関して確認し実施することが必要である。それぞれの体験を話すことは，施設の個人情報に触れることであり，十分な知識がない中で誤解が生ずる危険性がある。

表Ⅲ—1—7　演習（社会福祉実習を振り返って）

項　目	内　容
1．演習テーマ	社会福祉施設実習で学んだこと，感じたこと，感動したこと。
2．目　標	インタビューを通して，自らの実習体験を再確認するとともに，社会福祉施設の理解を深める。
3．演習の概要と進め方	2人のペアになってもらい，15分間のインタビューを行う。 ・実習施設の概要 ・実習施設の利用者状況 ・実習の目標 ・実習を通して学んだこと ・実習の中で大変だと思ったこと ・実習で感動したこと ・実習で楽しかったことなど
4．インタビューのポイント	インタビューは「実習を通して，社会福祉施設をどう理解したか」を知ることを目的とする。インタビューでは「施設の概要」，「実習で楽しかったこと」，「実習でつらかったこと」，「施設での人間関係」，「実習で感動したこと」，「記録簿などの提出状況」などできるだけ多方面から話を聞く。 ＊傾聴の技術について確認する。 ＊個人情報の取り扱いについて説明しておく。
5．インタビューの整理 （10分間）	「施設の概要」，「実習で楽しかったこと」，「実習でつらかったこと」，「施設での人間関係」，「実習で感動したこと」，「記録簿などの提出状況」などをまとめ，その人の全体像をつかむ。
6．インタビューの発表 （1人3分程度）	施設種別で発表させ，担当教員からそれぞれの施設について解説を行う。

出所：筆者作成。

第5節　福祉施設実習での学習成果の発表と学びのための方法

　施設実習は種別が違う施設に配属されるため，実習生の体験にも大きな違いが見られる。障害児・者支援に行った実習生の場合，障害のある方と初めて接するという学生も多い。利用者の名前を覚えるだけでなく，障害の状況や対応を理解しなければならない。また，児童自立支援施設や情緒障害児短期治療施設に行った学生については，利用者一人ひとりが抱えている背景を理解しなければならない。「なぜ」職員はこの利用者に対して，こう接しているのかを考えさせることが，背景理解につながる。

第1章　福祉施設実習の振り返り

表Ⅲ―1―8　実習発表のポイント

実習発表	内　容
①実習の概況	・施設種別について ・施設の概要について ・職員の状況
②利用者の状況	・配属先，利用者の年齢構成 ・利用者とのかかわりの中で大切だと思ったこと
③実習全般について	・利用者とのかかわりでつらかったこと ・利用者とのかかわりで楽しかったこと ・実習を通して学んだこと ・実習で特に印象に残っていること

出所：筆者作成。

　学習成果の発表の前に「守秘義務」についてあらためて確認しておく必要がある。実習を通して得たことは，利用者の個人情報にかかわることである。他言はしないことを確認する。また，資料についても連番を記して，回収確認をすることが大切である。

　実習発表のポイントについては表Ⅲ―1―8の通りである。発表の時間帯については10分程度とし，施設種別が違うため，それぞれの施設について担当教員から概要説明を行う必要がある。発表を聞く学生に対しても項目を提示し記録を行わせることが大切である。

第6節　福祉施設実習報告書の記述方法・作成例

　実習報告書の目的としては，福祉施設における保育士の役割の中で何が大切なのかを整理し，再確認するためである。これは，表Ⅲ―1―9「実習報告書（記入例）」の通り後輩への情報提供に利用することもできる。

　施設実習にはそれぞれの施設で独自の取り決めや課題がある。オリエンテーションの連絡の仕方を決めていたり，実習前に課題を設けたり，服装についての諸注意があるところもある。これらのことを確認し整理することは，実習生の振り返りになるとともに，後輩に対しての大切な情報提供の資料でもある。

　障害児・者支援施設などは，ノーマライゼーションの考え方から施設の看板

第Ⅲ部　福祉施設実習後の学び

表Ⅲ—1—9　実習報告書（記入例）

在籍番号　　　　氏名

項　目	内　容
実習施設	①施設種別　　児童養護施設 ②施設名　　　〇〇児童養護施設 ③住　所　　　〇〇県〇〇市〇〇 125 ④電話番号　　〇〇-〇〇-〇〇〇〇 ⑤利用者定員　80 名
施設までの交通機関と経費	・JR〇〇市駅から〇〇市駅下車（片道450円），バス〇〇方面行で25分（320円）〇〇下車徒歩15分程度。 ・バス停の近くに施設の看板あり。看板方向に歩く。
実習オリエンテーション	・実習オリエンテーションについては，実習1か月前にこちらから連絡して伺う。実習担当者の名前もその時に聞いておくことが大切。 ・オリエンテーションは他校の学生と一緒に合同で行われる。当日は施設の概況，施設の設備，宿泊先についての説明がある。 ・課題がある。「児童養護施設の子どもについてどう捉えているか」レポート（800字）でまとめる。実習初日に提出とのこと。
事前準備	・児童養護施設の日課の確認を行う。また，勤務ローテーションの時間を覚えること。 ・実習期間中はジャージでの対応は不可のため，ジーパン，スラックス等の服装を用意する。 ・児童養護施設の子どもたちについて紹介されている本を読む（教科書の事例が参考になる）。 ・実習初日は朝9時集合のためバスの時刻をオリエンテーション時に確認しておく。
実習期間中の留意事項	・宿泊場所の鍵が渡される（鍵の紛失をしてしまった実習生あり。鍵の取り扱いについては十分注意する）。 ・初日に子どもたちへの紹介がある。 ・幼児と接する時間，小学生と接する時間，中学生，高校生と接する時間がそれぞれ違う。また，業務とともにそれぞれの時間帯に何を行うのかを覚えることが大変である。（子どもの前でのメモは取れない。記録簿を記入する時に思い出せるよう〔9：05→ゴ，9時5分にゴミ出しを行う〕簡略化しメモするとよい）。 ・実習終了後，記録簿を提出する。記録簿を記入する時間を30分程度いただける（時間内に書けない場合，持ち帰って次の日の朝に提出してもよい）。 ・急に幼児が飛びついてくることがある。ポケットにシャープペンを入れていて怪我をさせた実習生あり。ポケットには何も入れないようにすること。 ・高校生については実習期間中にほとんど接することができなかった。職員からは，「生活の場所だから，無理にアプローチをする必要はない。むしろ，高校生の方から話しかけてきたら対応すること」と言われた。
実習後の対応	・お礼状については〇月〇日に送付した。 ・記録簿については〇月〇日に到着（事前に送付用封筒に住所，氏名，切手を貼り，担当者に渡しておく）。 ・巡回指導教員へのお礼を行う。

出所：筆者作成。

　を掲示するところが少なくなっている。各施設へのアクセスは細かく書くことが大切である。

　また，オリエンテーションについても施設側から日時を指定する場合と，学生の都合に合わせて実施する施設とがある。さらに，課題については，事前に

課題を提出する施設や実習当日に課題を提出する施設，まったく課題がない施設もある。

　服装については，障害児・者支援施設ではジャージで対応することがよいという施設が多いが，児童養護施設などではホスピタリズムの関係からより家庭環境に近い服装で対応するようにと指定される場合がある。

　実習期間中に体験したこと，指導を受けたことについてエピソードを挙げておくことは大切なことである。記入例で鍵の紛失が書かれているが，その鍵が使われ，新たな問題が発生する可能性があることを認識しておく必要がある。さらに，鉛筆などの筆記用具をズボンのポケットやエプロンに入れ，支援することは危険であることを再度認識することは保育士の事前配慮として大切なことである。

第7節　福祉施設実習のまとめ

　ミルトン・メイヤロフは人とのかかわり（ケア）の関係について「ケアとは衣服のように，ケアする人にとってもケアされる人にとっても，その外部にあるというようなものではない。ケアとは，ケアする人，ケアされる人に生じる変化とともに成長発展をとげる関係を指しているのである」[(2)]と言っている。ここに，福祉施設の仕事の大切な要素があり，施設実習の大きな魅力がある。

　たとえば，普段遅刻が多い学生が，実習先の児童養護施設の子どもに対して「学校に遅れないで行くのよ」という立場になる。また，両親に対して距離を置いている学生が，「お父さん大変な中で来てくれたね。本当にあなたのことを心配しているんだね」と伝える立場となる。K・エリクセンは「われわれ個々人の人間が実際には如何に複雑なものであるかということを少しでも考えてみれば，自己を効果的に使うことが，そう簡単であるなどと言い得ないことは明らかである。自己を他人の役に立つように使うためには，人はまず第一に，『自己理解』に達していなければならない」[(3)]と言っている。施設実習は学生が初めて他人のために役に立つよう自分を使う体験であり，自己を意識する場所

第Ⅲ部　福祉施設実習後の学び

表Ⅲ—1—10　自己評価チェックリスト（参考例）

項　目	内　容	チェック
事前準備	施設実習に対する目標・課題を明確にしていたか	
	オリエンテーションで施設の概況・基本方針・処遇目標を整理できたか	
	実習指導者との打ち合わせはできていたか	
実習期間中	職員・利用者への挨拶はできていたか	
	利用者の対応は的確にできていたか	
	日課の流れに沿った職員業務を理解できたか	
	業務引き継ぎの内容を理解できたか	
	日誌は決められた時間内に提出できていたか	
	遅刻・早退・欠勤などはなかったか	
	実習期間中の体調管理はできていたか	
	問題ケースなど困難ケースへの取り組みについて指導を受けたか	
	職員とのコミュニケーションはとれていたか	
	反省会の指摘事項について整理できたか	
	鍵などのお借りした物の管理はできていたか	
	部屋の片づけ・ゴミ処理はできたか	
実習終了後	記録簿の最終提出はできていたか	
	成績・記録簿等を送付してもらう手配はできていたか	
	実習指導者へのお礼のあいさつはできたか	
	実習お礼状の送付はできていたか	

出所：筆者作成。

でもある。

　利用されている方，一人ひとりの名前を覚え，考え方，個性を理解し，より必要な支援を提供していく。そのために自分に何ができるのか，どのようなかかわり方が良いのかを追求しなければならない。最後に学生自身に表Ⅲ—1—10の自己評価チェックを行い，自己理解を深めるための学生自身の実習に対する整理を行う。

〔演習課題〕

1）守秘義務とは何か，施設実習で知り得た情報は，なぜ関係者以外で話して

第1章 福祉施設実習の振り返り

いけないのかを考えてみよう。
2）児童養護施設での実習でプライベートのことを教えてはいけないと言われたが，なぜ，携帯電話などのプライベートなことを教えてはいけないのかを考えてみよう。
3）自分自身の学生生活上での問題点を整理し，課題を考えてみよう。

〈注・引用文献〉
(1) 黒川昭登『スーパービジョンの理論と実際』岩崎学術出版社，1992年，26頁。
(2) ミルトン・メイヤロフ／田村真・向野宣之訳『ケアの本質――生きることの意味』ゆみる出版，1993年，185頁。
(3) K・エリクセン／豊原廉次郎訳『ヒューマンサービス――新しい福祉サービスと専門職』誠心書房，1982年，114頁。

（大塚良一）

第2章

実習終了後の施設と関係づくり

　実習期間中は緊張の中，無我夢中で子どもたちや利用者と接し，数多くのとまどいや苦労，感動もあったと思う。また，これまで行った幼稚園・保育園での実習は，自宅から通える範囲での実習だったと考えられるが，施設実習の場合は宿泊をともなうことが多く，大きな違いも感じたのではないだろうか。乳児院の場合3歳未満の乳幼児のため，日頃の学習も活かされたと思う。一方，児童養護施設や障害児・者支援施設の場合，年齢が小学生から高校生まで，さらには18歳以上60～70歳代までの幅広い大人と接することになった。コミュニケーションの取り方などで気疲れも多かったのではないだろうか。

　その実習を終えホッとしていることと思うが，最後に実習の振り返りや実習内容の考察をすることも大切である。実習中に困ったこと，失敗もあったことと考えられる。実習の成果はそれらを振り返り，今後に活かすことがより重要なことと言える。

　また，実習を受け入れてくれた施設との今後の関係についても留意する必要がある。そこで，本章では，実習終了後の施設との関係について考えてみたいと思う。

第1節　各種書類の提出

（1）実習の総合的な考察（まとめ）の提出／その他の書類の提出

　実習終了後にまず行うことは，前章で触れている通り，実習日誌の最後のページには，反省会のまとめや「総合的な考察（まとめ）」などを記述し施設に提

出することになる。記憶が薄れない内に記述することを心がけてもらいたい。

　実習は実習全体を通して課題や，日々の目標を立てて実践し，その振り返りとして記入するといった取り組みの重ねによって成り立っている。実習期間中に記載した実習記録に対して，指導者がコメントを書いてくれる。そのコメントをもう一度読み返し，実習全体の反省を行い，その反省に対し自分なりの考察をする。いわば実習全体を振り返って，実習前に自分が立てた目標や課題が達成できたか，子どもたちや利用者のかかわりでうまくいかなかったことがあれば，なぜうまくいかなかったのか，その要因を考えてみることである。

　実習日誌は，最終日に書き終えればよいが，書き終えることができなかった場合，数日後に提出することになる。さらに，お礼状も書かなくてはならない。実習日誌を提出し，お礼状を出してようやく施設実習の終了となる。

（2）反省と総合考察（まとめ）

　施設実習では，毎日その日の反省があり，その日の反省と気づきや課題を記載する。内容としては，疑問に思ったこと，アドバイスを受けたことなどが挙げられる。そして，最後のページは，実習の反省とまとめということになる。10〜13日間（90時間）全体を通して，子どもたちや利用者とのかかわり方など日々の反省会から，どのように理解できたのか。どんなことが課題として残ったのかなどを整理してみることである。

　このことは，単に実習が終わったではなく，施設実習を通して自分は何を発見したか，施設や子どもたち，利用者に対する考え方について，実習に入る前と実習を終えた後の考え方はどう変化したのか，また，何が課題として残ったかなどを整理しておくとよい。

　施設実習は単に保育士資格取得のために実習を行うだけではなく，今後の職業に役立つものと言える。それは，子育てに悩む保護者からの相談に応じる窓口として，幼稚園や保育園にも「子育て支援センター」が開設されており，発達障害児を持つ保護者からの相談に活かされることであろう。

　乳児院や児童養護施設では，母子の「愛着」についての理解，障害支援施設

においては障害の特性・自閉症などへの理解などと、支援の基本を学ぶことができよう。

(3) 実習日誌の提出と受け取り

　実習日誌はできるだけ早く提出するのが望ましい。できれば実習終了日に提出できればよいが、書き終えることができない場合はいったん持ち帰って自宅で書き、数日後に提出することになる。実習先施設に行くのに交通機関を使用しても数時間要する場合は、郵送することも考えておくとよい。ただしそのような場合、あらかじめ「いつまでに送ります」と実習担当者に伝えておく必要がある。それ以外は原則として持参することが望ましい。また、返却について郵送してもらう場合、実習生があらかじめ返信の封筒を準備し、自宅または養成校の所在地と宛名を記し、実習担当者に依頼する。その際切手は実習者が準備をすることとなる。例として、郵便局でレターパックを購入すると改めて切手を購入する必要はない。

　施設としては、単に実習が終わっただけではなく、実習生が10〜13日間(90時間)の実習を通して何を学んでもらえたのか、実習指導者や現場の職員が振り返り、実習指導のあり方を振り返る機会でもあるからである。

　持参する場合服装は簡素なものに心がけること。実習が終わったからといって、派手な服装や肌が露出する服装は避けたいものである。持参、あるいは郵送の場合でも、いつまでに届けるのか、実習担当者に伝えておくこと。

　実習日誌の受け取りの際には、あらかじめ「〇〇日、〇〇時頃お伺いさせていただきます」と電話をしておくとよい。担当者は日常の業務を行っており、急な仕事が入ることもある。

第2節　お礼状の作成・送付

　実習が終了し、実習日誌の提出を終えた10日後あたりに、実習でお世話になった施設にお礼状を出すことになる。施設職員の業務は、子どもたちや利用

者の日常生活支援を行いながら，実習生の指導を行っている。したがって，お礼状はそのようないそがしい業務の中で指導していただいたことへの感謝の気持ちである。また，子どもたちや利用者とのかかわりから何を学ぶことができたか，実習をさせていただいたことで施設に対する印象が変わったとか，子どもたちや利用者に対する見方が変わったとかなど，具体的なエピソードを書き加えることで，いっそう指導者に「実習をしてもらってよかった」と思っていただけるのではないだろうか。

（1）実習の意味

　実習とは，これまで学校の授業で学んだことが，実際の現場ではどのように活かされているのか「実体験」することではないだろうか。子どもたちとかかわったり，利用者と直接かかわったりという実体験することで，授業では得ることができなかった「気づき」が生じてくる。

　たとえば乳児院の子どもたちの場合，実習開始から2日目くらいまで実習者のかかわりが少ないと，子どもたちも実習者に関心を示さず無表情だったりするが，一緒に遊び，抱っこしてあげると笑顔になってくる。また，児童養護施設では，当初あまり話したがらない子どもでも，実習終了日には「おねえさんがいないとさびしい」と言ってくれたりする。障害児・者支援施設では，コミュニケーションがうまく取れない人たちでも，一生懸命作業に取り組んだり，余暇時間は私たちと同じようにカラオケを楽しんだりする。

　このように，実習は「施設」で生活している人びとと具体的な「かかわり」を通して肌で感じることと言える。

　実習はいわば「現場を体験すること」である。その「体験」で「何を感じとった」かである。さらに，その体験によってこれまでの施設に対する見方や考え方がどう「変化」したかである。これらをまとめることによって，実習の意味がつかめてくるのではないだろうか。

（2）お礼状で伝えるもの

　実習の目的を踏まえた上で，「お礼とは何か」について考えてみたい。前述したように，みなさんの実習を引き受けた施設は，少しでも「施設」や施設で生活をする「子どもたち」あるいは「利用者」を理解し，どのような支援を行っているのか学んでもらう場であると言える。それは観察だけではなく，実際「子どもたち」や「利用者」とかかわりながら，その「支援」とは何かを学んだことと思う。しかし，ことは簡単ではなかったと思う。

　乳児院では，乳幼児同士で実習生の取りあいがあったり，児童養護施設では子どもたちとの関係づくりに苦労したり，障害児・者支援施設では，コミュニケーションの取り方に苦労し，指導者からのアドバイスによって，どうにか利用者の言いたいことが理解できたのではないかと思う。

　のちにコラムに記すが，実習施設の施設長先生や園長先生が感想を述べているように，具体的なエピソードとして「苦労」したこと，実習前と実習後で施設や利用者への「考え方が変わった」ことなどが記載されると，よりいっそう伝わるのではないだろうか。養成校から「お礼状」の見本を提示されると思うが，ぜひ自分らしい「お礼状」に心がけていただきたい。

（3）お礼状の記載について

　では，お礼状の記載について具体的に考えてみたい。学生のみなさんはこれまでお礼状を書いた経験は少ないのではないかと思う。お礼状は一般的に一定のルールあるいは形式がある。これらのルールにしたがって記載していくのが通例である。

　ここでは，このルールを踏まえて，実習後のお礼状の記載例について考えてみたい。

　手紙では，「前文」・「主文」・「末文」「後付」で構成される（表Ⅲ－2－1）。まず，「前文」では拝啓や前略といった「頭語」に続き，時候の挨拶や安否について記載する。次に，「主文」として"このたびは"や"さて"といった言葉で始まる。次に手紙の本題である「主文」を記載する。主文の後には「末

第2章　実習終了後の施設と関係づくり

表Ⅲ－2－1　お礼状の作成

構　成		例　　示
前　文	冒頭語	拝啓
	時候の挨拶	8月「残暑厳しい折」・「立秋とは名ばかりの暑さが続き」 9月「初秋の候」・「虫の音もようやく繁しくなり」 ◎留意点──季語はお礼状を出す月にあわせる
主　文	安否の挨拶	お変わりなくお過ごしのことと存じます。
	起こし文	「このたびは」・「さて」などで始まる文章 ◎留意点──自分が実習した施設は，施設長か園長か
	主　文	実習の体験から学んだこと ◎具体的なエピソードを書く
末　文	結びのことば	
	結　語	敬具
後　付		日付・署名・宛名の順に記載

出所：筆者作成。

〈お礼状の参考例〉

拝啓　立秋とは名ばかりの暑さが続いております。先生方におかれましてはいかがお過ごしでしょうか。

このたびは、十二日間にわたり保育実習をさせていただき、誠にありがとうございました。先生方には、初めての施設実習で緊張している私に温かいお言葉をかけていただき、また、ご丁寧なご指導を賜り心より感謝申し上げます。

初めての施設実習で、緊張や不安がたくさんありましたが、先生方のご指導により無事に終えることができました。

……この行には子どもたちや利用者とのかかわりで悩んだこと、苦労したことを書く……

今回の実習を通して、支援の重要性や社会的役割を知り、保育士になりたいという気持ちがますます強くなりました。

〇〇園（施設）で学んだ貴重な体験を活かし、これからも子どもたちのことや施設利用者についての知識を深めていきたいと思います。

最後になりますが、先生方のご健康と子どもたち（利用者の皆様）の健やかな成長をお祈りし、簡単ではございますがお礼の言葉とさせていただきます。

敬具

平成〇〇年〇月〇〇日

〇〇短期大学幼児教育学科
〇〇〇〇
△△△

〇〇園　〇〇〇〇園長　様

文」を添え，"敬具"，"早々"といった「結語」で文章を閉じ，「後付」として日付，差出人の署名，宛名の順に記載する。

コラム1

施設長先生の話から（障害児・者支援施設）

　毎年のことであるが，実習を終えた学生さんから「お礼状」をいただく。養成校の指導もあると思うが，形式的な内容のお礼状は「お礼状が届いた」というだけに受け止めてしまうこともある。一番うれしいお礼状は，実習初日から不安で逃げ出したいと思ったくらいだった実習だったが，利用者のやさしさで，明日も続けようという気になり，最後まで続けることができたことなど，実習の機会を得たことによって，自分が変化してきたことが書いてあるお礼状は，とてもうれしくなる，と話してくれた。

　出所：筆者作成。

コラム2

園長先生の話から（児童養護施設）

　実習を終えた学生さんから「お礼状」が届くのはうれしい。実習最終日の反省会では，子どもたちが泣いて別れを惜しんでくれた，などの話もしてくれた。一方，お礼状の内容はどの学生さんも同じような内容が多いと感じる。養成校の指導もあると思うが，そんな中でも，実習の中で具体的に子どもたちとの関係で苦労したことや，実習の後半になってようやく子どもたちが話をしてくれるようになったとか，率直な感想があると感動を覚える，と話してくれた。

　出所：筆者作成。

第3節　実習後の施設とのかかわり方

　実習は定められた期間の中で行われる。一方，実習を終えてもなお「施設」

への興味がいっそう増し,「もう少し施設にかかわってみたい」と思う人や「実習先に就職を考えたい」という人も出てくる。実習生が実習後も関係を継続しようとする場合,どのようなかかわり方があるのだろうか。

　施設実習に関するお礼状を提出すると,いったんは終了となる。これでやっと養成校での講義に集中できることになるが,時折実習を終えた施設から養成校や実習生宛に行事の参加やボランティアの案内状が届くことがある。特に行事は土曜日や日曜,祝祭日に開催されることが多い。できれば参加することが望ましい。子どもたちや利用者は,「あの人来てくれるかな」と思っている人たちも多い。また,「来てくれた」とよろこんで迎えてくれることも多い。実習という立場を離れ,一市民としてのふれあいができる。

　以下では実習を終えた後の実習先とのかかわり方の留意点を記したい。

（1）実習施設への事後訪問

　実習後に実習先に訪問することについて,最終日の実習記録や,総合考察（まとめ）を記して提出することになる。提出については「第1節　各種書類の提出」でも触れたように,可能な限り施設に出向いて届けることが望ましい。保育士は人とかかわる職業である。

　実習という縁でお世話になったのであり,対人援助の専門家として,人と人とのかかわりを大事にしてほしいという願いを込めてのことである。

（2）ボランティア

　前述したように,継続的あるいは単発的にボランティアとして参加することは,実習期間とは違った見方ができる。児童養護施設等の場合は,遊びのボランティア,主に小学生向けの学習ボランティア等,子どもたちを支えていく役割を持つことになる。また,行事のボランティアもある。特に幼児や小学生の遊びのボランティアをお勧めしたい。

　肩ひじを張ることなく,遊びを通して人への信頼関係も醸成される。

　障害者関係施設の場合は,文化祭やバザー,あるいは市民祭りなどへの参加

など，多くの参加機会がある。特に地域と一体化した行事などは，地域の中にある「施設」として地域住民に受け入れられているところが多く，利用者の励みにもなっている。

　児童養護施設では，幼児や小学生を対象とした遊びのボランティアや学習ボランティアなどがある。筆者の教え子には，半年間遊びのボランティアの後，やりがいを感じて児童養護施設に就職した学生もいる。

（3）アルバイト

　実習が終わる頃，施設側からアルバイトの声がかかることもある。進路を含めてもし興味があったらぜひお勧めしたい。実習はあくまでも実習であるが，アルバイトの場合は一部ではあるが職員としての要素も多く，さらに深く「施設養護」を理解することができよう。この経験が就職につながる場合もある。

（4）子どもたちや利用者とのメールや手紙などのやり取りについて

　実習最後の日，子どもたちや利用者にお別れの挨拶をして，10〜13日間（90時間）の実習を終えることになる。時には子どもたちからメールのアドレスを教えてほしいとか，住所を教えてとか言われることがある。このような場合，基本的には施設の実習担当者に相談すべきであろう。後々のトラブルにならないようにするためにも承諾を得ることが望ましい。その上で交流することは子どもたちの生活にも励みになることであろう。

　児童養護施設では，小人数単位の棟や寮での実習が多いのではないかと思う。そのような場合はその棟や寮の子どもたち・職員へのお礼や，近況のお知らせを書くことをお勧めしたい。基本的に施設宛へのお礼状は，施設で生活する子どもたちが目にすることはない。子どもたちにとっては，自分たちへの葉書の方がもっともうれしいし，今後の励みにもなる。

（5）就職活動

　実習を終える頃，施設に就職しようかなと考える場合もある。実際に実習先

に就職を希望し就職したケースもある。それは，実習期間中子どもたちや利用者とのかかわりについて評価を得たということでもある。一方，実習した施設ではなく他の施設に就職する場合もある。就職は実習とは違って長い目で見る必要がある。運営形態・職員の支援体制など，自分の目でしっかりたしかめてから採用試験に臨むのがよいのではないかと思う。

　施設によっては，乳児院，児童養護施設，知的障害関係施設でも面接試験の他に，数日の実習を課すところもある。これは前述したように，子どもたちや利用者とのかかわりや信頼関係が築けるかを確認するためと考えられる。

（6）実習施設と養成校との懇談会

　近年，実習施設と大学との懇談会が開催されることも多くなった。主催は養成校が行う場合と施設が行う場合がある。

　養成校が行う場合，大きな目的の1つは実習の受け入れに対する感謝の意であろう。幼稚園や保育園の実習と違い，施設の実習先が学生の通勤範囲にあることはきわめて少ない。したがって，施設実習担当教員は実習先の確保に苦慮している。毎年継続的に受け入れてくれる施設は養成校にとって大切な施設である。2つ目は，"実習の目的"を施設の担当者に理解してもらうことである。実習は単に10～13日間（90時間）行えばよいというものではなく，養成校としてはこのような目的で学生を送り出すので，理解していただきながらご指導をお願いしたいというものである。3つ目は"学生への理解"であろう。年ごとに家庭や学生の生活内容に変化が見られることである。特に宿泊をともなうことが多い施設実習は，ホームシックにもかかりやすく，精神的な支えが必要な場合もある。

　一方，施設側が行う懇談会は，施設で生活する子どもたちや利用者の生活実態，施設職員の支援業務などについて，養成校の教職員自身に知ってもらった上で，学生の指導を行ってもらいたいということになる。近年実習にみえられる学生に「施設を理解しないまま実習に来られる学生さんが多い」となげく施設長先生や実習担当者の声を耳にする。また，児童養護施設の場合，子どもた

ちの生活全体を支えているので、調理、掃除、洗濯など家事全般についても実習で行うことが多い。近年特に通学生は、自宅で調理や洗濯をしたことがない学生が多い。調理においては、味噌汁がつくれる、目玉焼きがつくれるなど、簡単な調理ができるようにしてもらいたいということである。さらに、洗濯物は両手でしわを伸ばしてから干すなど、基本的なことは自宅で練習をしておくことをお願いされる場合もある。

そのような点から、養成校の教員自身が「施設」を理解し、学生に施設で生活する子どもたちや利用者の思いを理解してもらうことである。

また、宿泊をともなう実習の場合、実習生が宿泊する部屋はあくまでも施設が提供する部屋であり、貸してもらっている部屋ということになる。したがって日頃から部屋の整理整頓や部屋の掃除にも心がけてもらう必要がある。学生のみなさんは実習の前にこのようなことができるように心がけていただきたい。

(7) インターネットの掲示板利用について

近年、学生にとってスマートフォンなどで、気軽に掲示板を利用できるようになった。

その結果、実習施設にかかわることをブログなどに書き込みしている学生も見受けられる。このことはぜひ慎んでもらいたい。書き込み者は気軽に書いたつもりでも、その中には個人情報が含まれていたりもする。また、施設や職員に対する批評や批判も書かれた例がある。施設実習は単に学生個人と施設の関係だけではない。養成校と施設が長年にわたって築いてきた信頼関係にもとづいて行われている。上記の例では、翌年からの実習受入を拒否されている。

保育士の倫理綱領にもあるように、施設や個人にかかわる情報や批判は慎むべきである。たとえ実習が終了したとしても、慎んでほしい。

〔演習課題〕

1)「時候の挨拶」は月ごとに違いがあります。月ごとの「時候の挨拶を」を調べてみよう。

2）各種の文献から「考察」はどのように書かれているか調べてみよう。

〈参考文献〉
小野澤昇・田中利則編著『保育士のための福祉施設実習ハンドブック』ミネルヴァ書房，2011年。

（小室泰治）

第3章

福祉施設実習の今後の課題

　施設実習を行うに際して，保育を学ぶ学生が想像する実習先は乳児院，児童養護施設が中心であり，障害者関係施設を考える学生は少ない。しかし，乳児院，児童養護施設は絶対数が少なく厚生省家庭福祉課調べ（2013〔平成25〕年10月1日現在）で乳児院130か所，児童養護施設589か所である。47都道府県で考えると1つの都道府県に乳児院で平均2.8施設，児童養護施設で平均12.5施設しかない。さらに，施設養護から家庭養護へという流れの中で，今後の社会的養護の主流は，小規模グループケアや地域小規模児童養護施設などの家庭的養護になっていくことが予想される。このように小規模化，多様化する利用者ニーズの中で，施設保育士の役割，社会的養護に携わる保育士の役割とは何かを学んでいく必要がある。

　学生が社会的養護の子どもたちの現状を理解する上で，施設実習が担っている役割は大きい。これは，国家資格としての保育士資格が求める「子どもの専門家」としての役割を学ぶことでもある。その中で，障害者への理解は欠くことのできない大切な要素となる。

　障害者施設に関しては，利用者ニーズが多様化する一方で，支援体制が一元化している状況がある。また，乳児院，児童養護施設などの入所理由で「母親の精神疾患」が急増している中，学生は精神疾患や精神障害への理解について不十分なまま実習に臨んでいる場合もあり，今後，施設実習に臨む者にとって，精神障害についての理解は必須となっている。

　本章では，障害者関係施設への実習を整理し，精神障害に関する基本理解について学ぶ。

第1節　障害者関係施設への実習

　障害者関係施設実習に関しては，2010（平成22）年7月の改正で，通所施設や知的障害者小規模通所授産施設が実習の対象となった。また，知的障害者更生施設，知的障害者授産施設の入所が外され通所施設の実習が可能となった。
　また，2012（平成24）年4月から，障害児支援の強化を図るため，障害種別に分かれていた施設体系を入所・通所の利用形態別に一元化し，入所サービスは福祉型施設と医療型施設に分類された。同時に児童福祉法も大きく改正され，従来の障害児施設の名称は使用されなくなった。児童福祉法第42条は，改正前は「知的障害児施設」の説明であったが，「障害児入所施設は，次の各号に掲げる区分に応じ，障害児を入所させて，当該各号に定める支援を行うことを目的とする施設とする。1　福祉型障害児入所施設　保護，日常生活の指導及び独立自活に必要な知識技能の付与。2　医療型障害児入所施設　保護，日常生活の指導，独立自活に必要な知識技能の付与及び治療」となっている。
　さらに，児童福祉法第43条は，改正前は「知的障害児通園施設」（第43条の2），「盲ろうあ児施設」（第43条の3），「肢体不自由児施設」であったが，「児童発達支援センターは，次の各号に掲げる区分に応じ，障害児を日々保護者の下から通わせて，当該各号に定める支援を提供することを目的とする施設とする。1　福祉型児童発達支援センター　日常生活における基本的動作の指導，独立自活に必要な知識技能の付与又は集団生活への適応のための訓練。2　医療型児童発達支援センター　日常生活における基本的動作の指導，独立自活に必要な知識技能の付与又は集団生活への適応のための訓練及び治療」となっている。

第2節　精神障害に関する基礎知識

　乳児院や児童養護施設に入所している子どもの中には，何らかの事情により

乳幼児期に大人との健全な愛着関係を築くことができていないケースがしばしば見られる。そうした愛着障害が，児童期や思春期に至って精神・行動上の障害として現れることも少なくない。また，子どもの発達障害は精神障害をともなうことも多く，発達障害児の対応においては精神障害に関する基礎的な知識と理解が求められる。

さらに，子どもにとって安全・安心な養育環境を考えていく上で，成人の精神障害に関する知識と理解も欠くことができない。

厚生労働省の統計によれば，2012（平成24）年度の児童虐待の相談件数が過去最高を記録したことは記憶に新しい。その内，子どもを無理心中により死亡させた加害の動機でもっとも多かったのは「保護者自身の精神疾患，精神不安」であり，全体の34.1％を占めている。虐待死に至らない場合でも，保護者の精神障害により，子どもが食事を満足に与えられないなど養育上不適切な環境に置かれ，施設に保護されるケースが増加している。

子ども自身が抱える，あるいは子どもをめぐるさまざまな問題の背景を理解し，適切な支援を行っていくために，精神障害に関する基礎的な知識と理解は，保育者がそなえるべき必須の要件となりつつある。

本節では，子どもの精神障害と，思春期～成人にかけて関連の深い精神障害とに分けて見ていくことにする。

コラム1

「精神障害」について
―「精神疾患」，「精神病」とどう違うの？―

「精神障害（mental disorders）」とよく似た言葉に，「精神疾患（mental illness）」や「精神病（psychosis）」（専門的には「精神病性障害（psychotic disorders）」）がある。これらの言葉の意味は異なっており，その定義については諸説あるが，大きく以下のように整理される。

まず，「精神疾患」とは，脳あるいは精神にかかわる器質的・機能的な障害によって引き起こされる病気または症状そのものを指す。精神疾患には，発達障害からうつ病などの気分障害，統合失調症までさまざまな病気が含まれている。[1]

これに対して、「精神障害」は、精神疾患が長期にわたったり、後遺症が残ったり再発を繰り返すなどして、「日常生活や仕事などの社会生活に支障（障害）をきたしている状態」や、その状態を招いている精神症状を指すことが多い。精神疾患があっても軽度かつ短期のもので、社会生活に大きな支障をきたさなければ、精神障害とは呼ばないケースもあるだろう。

また、「精神病（精神病性障害）」(2)とは、幻覚や妄想を主な症状とする疾病で、統合失調症とその近隣の障害が代表的である。一般に、「精神障害」を「精神病（精神病性障害）」と同一に見なしがちであるが、「精神病（精神病性障害）」は精神障害のごく一部にすぎないことに注意が必要である。

これらのことから、「精神障害」とは、"「精神病（精神病性障害）」を含むあらゆる「精神疾患」全般が、当事者の社会生活に障害を及ぼしている状態"と言える。

出所：筆者作成。

（1）子どもの精神障害

乳幼児期、学童期、思春期には、それぞれの年齢や発達に固有の問題や障害が生ずることがある。ここではまず、乳幼児期から思春期までの子どもに見られる精神障害を挙げておく。

1）精神遅滞

精神遅滞（知的障害）とは、知能全般の発達が遅れたままの状態に留まることで、発症が18歳以前の場合に限られる。知能指数（Intelligence Quotient：IQ）が70以下で、社会生活への適応能力に欠陥または不全が存在する場合とされている。

世界保健機構（WHO）が定める『疾病及び関連保健問題の国際統計分類第10版』(ICD-10)では、IQ 50～70を軽度、IQ 35～50を中等度、IQ 20～35を重度、IQ 20以下を最重度精神遅滞としている。精神遅滞全体の内、軽度は、「小学校の教科は学習できるが中学校の課程が困難な程度」とされ、約75％を占める。「小学校低学年の教科は学習できるがそれ以上の課程が困難な程度」とされる中等度～重度は約20％、最重度は、「言語の理解が不可能で運動能力も低く、常に援助と管理を必要とする状態」であり、約5％が相当する。

幼児の場合はIQの診断が困難であること、また発達の個人差もあるため、

3歳頃まではこの診断をつけることに慎重を期するべきだろう。

2）学習障害

「学力の特異的発達障害」とも呼ばれ，学齢期に明らかになる読み・書き・計算・運動能力の遅れの内，精神遅滞や自閉症が認められず，かつ学習の機会がなくて修得できなかったのではないものを言う。ICD-10では，特異的読字障害，特異的書字障害，算数能力障害，運動機能の特異的発達障害の4つを挙げており，これらが重複，混合したケースもある。

読字障害はひらがなの覚えの遅さ，読み間違えや省略，一字一字の拾い読みなど，書字障害はひらがなを裏返しに書く「鏡像文字」や，漢字の覚えの遅さなどを特徴とする。算数能力障害は，数や，足し算，引き算などの概念そのものが理解できないという問題である。運動機能の遅れは，ひもを結ぶ，ボタンをかけるなど日常動作の極端な不器用さから発見されることが多い。

3）広汎性発達障害

学習障害のように特異的・個別的な機能の障害ではなく，より広汎な心理的発達の遅れが認められ，しかも精神遅滞とも異なるものを指す。「自閉症スペクトラム障害（Autism Spectrum Disorders: ASD）」とも呼ばれ，幼少期から自閉的傾向を示す特徴がある。

小児自閉症の症状は複雑であるが，共通に認められる症状（中核症状）として，以下の3つが挙げられる。

▶社会的相互関係の障害

乳幼児の頃から母親に抱きついたり，一緒に遊んだり笑ったりという愛着行動がほとんど見られない。歩き始めてからも母親の後を追わないため，迷子になることが多い。視線があいにくく，気持ちを伝えあうことができない。相手の表情やしぐさの意味が十分に理解できないなどの特徴がある。

▶言葉によるコミュニケーションの障害

表情やしぐさによる非言語コミュニケーションが困難なこととあわせて，言葉を用いたコミュニケーションにも障害がある。「遊ぼうか」とたずねると「遊ぼうか」と相手の言葉をそのままオウム返しにする反響言語（エコラリア）

や，状況と無関係な言葉を繰り返すなどの言動が見られ，相互にやりとりする会話に困難がある。言語コミュニケーションの障害は自閉症児の約半数に見られるが，知能が正常な場合，成長するにつれて相互の会話ができるようになることが多い。

▶限られた対象への執着（常同的・反復的行動様式）

興味や関心の対象が事物の一部に限定され，それに固執したり，意味のない（機能的な必然性のない）動作を反復する「常同行動」が見られる。

たとえば，楽器を使って遊ぼうとすると，その構造の一部（鍵盤に貼られた数字のシールなど）だけに強い興味を持ち，顔を近づけて指で触れたりするが，楽器全体の構造や，楽器を使った遊びそのもの，遊ぼうとしている人にはまったく興味を示さない。また，同じおもちゃを使った決まった遊びを一人でいつまでも繰り返す，同じ服しか着ようとしない，廊下を歩く時に真ん中の板だけ踏んで歩くなど，独自の習慣やルールを頑なに守ろうとする傾向がある。こうした独自のルールや生活上の環境の変化に適応することが苦手で，外出時にいつもと違う道を通ろうとしたり，家具の配置を変えたりすると，混乱したりパニックを起こすことがある。

コラム2

アスペルガー症候群（アスペルガー障害）

小児自閉症の3つの中核症状の内，「社会的相互関係の障害」と「常同的・反復的行動様式」が認められるものの，言語能力に障害が見られない高機能自閉症は，これまで「アスペルガー症候群（アスペルガー障害）」と呼ばれ，自閉症と区別されてきた。しかし，アスペルガー障害の診断についてはさまざまな議論があり，2013（平成25）年5月に改訂されたアメリカ精神医学会による精神疾患のガイドライン『精神障害の診断と統計の手引き』の第5版では，アスペルガー障害の名称がなくなり，自閉症スペクトラムに統一されている。

出所：筆者作成。

4）注意欠陥／多動性障害（ADHD: Attention-Deficit/Hyperactivity Disorder）

　注意欠陥は多動と併せて起こることが多いため，両者を合わせて注意欠陥／多動性障害と呼ぶ。注意欠陥は，一つの物事に持続的に集中することができない状態である。周囲からの刺激にすぐ気が散ってしまい，一つのことが終わらないうちに別のことを始めたり，人の話の途中で別のことを考え始め，話を聞いていない。また，忘れ物やなくし物が多いという特徴もある。

　多動性の子どもは乳幼児の頃から動作が激しく，歩けるようになると落ち着きなく動き回る。幼稚園や小学校でもじっとしていることができず，手足をブラブラ動かしたり立ち歩いたりし，時には教室から飛び出してしまう。小学校高学年頃になるとしだいに落ち着いて教室内に留まるようになるが，絶えずしゃべったり悪戯をしたりして落ち着くことがない。

　ただし，これらの行動は，好奇心が強く活発な子どもに少なからず見られることであり，社会生活に相当程度の支障をきたす程度の場合，障害として治療や援助の対象となる。

　多少落ち着きのない子どもに安易にこの診断名をつけ，障害児というレッテルを貼ったり投薬をすることなどには慎重を期すべきだろう。

5）その他の精神障害

▶チック障害

　チックは，乳幼児から学童期の子どもに多く見られる一種の癖のようなものである。まばたきや，口をピクピクさせる，顔を歪める，身体をねじるなどの動作を素早く繰り返すものがよく見られる。手足を振り上げたり，踊るようなしぐさを見せるなど動作が全身に及ぶ「運動性チック」や，咳払いをしたり鼻を鳴らす「音声性チック」，運動と音声とが合併した「トゥーレット症候群」と呼ばれるものもある。

　いずれも18歳以前の発症に限られ，3～4歳の幼児期から始まって7～8歳の学童期に多く見られる。中学に進む頃には消失することが多いが，症状が激しくなり，慢性化すると「チック障害」と診断される。チック障害には，一年以内で症状がおさまる「一過性チック障害」と，一年以上にわたって続く

「慢性運動性または音声性チック障害」がある。環境変化によるストレスなど心理的な要因と，脳の線状体が障害されることによる身体性の要因が相互に関係しあって生ずるとされ，男女比は約3対1で，男児に多く見られる。

▶分離不安障害

小さな子どもが親や家から離れることに対して覚える不安を「分離不安」と言い，分離不安自体は正常な反応である。しかし，学齢期になっても分離不安が強く，それが原因で不登校になったり，仲間と遊べないなどの問題が生じている場合は障害と見なされ，治療や援助の対象となる。

具体的には，a. 親と離ればなれになってしまうことへの過度の心配，b. ひとりで眠ることやひとりで家にいることを極度に恐れる，c. 親との別離をともなう悪夢を繰り返し見る，d. 登校や野外活動など親との別れをともなう状況で，腹痛・頭痛・嘔吐などの身体症状が繰り返し起こるといった複数の症状が4週間以上持続して現れた場合，障害として診断される。

分離不安障害が生ずる原因として，子ども自身の気質，家庭環境，親しい人との離別体験などのストレスなどが複合的に関与すると考えられている。

▶選択性緘黙

言語理解や発語などの言語能力は正常で，家では普通に話すことができるのに，入園・入学などをきっかけに幼稚園や学校など，特定の場面でまったく話すことができなくなることを言う。「場面緘黙症」とも呼ばれ，5歳以前の幼児期に発症するケースが多い。

緘黙が起こる原因には，社会不安にもとづくもの，発達の未熟性にもとづくもの，精神病的な問題をも含むものなど複数の要因が考えられるため，発症の要因に応じた慎重な見守りと適切な対処が大切である。

（2）思春期以降〜成人の精神障害

1）気分障害

名称の通り，気分の浮き沈み（変調）が社会生活に支障をきたす障害である。「感情障害」とも呼ばれるが，感情という一時的な精神活動だけでなく，持続

的な身体の不調をともなうため，現在では「気分障害」と呼ばれることが多い。代表的なものに「うつ病（うつ病エピソード）」，「躁うつ病（双極性感情障害）」(3)がある。

▶うつ病

うつ病は身体の病気であるが，身体的な症状と精神的な症状があらわれる。

主な身体症状として，a. 寝つきが悪く，夜中に何度も目が覚めたり朝暗い内に目が覚めたりして十分な睡眠をとることができない，b. 食欲が衰えるため体重が減る（まれに食欲が昂進し，特に甘いものを好むことがある），c. 全身が重くだるく感じられ，すぐに横になってしまうなどがある。その他，頭痛，胸が締めつけられて苦しい，口が渇く，軽い吐き気がする，寝汗をかく，性欲が減退するといった症状も見られる。

主な精神症状としては，a. 一日中気分が沈み，以前は好きだったことにも興味が持てなくなる（興味・関心の減退），b. 何をするにも億劫で，一日中やり場のない苦しみを感じる（意欲・気力の減退），動作や頭の働きが鈍くなり，健康な時にはできていたことができなくなる（知的活動能力の減退）などがある。

親しい人との離別や強いストレスに出会った際，これらの症状が4〜5日続くことは正常な反応であるが，上記の症状の内5つ以上が2週間以上持続する場合にうつ病と診断される。うつ病は10代前半から始まり，10代後半から青年・壮年期にもっとも多い。

真面目で，何事も完璧にやろうとする人がなりやすいため，家事や育児，仕事などをすべて完璧にしようとする母親がうつ病を発症することがある。うつ病になると朝が特に不調のため，子どもに朝ごはんを食べさせたり，時間通りに登園させることができなくなり，ネグレクトにつながる可能性もある。

▶躁うつ病（双極性感情障害）

躁状態は，精神症状・身体症状とも，うつ状態のほぼ裏返しと言える。睡眠，食欲とも良好だが，寝食を惜しんで物事に励むため体重は減少することが多い。あらゆることに関心と意欲を持ち，毎日を楽しく活動的に過ごす。頭の回転が速く何事も素早く決断できる。

こうした軽い躁状態であれば社会生活上むしろ有意義であるが、さらに調子があがると社会生活に支障をきたし、障害の領域に入っていく。口数が多く、せっかちになって舌鋒が鋭くなる、時間を問わず友人知人に次々と電話をかけ誇大化された話を一方的にしゃべり続ける、見さかいなく高価な買い物をするなどの行動が見られるが、本人に病識（自分が病気であるという自覚）がないため、周囲の人びとが事態の収拾に振り回され、疲れ果ててしまうことが少なくない。

躁状態は長くは続かず、2〜3週間から数か月で平静な状態に戻るか、うつ状態へと移行する。躁病が初めて起こる時期（初発）は20代前半が平均的であるが、高校生で発症する場合もある。

2）神経症・ストレス関連障害

▶不安障害

不安はだれしもが持つものであるが、極度に強い不安により、外出できないなど社会生活に支障をきたしている場合に不安障害とされる。

また、不安が高まると胸が苦しくなり、呼吸に異常をきたして、このまま死ぬのではないかという恐怖に襲われて救急車で病院に運ばれることがある。このような発作を不安発作と呼ぶ。息が詰まり、喘ぐような呼吸になる場合は過呼吸症候群と呼ばれる。

▶パニック障害

上記の不安発作とよく似た発作が、特別の原因がなく、のんびり過ごしている時などに突然起こるのがパニック発作である。動悸や頻脈、息苦しさ、過呼吸、死ぬのではないかという恐怖がもっとも多い症状であり、めまいや吐き気、手足の痺れなどをともなうこともある。1回の発作は数分から30分、長くて1時間以内で消失する。

パニック発作が頻繁に生じて日常生活に困難をきたす場合、パニック障害と診断される。

▶強迫性障害（強迫神経症）

自分の中で繰り返し起こる過剰な不安や考えを抑えることができない「強迫

観念」と，その不安を打ち消すための「強迫行為」から形成される。多く見られるものに，汚物や細菌に対する恐怖から，何かに触ったあとに何度も手を洗う「洗浄強迫」がある。また，鍵のかけ忘れやガスの元栓の閉め忘れなど，自分の行動に不備がないかを何度もたしかめないと気がすまない「確認強迫」や，数が気になって数えたり計算しないと気がすまない「計算癖」などがある。

　強迫神経症は，激しい受験戦争など，青少年期における心理的に困難な生活状況を背景として発症することが多いが，小児期に発症することもある。援助にあたっては，強迫症状の苦痛に対する十分な理解と支持のもと，行動療法などにより根気よく対応する必要がある。

▶重度ストレスへの反応および適応障害

　大きな不幸や苦痛，ストレスを経験すると，短期または長期にわたる抑うつ反応や，抑うつと不安の混合，その他の情緒障害，自暴自棄的な攻撃行動やひきこもりなどが生ずることがある。また，入学や転校，就職，結婚など社会生活の環境変化により，対人関係をめぐるストレスにさらされることで，上記の症状が生ずる場合もある。

　上記の症状や行動が本人の性格の偏りによるものでなく，そのストレスの要因に誰にも耐えがたいような状況が認められる場合，適応障害と見なし，生活環境の調整や改善を含む援助が必要とされる。

▶解離性障害

　強い葛藤に直面したり，それを認めることができない場合に，その体験に関する意識の統合が失われ，知覚や記憶，見当識（自分がだれでどこにいるのかという認識）などが意識から切り離されてしまうものである。強いストレスによりその出来事に関する記憶が想起できなくなる「解離性健忘」，家や職場などを突然離れて放浪し，その間の記憶が失われてしまう「解離性遁走」，自分の意識が自分自身から離れ，自分の体も自分のものではないかのように感じられる状態が続く「離人症性障害」などがある。

　解離性障害は身体症状に転換されることもあり，その場合，疾病の程度に比べて本人からの訴えの強さが目立つケースも少なくない。かつてはヒステリー

と呼ばれたが，現在ではこの名称は使われていない。

3）精神病性障害・精神病
▶統合失調症

統合失調症の症状と経過はきわめて複雑多様である。

身体症状として，長期間の頭痛や全身のだるさ，不眠などのほか，頭に電波が送られてくる，両足に電気がかかるなどの体感的な幻覚を訴えることがある。

精神症状はさらに多様だが，主なものを3つ挙げると，a. 妄想と幻覚の出現，b. 感情と意欲の低下，c. 思考と認知の障害となる。これらの内，感情と意欲の低下や，思考と認知（知的活動能力）の減退はうつ病にも見られる精神症状であるが，うつ病と統合失調症とでは，両者の生活態度に大きな違いがある。うつ病の場合，これらの症状を苦痛に感じ，周囲の人びとに対して申しわけないという気持ちと自責の念でいっぱいになるのに対して，統合失調症ではこうした症状に没入し，生活そのものにも周囲の人びとに対しても無関心，無感情，無為になる傾向が顕著である。

統合失調症は10歳代前半に始まり，20歳代前半にもっとも多いが，まれに40歳以降にも見られる。男女差は認められず，総人口あたりの有病率は約1％である。

4）アルコール・薬物関連障害

いわゆる依存症と呼ばれるもので，アルコール依存症（アルコール関連障害）と薬物依存症（覚醒剤関連障害，モルヒネ関連障害，その他の薬物関連障害）とに大別される。その他の薬物関連障害には，コカイン依存症，大麻類による依存症，タバコの依存症，向精神薬の依存症が含まれる。以前はアルコール中毒，薬物中毒，ニコチン中毒などと言われたが，現在では中毒という言葉は使わない。

これらの依存が生ずると，その他の物事や人とのかかわりへの関心が薄れ，コントロールの効かない衝動的な行動が多くなる。

児童虐待の背景に，保護者がこれらの依存症に陥っているケースも少なくない。

> **コラム3**
>
> ### 「物質依存」と「情報依存」
>
> 　アルコール，薬物，タバコ（ニコチン）など物質への依存症は，ICD-10やDSM-5などの国際的な診断基準で精神障害として扱われているが，近年では，ギャンブル依存，ゲーム依存，ネット依存など，いわば情報的な依存に陥った人びとが生活に支障をきたして精神科を受診するケースが少なくない。こうした「情報依存」とも言うべき状態が，物質的な依存同様に児童虐待につながるケースも増えている。
>
> 　真夏の炎天下，親が子どもを車に乗せたまま放置し，自身はパチンコに興じて子どもを熱死させてしまうケースは後を絶たない。最近では，SNS（ソーシャル・ネットワーキング・サービス）に熱中してしまい乳児を溺死させた母親の例なども記憶に新しい。また，携帯型端末が急速な進化を遂げる中，子どもがゲーム依存やネット依存に陥る危険性も高まっている。
>
> 　最近の研究により，こうした情報依存にある人の脳内では，薬物依存にある人の脳内とよく似た現象が起きていることも明らかになってきている。今後，情報化が加速する中で，これら情報依存の実態を改めて見直し，予防と対策を行っていくことが重要になるだろう。
>
> 　出所：筆者作成。

（3）精神障害の治療と援助

1）薬物療法

　当事者が薬物療法を行っている場合は，医師の指導のもと，薬の効き方や副作用が日常生活に及ぼす影響について慎重に見守り，気になる点があれば関係者に情報を共有していくことが重要である。状態に応じた薬の調整は専門家に任せるべきであるが，現場の教育者や保育者が，服薬の援助や，薬の副作用が顕著になった場合の対応を求められることもある。そのため，福祉施設で障害児・者とかかわる場合には，当事者が服用している薬の効果の持続時間や副作用など薬に関する基礎知識を持っていることが望ましい。

2）心理療法と心理的援助

　精神や行動に障害をきたしている子どもは，強いストレスを抱えていたり，

他者とのかかわりを避けてひきこもる，あるいは攻撃的になるなどの傾向があるため，これらを緩和するための心理的な援助が重要になる。

　言語能力が未発達で言語を用いる療法の適用がむずかしい子どもには，遊びや表現を媒体とした心理療法が有効であることが多い。これらの心理療法には，遊びを通じて子どもがストレスを発散させたり，自己表現の術を学ぶ遊戯療法（プレイセラピー），造形や絵画，音楽などを媒体とする芸術療法や音楽療法，動物とのふれあいにより心理的問題の解消を目指すアニマルセラピー，スポーツを用いる運動療法などがある。

　これらの療法を医師や作業療法士，臨床心理士が行うこともあるが，日々の現場で実際に子どもたちの援助や教育に取り組むのは，教育・保育関係者であることが多い。これらを行う際，子どもがひとりでやるのではなく，かならず治療者もしくは援助者が直接・間接にかかわることで，子どもが人と一緒に何かをすることを「楽しい」と感じ，その楽しさを他者と共有できるようにすること（情動の共有；emotion sharing）がもっとも大切である。

3）保護者や家族への援助

　精神障害のある当事者の保護者や家族とかかわる際に重要なポイントを2点挙げておく。

　1つめは，障害の原因を，その障害のある当事者の人格と一体化して捉えるのではなく，疾患として独立に捉える視点を持つことである。そして，当事者やその家族が，こうした視点に立って障害に向きあえるよう支えていく必要がある。身体的な障害に比べ，精神障害は原因となる疾患が目に見えにくく，精神や行動に複雑で多様な変調をもたらすという特徴がある。そのため，当事者もその家族も，精神にかかわる疾患により生じている問題の原因がその疾患にあるのではなく，当事者本人の性質や人格にあるかのように思い込んでしまいがちである。たとえば，足に大きなけがを負った人が仕事に出かけられないのは，そのけがのせいであることはわかりやすいが，うつ病の人が仕事に出かけられないのは本人の怠慢であると考えやすい。こうした認識の誤りは，本人をますます追い込み，事態を悪化させる原因になる。こうした過ちを犯さないた

めにも，援助者が，精神障害に関する基礎知識を持つことは重要である。

　2つめは，障害を抱えている人だけに焦点を当てて，何とかしようと本人の状態や行動を急いで変えようとすることは避けるべきである。精神障害は，当事者を取り巻く環境的要因と，本人の身体的・心理的要因とが複雑に絡みあって生じていることが多いため，障害を除こうとすればするほど，そのことが本人のストレスとなり，かえって事態の悪化を招くことが少なくない。たとえば，重篤なチック障害のある子どもに対し，チックをするたびにやめさせようとしたり，選択性緘黙の子どもに無理にしゃべらせようとすると，ますます症状が悪化してしまうことがある。しかし，こうした子どもたちは，通う学校が変わったとたんに，嘘のように治ってしまう例もある。当事者には気長にかかわりながら，本人を取り巻く環境要因にも目を向け，環境を調整することによる問題解決も常に視野に入れることが大切である。

第3節　福祉施設の今後

　本章の冒頭に述べたように，近年，わが国における障害者福祉は一元化の方向にある。

　2006（平成18）年には，従来，身体障害・知的障害・精神障害の障害別に制定されていた福祉法が，三者共通の障害者自立支援法（現・障害者総合支援法）として施行された。[4]

　その目的は障害児・者の自立と地域生活を目指すことであり，障害児福祉に関しては，第1節で触れた児童発達支援センターをはじめ，障害児を対象とした放課後等デイサービスや保育所訪問支援などの創設により，身近なところでサービスを利用できるようになっている。また，養護学校卒業者の半数以上が福祉施設に入所し，就労を理由とする施設退所者はわずか1％という従来の状況に対して，雇用施策と連携した障害者の就労支援事業を行うことで，障害者が働きやすい社会を目指している。

　一方，障害者自立支援法（現・障害者総合支援法）の施行後は，これまで国が

補助していたサービス料の一部を地方自治体や利用者が自己負担することとなった。このことで，地域による格差が生じたり，経済的負担から生活が困窮して，施設に通うことができなくなり，自宅にこもってしまう障害者が増えるなどの問題も生じている。

　戦後日本の社会福祉は施設収容が中心であったが，現在，障害者福祉の構造は「保護から自立へ」，「施設から地域へ」と変革を遂げつつある。こうした潮流の中で，今後，社会福祉施設が地域で果たすべき役割も大きく変わっていくことが予想される。

〔演習課題〕
1）あなたが実習をした，あるいはあなたの身近にある福祉施設が抱えている課題について調べてみよう。サービスの内容と料金はどのようになっているか。利用者に対してスタッフの数は十分か。利用者はいつまで施設を利用できるのか，利用できなくなった場合はどうするのかなどについて調べてみよう。
2）あなたが興味を持った精神障害について調べてみよう。その成因，症状，治療と援助について調べ，将来自分がそうした発達障害や精神障害のある子どもや保護者にかかわる場合，どんな点に留意すべきかを考えてみよう。
3）障害者福祉施設の歴史的変遷について調べてみよう。また，障害者福祉施設が近年どのように変わってきているのか，その背景となる法律や社会問題についても調べ，地域社会で，障害者が必要十分なサービスを受けながら自立を目指すことのできる福祉のあり方について考えてみよう。

〈注〉
(1) 精神疾患の分類・名称については，WHOが定める『疾病及び関連保健問題の国際統計分類第10版』（ICD-10）や，アメリカ精神医学会による『精神障害の診断と統計の手引き』（Diagnostic and Statistical Manual of Mental Disorders: DSM，最新の版はDSM-5）が国際的に広く用いられている。本書は主にICD-10の分類にもとづいている。
(2) DSMでは精神病は「精神病性障害（psychotic disorder）」と表現され，気分障害（一部例外もある）・てんかん・不安障害・身体表現性障害・解離性障害などは精神病に含まれな

(3) 気分変調の代表的なものに気持ちが沈む「うつ」と，テンションが上がる「躁」とがあり，通常と異なっている状態を「エピソード」と呼ぶ。以前はファーゼ（phase；病相）と呼ばれていた。
(4) 障害者自立支援法は，2013（平成25）年に「障害者の日常生活を総合的に支援するための法律」（障害者総合福祉法）として改正された。

〈引用・参考文献〉

中根允文・岡崎祐士・藤原妙子訳『「ICD-10」精神および行動の障害――DCR 研究用診断基準』医学書院，1994年。

山下格『精神医学ハンドブック（第6版）医学・保健・福祉の基礎知識』日本評論社，2007年。

中根晃・牛島定信・村瀬嘉代子編『詳解 子どもと思春期の精神医学』金剛出版，2008年。

(第1節 大塚良一，第2節・第3節 八木玲子)

補　章

福祉施設実習に関する不安や悩み Q&A

　社会福祉施設での実習に参加するにあたってはさまざまな不安や悩みを持つことと思う。また実際に実習が開始されてからでもさまざまな問題と出あい，どう解決したら良いかとまどいを感ずることが多い。本章では施設実習に参加した実習生から寄せられた疑問点を参考に Q&A 方式で基本的な対応方法について説明を行ったので参考にしてほしい。

> Q1：実習に参加するための学校でのオリエンテーションで実習中の服装や携帯電話の使用についてきびしく指導されます。なぜ髪の毛は黒くしたり，ピアスなどをしてはいけないのでしょうか。

A1：実習はキャンパスでの生活とは異なるということを認識しなくてはいけない。実習では，学校生活とは異なる施設の生活にあった行動が要求される。したがって頭髪や服装も，派手で刺激的なものでなく，施設での実習に適した，清楚で飾り気のないものにする必要がある。社会福祉施設の実習生として，福祉について理解を深め，利用者とふれあうには，施設の雰囲気に適した服装や身だしなみが求められる。場違いな身なりは周囲に迷惑なものに感じられるために学校ではきびしい指導を行うのである。

　髪の毛は，脱色したり金色や茶色（いわゆる茶髪）に染めたりしているなら，実習までにはかならず黒髪に直しておくことが大切である。ロングヘアーであれば，児童・利用者さんの前で長髪を振り乱すのは危険があるので，かならず束ねて活動的で清潔な印象を心がけるようにする。髪の色だけでも，実習の評

価が下がることがあるので注意が必要である。

　服装については，ジャージやジーンズを禁止している施設もあるので基本的には施設側の指導にしたがう必要がある。指定のない場合でもタンクトップやミニスカート，股上の浅いスラックス，下着の透けて見えるような薄手のTシャツの着用などはさける必要がある。

　履きものは，ブーツやハイヒールでは利用者と外で遊べないので，実習にはスニーカーのような活動的な靴の利用が好ましい。

　学校で指導されていると思うが，児童や利用者とのスキンシップを考えて，爪の長さにも注意しなくてはならない。長い爪やつけ爪，ネールアートなどは問題外と言える。適度な化粧は必要なことと思うが，濃い化粧やマニキュアや香水の使用などは実習を行う上で弊害となるのでふさわしくない。ピアスやイヤリング，ネックレス，ブローチなどは事故に結びつく危険性が大きいので実習中の使用を禁止している学校が多い。携帯電話の使用についても同様の理由から実習中の使用を禁止している学校が多い。

　安全，清潔，動きやすさ，美しさを考えて，身だしなみを整えることは大切なことである。実習のためとはいえ，急に頭髪や服装，化粧を変えることには違和感があるかもしれないが，将来，保育士という専門家としての仕事に就くという意識と緊張感を持っていれば，おのずと理解できるはずで，日頃から気をつけることが必要と言える。実習という機会を通じて専門家としての心がまえを養えるようになる必要がある。

Q2：私はこれまで旅行以外は家を離れたことがありません。今回施設実習で施設に宿泊して実習をすることになりました。不安でたまりません。実習が心配で不安です。

A2：乳児院や児童養護施設などの福祉施設は家庭にかわる生活の場として衣・食・住全般にわたっての支援を行っており，当然のこととして支援にあたる保育士は保育・指導や援助・支援に関するすべての活動を行う。昼間だけの実習

では，児童や利用者の生活，保育士の役割を理解する事は困難であり，児童と起居をともにして，初めてお互いの真の姿にふれあうことができると思われる。

実習のためとはいえ親元から離れて生活するということには不安があるかもしれないが，施設で生活している児童は全員が親元から離れて生活をしていることを理解してほしい。実習生にとっても家庭から離れて生活することによって，自己や家族の役割など見直す良い機会となり，社会人になった時にも役に立つと考えらる。不安を乗り越えて実習に取り組んでほしい。

> Q3：施設の実習では家事や掃除・洗濯などがあると聞きましたが，普段の生活で身につけておくことはありますか。

A3：施設での実習は，「生活」ということがベースにあるため，乳児院や児童養護施設などでの実習では家事全般にわたる活動が求められる。当然のこととして実習生にも家事全般について身につけていることが求められる。掃除，洗濯，炊事などの日常生活に必要な家事は，一日で身につけられるものではないので，普段の生活の中で身につけておく必要がある。

雑巾の絞り方やほうきの持ち方などを児童や利用者に教えてもらうようなことのないようにする必要がある。トイレの掃除などでは汚いところと嫌がる実習生がいるが，それでは実習にはならない。児童や利用者がどこをさわってもよいくらいにきれいに掃除する方法を身につけておきたいものである。洗濯や炊事，食事のマナーなどに関してもまったく同様のことが言える。

実習中に特に気をつけてほしいことは，自分の身体の健康管理である。実習中に体調を崩すと，本人だけでなく，まわりにも迷惑をかけ，その後の実習期間の延長などを考えなくてはならないので，体調管理には十分気をつけることが大切である。

実習先で学生が注意されることの一つに挨拶の仕方がある。基本的な挨拶や礼儀，目上の人への言葉づかいなども，非常に重要なことであると言える。社会人としての常識を身につける努力は，毎日怠ることなく続けていかなくては

ならない。

　朝「おはようございます」と職員に言わなかったため，その後の実習で「挨拶のできない実習生」とレッテルを張られたということはよく聞く話である。

> **Q4**：実習先に携帯電話を持ち込んでもよいのでしょうか。家庭を離れて宿泊実習をするとなると，緊急の際のこともあるので，携帯電話がないと何だか不安です。実習先では，携帯電話の持ち込みはどうしても禁じられるのでしょうか。

A4：これはよく質問されることで，実習中は，茶髪・ピアス・携帯電話の3つを禁止している施設が多い。携帯電話の持ち込みが許可されない施設があることも覚えておく必要がある。施設の利用者たちがほしがっている携帯電話を児童・利用者の目の前で見せ，刺激を与えることで予想しないようなトラブルの発生が懸念される。実習に携帯電話を所持し，メールや長い時間話していると実習に集中できない。他の実習生の活動の妨げになる。記録の作成や翌日の実習に影響が出るなどが懸念される。

　携帯電話の所持，利用については学校からの指導，実習園側からの指導をふまえ適切に対応することが必要である。最近では実習中は所持しない，電話番号は教えないなどの一定程度の条件を課して携帯電話の持ち込みを認めている施設も多くなっている。

　家族からの緊急連絡方法ならば，施設の電話番号を知らせておくことで対応できるし，学生からの連絡でも，施設の公衆電話を借りることで済むことが多い。

　最近ではSNS（ソーシャル・ネットワーキング・サービス）の利用が容易となり，LINEなどに書き込みを行い問題となる例が増加している。

　実習中に知り得た秘密は絶対に口外してはいけないと言う守秘義務については学校で指導されているはずである。特に，あなたの地元にある施設での実習では，家族の口から児童・利用者の家庭環境，援助・支援などのプライバシー

にかかわることがいつの間にか噂として流れてしまうことで，施設の利用者の心や施設自体を深く傷つけてしまう可能性がある。悪意がなくとも大きな問題となってしまう危険性があるので携帯電話（スマートフォンを含む）の使用については十分な注意が必要である。

> Q5：実習中に施設の利用者さんから住所や電話番号，携帯電話のアドレスなどを教えてほしいと言われました。教えてもよいのでしょうか。実習後の約束などはしてもよいのでしょうか。職員の方から同様なことを求められたらどうしたらよいでしょうか。

A5：基本的には，実習生は，住所や自宅電話，携帯電話の番号やアドレスなどのプライバシーに関する情報を，児童や利用者に伝えないようにした方が良い。また，実習後の約束もトラブルの原因になることがあるので，児童や利用者から求められても安易に判断せず，まず指導担当の保育士（職員）に相談の上で対応することが必要である。特に実習後に，児童や利用者と個別に施設外で会うことを求められた場合は，原則的に断るべきである。

　施設の利用者たちとなかよくなっても，プレゼントの交換，および金品の授受を固く禁止している施設も多い。ただし，施設周辺に咲いている花を，児童・利用者からいただくことはいけないこととは言えない。

　利用者たちとの良い関係を壊してしまうのではないかと不安になるかもしれないが，実習生はまだ学校に所属する学生であって，保育士（職員）とは立場が異なる。施設の利用者との関係において，自分が責任を負える立場ではない。したがって実習生には，施設の利用者からどう思われるかを考えるより，実習生である立場の限界を認識した上で，慎重に行動することがより求められる。

　福祉施設は多くの保育士（職員）が共同し，チームワークで利用者たちにかかわる場所であるから，そこには方針や厳密な規定が存在する。たいていの場合，特定の利用者や家族との個人的接触を戒めている。実習生が住所や電話番号などの交換をしたり実習後の約束をしたりするのはこうした戒めの主旨と矛

盾する行動と言える。

　児童養護施設の場合，子どもたちと年齢が近い実習生は，職員以上の親近感を持たれることがある。しかし同時に，実習生としての未熟さを児童や利用者たちに見てとられがちである。通常の生活の中で保育士（職員）に対しては見られない過剰な要求や期待を向けられた場合，経験のない実習生は利用者の望ましい距離を見失いがちである。

　多くの子どもや利用者に積極的に接していくことは大切だが，プライベートな情報を教えるなど，実習生として取り組む必要のないことは，嫌われることを恐れずはっきりと意思表示をすべきである。

　実習先の保育士（職員）から住所や携帯アドレスを聞かれたという実習生がいる。実習生の必要な情報は実習生紹介書などの形で実習園側に提供されているので，必要な場合にはそちらを見ていただければ良いわけで，基本的には教える必要はないと言える。実習終了後，いらぬトラブルに巻き込まれたという話を聴くこともある。もし要求された場合には実習園の管理者や指導職員，学校の実習担当教員と相談してみると良い。

　はっきり言えることは，「自分のプライバシーに関する情報は自己の責任で管理する」ということである。

> **Q6**：実習先は児童養護施設のため年齢的に近い高校生とのかかわりがあります。気をつけるべきこととしてはどのようなことがあるでしょうか。

A6：福祉施設で生活するということは，ともに生活を助け支えあい，役割分担もできた大きな家庭と考えることができる。その中に，実習生は，外部から来たという立場で11～13日間程度生活をともにするのである。実習生は，施設実習から専門的な保育・援助・支援や役割を体験するわけだが，児童や利用者との関係をどのように持てるかは実習内容や評価に大きく影響する場合がある。

　施設によっては高校生など自分の年齢に近い利用者と接し，興味の対象や趣

味など共通するものや理解しやすいものを持っている場合が多い。実習生として利用者と人間関係をどうしていったら良いかを考えた時，友だち関係のような自由なものではないことを認識する必要がある。特に高校生は，実習生の言動をよく見ているもので，ある程度距離を置きながら現在の状況や相手に応じた声かけを心がけ，丁寧に対応し，関係づくりを心がけることが大切である。特に虐待などを受けた経験のある子どもや利用者に対しては慎重な言葉がけを心がけた関係づくりが求められる。時間をかけてでも児童の一人ひとりの気持ちを配慮しながらあなた自身を理解してもらい，仲間（グループ）に入れてもらうことが求められる。児童・利用者にとっても実習生との出会いは，楽しみにしていることには間違いないので，わかりあえたらうれしいことである。こうしたことを学ぶことができるのも施設実習ならではの取り組みと言える。

　利用者を理解するのに必要なことは，自分を振り返ること，日々成長し経験の積み重ねの中で変化している自分を知り，「自己覚知」を深める必要がある。

> **Q7**：私は障害児の生活する施設で実習を行います。障害のため言葉によるコミュニケーションがむずかしいと思いますが，どのようにかかわればよいのでしょうか。

A7：言葉（言語）でのコミュニケーションが困難な時には，あわてず気持ちを落ち着かせて，できることを考えるべきである。表情，視線，姿勢などの非言語的な表現方法などを上手に活用して表現を受け止める努力が必要である。保育士（職員）がどのようにコミュニケーションをとっているのかをよく観察することも参考となる。可能であれば筆談，ジェスチャーなど，利用者の特性や個性を理解したコミュニケーション方法を用いることも有用である。

　コミュニケーションは，援助・支援をするための良い関係をつくるためのものと，意思を確認するなど，より良い援助・支援を行うために活用するものに分けられる。職員からの情報，会議や打ちあわせ，ケース記録（個人情報ということで閲覧させてくれない施設もある）からの情報をもとに利用者の求めている

ことを理解し，コミュニケーションの目的を考えてみると良い。

　言葉でのコミュニケーションの困難な方と接する時には，実習生からの一方的な働きかけだけでつまずいていることが多い。

　言葉の表現のむずかしい人でも，実習生の言葉はある程度理解できると考えるべきであり，感情や意志・欲求などの内面を理解し受け止めようとする実習生の姿勢は感じとってもらえている場合が多い。握手などのスキンシップや視線をあわせるなどいろいろな方法で，関心や好意を伝えることが重要である。言葉で反応がなくても，あせらず根気強く接することで，かならずわかりあうことができる。

　実習の初めに，利用者の１人でもコミュニケーションがとれると，うれしくなり自信もついて，それ以後の実習が充実する場合が多い。

> Q8：子どもたちとのかかわりを始める時，どのような会話をすればよいでしょうか。また，他に注意しなくてはならないこととしてはどのようなことがあるでしょうか。

A8：その場にあった会話ができるかどうかが問題となるかと思う。挨拶をするのが適当な場面なら挨拶を行い，遊んでいる場面なら「私も入れて」というような声がけが大切と言える。「施設で生活する子どもだから」ということで必要以上に意識して緊張しないようにすべきである。実習生が施設の児童から聞かれたらどうしようかと思う会話の中で，「家庭の話題」があるが必要以上に意識しないことが大切である。

　子どもたちや利用者が自分の家族のことを話し出したり，あなたの家庭のことを聞いてくることがあるが，たとえば「実習生のお母さんってどんな人ですか」と聞かれ，親と一緒に暮らしていない児童・利用者に自分の母親の話をしてつらい思いをさせるのではないかと考えて，子どもたち・対象者への答えがあいまいな説明や回答であったりすると，そうした実習生の態度に不信感をいだく場合がある。「今度の実習生は，私が聞いても正直に答えてくれない」と

思わせてしまうことのほうが関係をむずかしくさせる。

　児童は自分の家庭のことを聞いてほしいから話すのであり，また，あなたの家庭のことを知りたいから質問してくるのである。そのような場合は丁寧に聞いてあげることが大切。聞かれたことについては正直に答えてあげれば良いこと。変に意識しすぎると児童はかたくなに心を閉ざしてしまうかも知れない。雰囲気は柔らかく，観察は鋭くの姿勢が大切であり，利用者の言葉の心の奥にある気持ちをわかろうとすることを心がけてほしい。

　子どもや利用者の会話は，絶対という言葉を使えば会話は成り立たない。会話の時の視線はやさしく，利用者の話の腰を折らないで，あなたの自慢話はなるべく避け，タイミングのよい相槌を打ち，同じ目線の高さで話をすることを心がけることが大切である。

　利用者に「横柄な人」，「威張っている人」と思われないようにすることが重要である。

Q9：実習時間以外に子どもたちとかかわってもよいのでしょうか。休憩時間などに子どもから遊ぼうと言われたらどうしたらよいのでしょうか。

A9：実習の初めは，慣れない環境と初めて接する利用者とどうやって関係を築いていくかで，大変緊張すると思うがあっという間に1日が過ぎ，数日経過して徐々に慣れてくると子どもとの関係も少しずつ形成されてくる。施設の利用者は実習生との関係ができてくるといろいろな要求をしてくる場合がある。中でも一番に考えられるのが，実習時間以外にも遊んでほしいとか，相手をしてほしいといった要求だろう。こうした要求に対しては一生懸命実習に取り組むほど多くなり，実習生にとっては相当の葛藤が出てくる。

　まず，勤務時間外での子どもたちのかかわりについてであるが，原則的に勤務時間外は接しないようにすることが良いであろう。冷たい対応のように感じられるかもしれないが，施設の利用者とかかわるということは，非常に責任の重いことであることを認識してほしい。実習生と言えども，彼らにとっては大

変影響力の強い存在である。実習生にとっては気軽につきあったつもりが、事故やけがなど取り返しのつかない事態になる恐れがある。十分注意する必要がある。休憩時間に利用者が遊んでほしいと言ってくることもよくあることである。この時も、実習生も休憩時間に心身を休める必要があるので、できることならうまく断るようにした方が良い。もし、どうしても休憩時間に利用者の相手をしなくてはならない場合は、担当の保育士（職員）にかならず相談し、了解を得てからにし、実習生の独断で接することはやめるべきである。

　勤務時間外は利用者と接しないようにすることが基本だが、実習生の気持ちとしてはできれば接してあげたいと感じるかもしれない。その気持ちは大切であるが、実習の責任の重さを考えて、けじめのある接し方ができるように心がけることが必要である。利用者へのことわり方にも工夫が必要である。これも実習の中で学べる大切なことである。利用者の気持ちを尊重しつつ、やさしく彼らに伝えてほしい。

> **Q10**：利用者に抱きついたりされた時の対応はどうすれば良いですか。利用者に抱きつかれたり、からだに触られ、びっくりしてしまいました。このような時どのような対応をとればよいのですか。

A10：実習生に利用者が抱きついたりする行為には、離れて暮らしている母親などに抱く母性的愛情を求めて行う場合と、生理的な性的感情（性的欲求）からくる場合があると考えられる。どのような理由によってそのような行為をするのかをよく見きわめることが大切である。

　胸やおしりを触ってくる行為や、あきらかに性的感情（性的欲求）からくる行為の場合など反社会的行動に対しては、そのことを伝えることが大切である。「障害者だから。わからないからしかたがない」と思う実習生もいると思われるが、実習生のそういったあまりに受容しすぎる考え方が、利用者にとって結果的に生活しづらい環境をつくりあげていくことになるので、注意しなくてはならない。「やめてください」というように、あなたが不快に感じるというこ

とを伝える必要があるが，単に拒否するだけでなく，その人の特性を十分理解した上で，どうしていけないのかをわかってもらえるように伝える工夫が必要であり，児童や利用者によって工夫が必要な場合があるので，自分だけで解決しようとしないでかならず担当の保育士（職員）に報告をして相談することが不可欠である。

　実習期間は短く貴重な時間であるので，その期間を不快な想いを抱きながら過ごしていては，子どもや利用者と十分に接することができなくなってしまうので，うまく乗り越えて実習が進められるようにすることが大切である。

　「実習生だからしかたない」，「がまんすれば良い」というようなことは絶対に避けなくてはいけない。

> Q11：子どもの部屋の掃除中に誤って本人が大事にしている玩具を壊してしまいました。どうしたらよいでしょうか。

A11：まずは，すみやかに保育士（職員）へ報告し，その時の状況をありのままに説明して誠意をもって謝ることが大切である。過ちはだれにもあるが，大切なのは事後処理をどのようにするかということ。弁解やごまかしは禁物である。

　子どもや利用者に対しても誠意をもって謝ることに変わりない。担当の保育士（職員）からもアドバイスを受けるだろう。弁償が必要になる場合もあるので，かならず学校へ連絡することである。学校では万が一の場合を考え，実習生のための損害保険に加入している場合が多い。

　施設で生活する子どもや利用者は，自分の玩具や衣類などの持ち物を通じて家庭を思い出す場合がある。一見何でもないように思われる物であっても彼らにとっては宝物になる場合があることも知っておこう。

　逆に，児童・利用者が実習生の持ち物を壊してしまったりすることもあるので，施設実習には高価な品を持っていかないのが原則である。学校のオリエンテーションでは，そのような指導を十分に受けていたにもかかわらず，ブラン

ド品の高価な時計をしたまま実習に参加し子どもたちと共にすごしている時，時計が外れて壊れてしまった例がある。こうした場合，弁償してもらえる保証はないので，実習には「壊れては困る物，失くしては困る物」は持って行かないことが大原則である。

> Q12：保育士（職員）によって保育・指導方法が違って困ります。複数の保育士（職員）に指導してもらっていますが，担当者が日々変わるため，勉強にはなるのですが，保育士によって異なる内容の指導をされることがあり，悩んでいます。

A12：施設の種別によっても異なるが，保育士のほかにも，児童指導員や生活相談員，母子指導員，看護師，栄養士，事務員などをはじめ，さまざまな職種の職員が連携して指導を行っている。

　同じ施設で働く保育士（職員）であっても受けてきた教育内容やその人の人生観，役割などで指導方法に差違の生ずる場合がある。異なった考え方をする保育士（職員）が，それぞれ勝手に利用者の保育・指導・支援をしていくと混乱をきたし，児童の保育や指導・支援に大きな弊害が出てしまう危険性がある。そのようなことにならないよう，施設では個々の子どもや利用者の保育・指導・支援方針を施設全体で決定し，決定した方針にしたがって児童の保育・指導・支援が実施されることになっている。個別支援計画や個別指導計画，個別保育計画などと呼ばれているものである。

　実際の生活場面における児童と保育士（職員）のかかわり方は絶対的な方法があるわけではなく，その場の状況によって多様に変化していくものであり，ある状況で行った保育・指導・支援が，別の場面では変化する場合もある。実習生には不可解と思えるかもしれないが，接している保育士（職員）にはそれ相応の正当な理由があって意図的に保育・指導・支援された場合がある。

　こうした理由ではなく施設全体での意思統一や連携がとれていなかったり，職種間や職員間での意見の食い違いが原因で統一性のとれない対応がなされる

場合もある。施設内でのチームワークがとれていないということであり，施設内虐待というような不適切な対応が発生してしまう原因となることがある。このような状態では，実習生はどの保育士（職員）の指示にしたがってよいのかわからず，混乱し実習を続けていくことが困難になる。

　実習生にしてみればその時々に指導された内容にしたがわざるを得ないが，従前に受けた指導事項との違いを整理し，その日の引き継ぎの時などに実習担当者に質問してみたり，実習日誌などに書きとめて質問してみると良いかも知れない。そうした行動を試みる際には勇気のいることだと思うが，該当する保育士や施設の対応を非難するような言動には十分注意する必要がある。また，何日も経ってから質問するのではなく，その日の内に質問することを心がけてほしい。時間が経ってしまうと，人間の記憶はあやふやになりやすく前後の状況が不明確となり，適切な回答をもらうことがむずかしくなる。保育や指導・支援の違いを質問する時には，横柄で批判的な言動は禁物であると同時に，間違えても LINE や Facebook などを使用してネット上に書き込んでしまうようなことは絶対に避けなくてはいけない。大きな問題となってしまうことがあるので細心の注意が必要である。

　保育・指導・支援方針はすべての職員に共有され実施されてこそ意味があるが，すべての保育士（職員）に徹底してゆくことは大変困難なことである。施設側も努力していると思うが，こうした実習生からの質問が，施設の保育・指導・支援内容や方法を向上させるきっかけになる場合も大きい。

　実習生のみなさん，このような状況になったとしても多くの先輩が経験していることを参考にして適切な行動をとり，実習を続けがんばってほしい。

（小野澤昇・田中利則・大塚良一）

用語解説

エンパワメント

エンパワメント（Empowerment）の語源的起源は17世紀の法律用語で「権利や権限を与えること」[1]である。たとえば私たちの生活の中で，自分が「こうしたい」と思うことに対して社会的制約で不当に制限が加えられたとしたら，また，それがあたりまえになり「しかたがない」とあきらめてしまったりすることはないだろうか。施設生活の中でのエンパワメントとは，利用者が生活の主体となれるよう力をつけ，自分自身の生活に関して意見や発言を行い，生活や環境を変えていく力を持つことである。利用者の自治会，児童会（小学生会など）の育成などがこれにあたる。

ウェルビーイング

ウェルビーイングは一般的には「良好な状態（well-being）」ということになる。社会福祉の分野では権利・個人の尊重・自己実現など人間のより良い生活の追及と保障を意味している。社会福祉施設では支援費や措置費などで限られた生活を余儀なくされる。しかし，その中でも利用者の生活が保障され，個人が尊重され，夢を持ち，自分自身が目指すものに対する支援を適切に行うことがウェルビーイングにあたる。

感染症

感染症とは微生物が人体の中に侵入したことにより起こる病気のことを言う。重い病気を引き起こす微生物のことを病原体，あるいは病原微生物と言い[2]，ウイルス，リケッチア，スピロヘータ，クラミジア，マイコプラズマ，細菌，原虫などがいる。食事の飲み込に障害のある嚥下障害では，急に発熱を起こす事例がある。風邪の対応をしても熱が下がらず病院で検査を受けるとマイコプラズマ肺炎と診断され，マイコプラズマの感染症によるものと分かる。

また，集団感染ではO157をはじめとした腸管出血性大腸菌のように集団感染力の強いものもあり，実習では，身を守るためマスクと使い捨てビニール手袋を携帯することが大切である。

QOL

QOLはクオリティ・オブ・ライフ（quality of life）「人生の質」という意味。元は1970年代後半頃にリハビリテーションの目的を日常生活動作（ADL activities of daily living：食事・更衣・移動・排泄・整容・入浴など）の着目から，本来，持っているその方の人生の質へ着目に変化することを提言したことから生じた。日本では1984年に上田敏が「ADLからQOLへ──リハビリテーションにおける目標の転換」という論文で

問題提起をしている。

行動療法

ドイツの心理学者ハンス・アイゼンク（Eysenck, H. J.）は学習理論に基礎とする心理療法を行動療法と呼んだ。障害児・者支援施設の中には問題行動（奇声，他者への攻撃，特定のものなどへの強い固執など）の強い利用者に対し，その軽減のため行動療法として行動の制御・制限を行い，行動変容を行っているところがある。代表的技法としては，条件反射療法，オペラント条件づけ療法，条件づけ療法などがある。

コミュニケーション

コミュニケーションとは言語，身振り，映像などの記号を使って送り手と受け手の間で交わされる相互の伝達を言う。会話や文字によるコミュニケーションを特に，言語的（バーバル）コミュニケーション（verbal communication）と言い，ジェスチャー，態度，表情，声の大きさやテンポなど言語によらないコミュニケーションを非言語（ノンバーバル）コミュニケーション（non-verbal communication）と呼ぶ。

施設保育士

児童福祉法の一部改正により，2003（平成15）年11月29日から保育士資格が国家資格として法定化された。この改正により，保育士資格を児童福祉施設の任用資格から名称独占資格に改め，併せて守秘義務，登録に関する規定が整備された。同時に，保育士の約9割が保育所保育士であることから，それに対して，その他の児童福祉施設等で働く保育士を施設保育士と呼んでいる。大きな違いは，利用者の対象年齢であり，保育士は乳幼児を対象にしているが，施設保育士は児童（乳児から満18歳に満たない者）を対象にしていることである。

施設養護・社会的養護・家庭養護

2011（平成23）年7月「社会的養護の課題と将来像」では，家庭的養護（里親，ファミリーホーム）と，施設養護（児童養護施設，乳児院等）に分け，家庭的な養育環境に近づけていく方向を示している。

しかし，2012（平成24）年1月16日「第13回社会保障審議会児童部会社会的養護専門委員会資料」では，「『家庭的養護』と『家庭養護』の用語の整理について」では，「施設養護」に対する言葉として，里親等には「家庭養護」を用い，施設において家庭的な養育環境を目指す小規模化の取り組みは「家庭的養護」を用いるとしている。

児童票

児童のこれまでのすべての人生の歴史が簡潔に記述された書類である。書式は，基本的には，氏名や生年月日・年齢，親や兄弟の氏名・年齢，住所，障害の有無，病歴，性格，通園した保育所や幼稚園名，通学した小学校・中学校・高校名，職歴

など，対象となる児童の歩いてきた，これまでの道がおおよそ第三者にも理解できる内容が記述してある。

障害者の日常生活及び社会生活を総合的に支援するための法律（障害者総合支援法）

2013（平成25）年4月1日から，「障害者自立支援法」が「障害者総合支援法」となり，障害者の定義に難病等が追加された。また，2014（平成26）年4月1日から，重度訪問介護の対象者の拡大，ケアホームのグループホームへの一元化などが実施された。「障害者の日常生活及び社会生活を総合的に支援するための法律」とするため，「自立」の代わりに，新たに，「基本的人権を享有する個人としての尊厳」を明記。さらに，障害者福祉サービスに係る給付に加え，地域生活支援事業による支援を明記し，それらの支援を総合的に行うこととした。

守秘義務

全国保育士会倫理要領には，プライバシーの保護があり，その中で「私たちは，一人ひとりのプライバシーを保護するため，保育を通して知り得た個人の情報や秘密を守ります」と言っている。これは，職業上知り得た個人の情報を本人の承諾なく他に漏らしてはならないという義務規定でもある。

実習生はまだ学生であり，この規定には該当しないが，これから保育士になることを自覚し，実習では守秘義務を守ることが重要である。また，施設によっては誓約書によって守秘義務を課しているところもある。

小舎夫婦制

小舎夫婦制は児童自立支援施設の処遇体制の一つである。夫婦である児童自立支援専門員と児童生活支援員が児童と一緒の寮舎に住み込み，生活をともにしながら支援するという伝統的な形態である。

親　権

民法では，親権とは，基本的には，保護者（親，以下略す）が，わが子の監護や教育を行う権利および義務のあることを意味する（民法第820条）。その権利の中には，居所指定権（民法第821条），懲戒権（民法第822条），職業許可権（民法第823条），財産管理権と代表権（民法第824条）がある。つまり，親権とは民法上，父母，または父母のいずれかが未成年の子に対して有する身分上，および財産上の監督保護を内容とする権利や義務の総称のことを言う。なお，本人の申し出があった時や，親族や検察官に加え，未成年後見人の申し出があり，家庭裁判所の審判を行い，許可した時には，親権の制限や親権の喪失の手続きを取ることが可能となる。

親権喪失の審判（一部改正）

保護者が虐待や育児放棄などの児童の心身を阻害しかねない事態が見られる時には，民法の834条（親権喪失の審判）

では「父又は母による虐待又は悪意の遺棄があるときその他父又は母による親権の行使が著しく困難又は不適当であることにより子の利益を著しく害するときは，家庭裁判所は，子，その親族，未成年後見人，未成年後見監督人又は検察官の請求により，その父又は母について，親権喪失の審判をすることができる。ただし，二年以内にその原因が消滅する見込みがあるときは，この限りでない」としている。近年の児童虐待の増加に対応して，「親権喪失」の原因として，「子どもの利益を著しく害するとき」が加えられた。また，親権喪失の請求に子ども本人と，未成年後見人，未成年後見監督人も加えられた。

ソーシャルスキルトレーニング（Social Skills Training：SST）

　認知行動療法にもとづいた，リハビリテーション技法の一つであり，カリフォルニア大学のロバート・リバーマン（Liberman, R. P.）教授により確立された[3]。ソーシャルスキルトレーニングとは人間関係に関して，良好な関係を維持していくための知識や技術のことであり，わが国では，認知のためにコミュニケーション技能が阻害されている精神障害者などのコミュニケーション問題からの回復を図る技術として用いられてきた。具体的な展開としては，ロールプレイングなど，実際の場面における実技のトレーニングであり適切な場面対応など良いところに注目し自信をつけていくものである。障害関係施設で，社会復帰のための訓練技法として使用しているところもある。

措置・送致

　措置とはある事項において適切な手続きを行うことであり，社会福祉の分野では，法律上の施策を具体的に実施する行政行為のことを言う。1947（昭和22）年に制定された児童福祉法第26条では「児童相談所長は，第25条の規定による通告を受けた児童，第25条の7第1項第1号若しくは第2項第1号，前条第1号又は少年法（昭和23年法律第168号）第6条の6第1項若しくは第18条第1項の規定による送致を受けた児童及び相談に応じた児童，その保護者又は妊産婦について，必要があると認めたときは，次の各号のいずれかの措置を採らなければならない」としている。これは児童福祉施設などの施設措置のことである。また，送致とは家庭裁判所により処分された者を少年鑑別所や少年院に収容することである。

ダウン症

　ジョン・ラングドン・ハンダント・ダウン（John Langdon Haydon Down）により，扁平や目がつり上がっている，目頭の余分な皮膚，鼻が低いなど特徴的な特質を持った人たちが報告された。このような人たちをダウン症候群と言う。ダウン症候群の原因は染色体異常であり，人間には22対の常染色体と1対の性染

色体がある。ダウン症候群はこの染色体に何らかの異常をきたしたものであり，一番多いのは21トリソミー（重複という意味で，通常染色体は一対2本だが3本になる）であり，染色体の21番目が1つ多くなっている。知的障害をともなっていて，母親の出産年齢が高くなるほど発生頻度が増える。知的障害児・者施設の実習ではダウン症候群の方を支援する機会も多い。多くは，音楽が好きで，話しやすく，色々なことを話してくれる。しかし，言葉が明確でなく聞き取りにくい場合がある。表情やしぐさなどから何を言われているのか読み取ることが大切である。

試し行動

　児童虐待など受けた子どもたちの中には家庭という限られた世界の中で支配的な生活を体験している子どももいる。その子どもたちが急に児童養護施設や里親など今までと違う環境に置かれた時に，周囲の人（施設職員・里親・教師など）の反応や，自分を受け止めてくれるかを見るために行う行動をとる。その行動を「試し行動」と言う。たとえば，わざと大人が怒るような暴言や性的発言などを言ってみたり，感情的に物にあたる行動をとってみたりする。児童養護施設などで実習を行った学生がとまどう行動の一つである。言葉や行動の背後にある子どものライフヒストリー（生活歴）に注目し，子どもを理解していくことが重要である。

チームアプローチ

　チームアプローチとは聞きなれない言葉である。しかし，地域社会で，クライエント（ニーズを持つ人）を支援するためには，必要なアプローチである。保育士に限定しないで，多職種の専門家と協働することが特徴である。保育士や医師・保健師・看護師，社会福祉士，精神保健福祉士，作業療法士，臨床心理士などクライエントを取り囲むすべてのスタッフがチームをつくり，当事者（クライエント）を支援する方法を意味する。このアプローチではすべてのスタッフは公平な立場にあり，それぞれの立場から自由に意見の交換や情報交換を行いながら，課題や問題の解決・緩和に取り組んでいく手法を言う。

TEACCHプログラム

　TEACCHとはTreatment and Education of Autistic and related Communication handicapped Children（自閉症やコミュニケーションに関する障害がある子どもの治療と教育）の頭文字を取った言葉である。ノースカロライナ大学のエリック・ショプラー（Eric Shopler）博士により提唱され，ノースカロライナ州で自閉症の取り組みとして州法で定め実践されたものである。TEACCHプログラムとは，個別教育計画（プログラム）を作成し，生涯にわたって継続する一貫した総合的・包括的な支援を行い，自立を目指すものである。そのため，自閉症の人たちの特性や機能にあわせて環

境を変更し，構造化された教育を行う。医師や教師などの専門家は専門領域にかかわらず，広範囲にわたる知識を持つジェネラリストとして自閉症のすべての問題を理解しコミュニケーションスキルや行動管理を行うスタッフの役割を担う。障害児・者の支援を行っている施設の中には個別支援計画にTEACCHを取り入れた対応を行っているところも見られる。

てんかん

大脳の神経細胞に異常な電気的興奮が生じ，その結果意識，運動，感覚などの異常を発作性，かつ反復性を生ずる慢性の脳疾患である。[4]

なお，知的障害者福祉協会が実施した，「平成23年度全国知的障害児者施設・事業実態調査報告」では，施設利用者の「てんかん」の状況について，旧法の入所型施設では更生入所では28.4％（前年29.6％），児童入所では23.6％（同23.7％）が，通園（所）型施設では更生通所の24.0％（同25.2％）としている。実習中に利用者にてんかん発作が起こった場合は，あわてず周囲の危険物を排除し，発作の起きた時間，発作時間，状態等を計測・観察し職員に知らせることが大切である。

熱中症

環境省「熱中症 環境保健マニュアル」によると熱中症とは「高温環境下で，体内の水分や塩分（ナトリュウムなど）のバランスが崩れたり，体内の調整機能が破綻するなどして，発症する障害の総称」である。[5] 熱中症は暑い時に運動や活動を行うことにより体温上昇を起こし，その結果，私たちの体が適切に反応できなくなり熱の産生と「熱伝導と汗」による熱の放出とのバランスが崩れてしまい，体温がいちじるしく上昇した状態であり，死に至る危険性がある。

児童養護施設などの実習では，屋外では帽子をしているか，水分はこまめに摂取しているか，日陰を利用して遊んでいるかなど子どもたちの状況をよく観察し，熱中症を予防することが大切である。また，近年は地球の温暖化により部屋の中でも熱中症が発生する可能性があり，冷房や子どもたちの居室の環境についても注意していくことが大切である。

ノーマライゼーション

ノーマライゼーション（normalization）はデンマークのバンク＝ミケルセンにより提唱された障害者の生活に関する考え方である。「たとえ障害があっても，その人を平等な人として受け入れ同時に，その人たちの生活条件を普通の生活条件と同じものとするよう務める」[6]というものである。戦後日本は，コロニー政策の中で大型の障害者施設を造ってきた。実習でもそのような施設を体験することが予想される。その中で，障害のある方の「ごくあたりまえの生活とは何か」を考え実習に臨まれることが大切である。

バイタルサイン

バイタルサイン（vital signs）は直訳すると生命徴候と言う意味になる。具体的には，身体が示す外部からの測定可能な情報であり，脈拍，呼吸，血圧，体温などのことを言う。障害施設の実習では特に大切になる用語の一つである。重度の障害を負った人の中には，体温調整がうまくできない人や，呼吸管理をされている人もいる。このような人への対応を学ぶことも保育士として大切なことである。

パターナリズム

パターナリズム（paternalism）とは，本人の意思にかかわりなく，本人に良かれと思い意思決定をしていくことであり，父権主義と訳される。たとえば，医療の現場では現在はインフォームドコンセント（医師の説明による患者の理解と合意）が求められているが，従来は専門分野のため医師のパターナリズムにより治療が決定されることが多く見られた。福祉施設でもパターナリズムによる処遇ではなく，利用者の自己決定や自立を尊重する支援に転換されている。

PTSD

PTSDはPosttraumatic stress disorderであり心的外傷後ストレス障害と訳される。深い心的外傷（トラウマ）を負った後に，それが元で発症する心の病気である。特に，施設実習の場合，児童虐待を受けた子どもたちとのかかわりを持つ中で，過去の虐待を受けた時の体験が子どもの中でフラッシュバック（flashback）し，突然にパニックに陥ってしまうことである。おどろかずに子どもが落ち着くのを待って，対応することが大切である。また，どのようなことが誘因となってパニックに陥ったのかを考えることも大切である。

不適応行動

不適応児とは環境に対して適切な行動や反応ができないため，何らかの心理的障害のある児童のことを言う[7]。不適応行動には，周囲との関係を絶ってしまう引きこもりや不登校，緘黙などの非社会的行動と，暴力や殺人，いじめなど意図的に社会的秩序や倫理規範を無視する行動の反社会的行動がある。

要保護児童

要保護児童とは「保護者のない児童又は保護者に監護させることが不適当であると認められる児童（児童福祉法第6条の3第8項）」のことであり，被虐待児童，非行児童，孤児，保護者に遺棄された児童，保護者が長期拘禁中の児童，家出した児童などが挙げられる。

リスク管理（リスクマネジメント）

一般的にリスクマネジメントとは，「危険や事故に対して可能な限り事前に予測し，適切に予防し，可能な限り結果発生を回避し，迅速に対応し，また処理して被害や損害を最小限に押さえるこ

と」である。リスクマネジメントでは職員の「気づき」とともに、事故を事前に防ぐため、仕事の中でのヒヤリハット（ヒヤリとしたり、ハッとしたこと）の分析を行い原因の改善を行うことや、小さな事故でもその原因と是正を行うなどを組織的に管理することが求められている。

レスパイトケア

レスパイト（respite）とは「一時的休息」という意味であり、レスパイトケアとは病気や障害のある人びと、高齢者などの介護や付き添いを継続的に行っている家族がリフレッシュするためにその期間家族に代わって、公的機関である施設などがケアを受けもつ制度である。

注：1）社会福祉辞典編集委員会編『社会福祉辞典』大月書店、2003年、43頁。
2）社会福祉法人福利厚生センター『ハンディ新赤本　家庭の医学』保健同人社、1994年、1169頁。
3）加納光子・成瀬美治編『現代用語の基礎知識』学文社、2001年、16〜17頁。
4）社会福祉辞典編集委員会編『社会福祉辞典』大月書店、2003年、393頁。
5）熱中症環境保健マニュアル編集委員会『熱中症　環境保健マニュアル』環境省、2005年、2頁。
6）花村春樹『「ノーマライゼーションの父」N・E・バンク゠ミケルセン』ミネルヴァ書房、1994年、155頁。
7）下中邦彦編『新版　心理学辞典』平凡社、1981年、743頁。
8）多久島耕治『福祉施設におけるリスクマネジメント――介護老人福祉施設（特別養護老人ホーム）を中心に』2000年、3頁。

（小野澤昇・田中利則・大塚良一）

おわりに

　保育所の先生になることを夢見て養成校に入学したが，保育士の資格取得のためには多くの教科の学習が必要であることにとまどいを感じ，学習に困難を感じている読者の多いことと思う。特に，実際に保育の現場を知るための活動である保育実習では，保育所のみならず，社会的養護を必要とする子どもや障害者の方たちが利用している福祉施設での実習があると知りおどろいた学生も多いことであろう。保育士の資格所有者には，子どもたちの生活に関するすべての活動にかかわることが求められており，保育士の関与する活動領域はきわめて広い。乳児院や児童養護施設，障害児施設などをはじめとした社会福祉施設は，保育士の関与が強く求められる環境である。保育士資格を取得するために施設での実習が必要とされる理由や保育士に求められる資質などについては本書の冒頭で述べた通りであるが，本書では，福祉施設の実際の生活の様子についてより適切に学習が行えるよう解説した。福祉施設での実習にどのように取り組んでいったらよいか，施設を利用して生活を営んでいる子どもたちの生活や，職員の活動から学んでほしいことなどについて，養成校で実習指導に関与している教員が学生とのかかわりの中から必要と感じた事項について相当広範囲にわたって可能な限りわかりやすく解説を行ったつもりである。また，各章に関連するエピソードやコラム，演習課題などを設け，実習に参加する学生が施設での実習に前向きに取り組むことができるよう配慮をした。

　本書を最大限に活用し，福祉施設での実習に取り組むための準備を怠りなく行い，実習に参加し，社会的養護の実際について体験的に学習を行い，充実した実習を体験し，施設保育士を目指す方が一人でも多く出てきてくれることを期待するものである。

2014年2月

　　　　　　　　　　　　　　　　　　　編著者を代表して　小野澤　昇

索　引

欧　文

ADHD（注意欠陥／多動性障害）　236
ASD（自閉症スペクトラム障害）　234
CSC　196
ICD-10（『疾病及び関連保健問題の国際統計分類第10版』）　233
ICF（国際生活機能分類）　80
PTSD（心的外傷後ストレス障害）　3
SNS（ソーシャル・ネットワーキング・サービス）　131, 165
TEACCHプログラム　45

ア　行

挨拶　92
愛着形成　96
アスペルガー症候群（アスペルガー障害）　235
アセスメント（事前評価，情報の分析）　21, 189
アタッチメント（attachment）　4
アフターケア　22, 32
アルコール・薬物関連障害　241
アルバイト　226
育児放棄　8
一日の（生活の）流れ　126, 143
一般常識の欠如　27
意図的な感情の表出　186
医療型児童発達支援センター　47, 231
医療型障害児入所施設　44, 166, 231
印鑑　153
インシデントレポート（ヒヤリハット報告）　83
インターベンション（介入・関与，支援）　21, 191
インターンシップ　91
インテーク（受理面接）　188
インフルエンザ　75
ウェルビーイング　185

うつ病　238
上履き用の靴　153
運営計画　191
運営指針　192
衛生管理　128
エコマップ　189
エバリュエーション（評価）　191
円滑なコミュニケーション　62
円滑に伝達　102
援助観　135
援助技術　144
援助計画（プランニング）　191
援助の方針　126
応答性　6
親子関係の不調　32
親子間の接触　4
親支援　32
親なきあとの対応　77
オリエンテーション　26
　学内――　107
　実習施設――　108
オリエンテーションの目的　125
お礼状　219, 220, 222

カ　行

介護福祉士　21
介助（ケア）　22
ガイダンス　107
介入・関与（インターベンション）　191
外部講師　107
解離性障害　240
カウンセリングマインド　197
学習指導　149
学習障害　234
学習成果の発表　212
学習目標　111
学生の実習内容　171
学童保育士　54

271

学内オリエンテーション　107
学内申請　116
家事　128
　　――のスキル　136
家族間系　24
家族支援　61
学校側への書類提出等　183
家庭環境　20
家庭環境の調整　149
家庭的養護　18
家庭に代わる生活の場　93
家庭養育困難　71
家庭養護　18
環境　11
　　――構成　128
観察　16, 110
観察実習　155
感謝の姿勢　129
間接支援職員　101
機能訓練　158, 161
気分障害　237
希望調査　120, 121
基本的生活習慣の獲得　24
基本的動作の指導　160
機密性の高い情報　170
虐待　3
　　――されている児童　159
　　――や非行　166
教育に関わるねらい及び内容　9
強迫性障害（強迫神経症）　239
業務内容　16
居住型施設　148
記録の記載方法　28
緊急一時保護制度　57
緊急保護　39
勤務態度　28
グループホーム　111
訓練機関への通所　57
ケア（介助）　22
　　心理的な――　158
計画と実践　119
敬語　137
携帯電話の扱い　135

ケースカンファレンス　203
ケース記録　94
ケース検討会（事例検討会議）　168, 169
ケースワークの原則　74
欠勤　181
欠席　131
健康　10
　　身体的に――　62
　　精神的に――　62
健康管理　128, 149, 151
健康診断書　109, 152
健全育成　47
健全な成長発達　166
講演会　116
後期目標　133
拘禁処遇　19
厚生労働省　123
交替制勤務　101
公的支援の貧困　54
行動目標　111
行動療法　45
広汎性発達障害　234
国際生活機能分類（ICF）　80
国立のぞみの園　3, 49
心の安全基地　5
心のリハビリテーション　97
個人情報　208
　　――保護法　21
個人票　132
個性　206
国家資格　18, 56
異なる専門職　98
言葉　11
言葉づかい　92, 98
子どもの権利ノート　33
子どもの人権　118
子どもの精神障害　233
子どものプライバシー侵害　131
子どもの利益　61
子どもへの権利侵害　33
子ども理解　208
個別援助計画　95
個別化　186

索　引

個別支援計画　24, 37, 58, 95, 192
個別の信頼関係　204
コミュニケーションチャンネル　204
コミュニケーションの問題　78

サ　行

細菌検査結果　109
最終日の反省会　113
最善の利益　118
在宅サービス　57
参加（型の）実習　104, 155
三交替勤務　62
ジェノグラム　189
支援（インターベンション）　21
　　――の形態　128
　　――の対象　20
支援活動　22, 165
支援関係　26
支援計画（プランニング）　21, 58
　　個別――　24, 37, 58, 95, 192
視覚障害　33
資格のある専門家　90
時系列的記録　171
自己学習　108, 119, 123
自己覚知　92
自己管理　92
自己決定　187
自己肯定感　32
自己実現　188
自己のパーソナリティ　135
自己評価　16
施設からの実習マニュアル　152
施設業務　155
施設実習おぼえ書きノート　142
施設実習事後指導　113
施設実習事前事後指導　117
施設実習事前指導　108
施設実習指導　117
施設選択　124
施設内虐待　37
施設入所支援　48
施設のスタッフ　19
施設のパンフレット　122

施設の利用者に対する理解　92
施設評価　113
施設保育士　54
　　――の専門性　195
施設養護　31, 226
事前指導　107, 115
　　施設実習――　108
事前手続き　116
事前評価（アセスメント）　189
肢体不自由　33
下履き用の靴　153
実習期間　120
実習記録　110
実習計画　132, 204
実習形態　128
実習効果　24
実習後期　109, 133
実習後のまとめ　113
実習施設オリエンテーション　108
実習施設と養成校との懇談会　227
実習施設の選択　107, 120
　　――と決定　108
実習施設の特徴　126
実習施設の評価のポイント　210
実習施設の理念や沿革　126
実習指導教員　125
実習指導職員の許可　152
実習時の評価　113
実習受託施設　180
実習巡回教員　153
実習初期　133
実習生個人カード　152
実習生証　109
実習成績評価表　152
実習生調書　24
実習生としての自覚　129
実習前期　109
実習態度　64
実習中期　109, 110, 133
実習中止　180
実習中の事故　182
実習中の通勤の服装　130
実習中のトラブル　179

273

実習中の服装　130
実習中の留意事項　129
実習内容　157
実習に対する学習課題（目標）　92
実習日誌　21, 150, 152, 170
　　──等の提出　182
　　──の受け取り　220
　　──の提出　220
　　──の復習　177
実習日程　180
実習に必要な持参品　135
実習ノート　78
実習の自己評価　202
実習の総括　177
実習の内容　16, 129
実習のまとめ　147
実習の目標　15
実習報告会　116, 119
実習報告書　124, 213
実習目標　111, 155
実体験　221
『疾病及び関連保健問題の国際統計分類第10版』（ICD-10）　233
質問や相談　66
指定障害福祉サービス事業所　3, 49
指定保育士養成施設の指定及び運営の基準（について）　30, 31, 205
指導案　111
児童館　47
児童厚生施設　47
児童自立支援施設　3, 41
　　──運営指針　123
児童相談所　3
　　──一時保護所　39
児童とのかかわり　131
児童発達支援センター　3
　　医療型──　47, 231
　　福祉型──　45, 161, 231
児童票　21
児童福祉施設　143
　　──の設備及び運営に関する基準　33, 141
児童福祉法　2, 93
児童養護施設　3, 38

　　──運営指針　123
自分の施設実習　122
自閉症スペクトラム障害（ASD）　42, 234
自閉的傾向　204
自暴自棄　25
社会資源　98
　　──の知識　20
社会集団　102
社会人として必要な社会性　93
社会的支援サービス　57
社会的自立　163
社会的スキル　32
社会的存在　72
社会的養護　3, 18, 31
　　──活動　93
社会福祉士　21
社会福祉法　93
終結（ターミネーション）　191
重症心身障害　33
集団スーパービジョン（group supervision）　211
集団生活への適応のための訓練　160
重度ストレスへの反応および適応障害　240
就労移行支援　48
就労継続支援　48
宿直　101
宿泊（をともなう）実習　128, 150
受講態度　109
主体的　65
出席簿　130
取得できる免許・資格　115
守秘義務　94, 118, 130, 208, 213
　　──違反　130
　　──に関する誓約書　165
　　──の遵守　170
受容　187
受理面接（インテーク）　188
障害系施設　166
障害児入所施設　3, 34
　　医療型──　44, 166, 231
　　福祉型──　42, 166, 231
障害者虐待の防止　37
障害者虐待防止法　83

索 引

障害者支援施設（障害児・者支援施設） 3, 48, 143
障害者自立支援法 36, 167
障害者総合支援法 93, 167, 244
障害者手帳 57
障害種別 33
障害による支援を必要とする利用者 158
障害による生活の困難さ 158
常識 73
小舎交替制 41
情緒障害児短期治療施設 3, 41, 161
　　──運営指針 123
情緒の安定 10
情報依存 242
情報共有 169
情報伝達 169
情報の分析（アセスメント） 21
初期目標 133
職員会議 168
職員常勤換算方式 210
職員の活動内容 171
職員の勤務形態 149
職業指導 149, 151
職業倫理 16
食事 131
職場環境 129
自立訓練（生活訓練） 48
自立支援 32
自立支援医療 57
自立した生活 96
自立と共生 36
自立に向けた支援 8
事例検討会議（ケース検討会） 168, 169
親権 23
心身の健康管理 92
身体障害 36
身体の虐待 24
身体の存在 72
身体的なリハビリテーション 96
身体的に健康 62
心的外傷後ストレス障害（PTSD） 3
信頼関係 103, 149, 166
　　個別の── 204

心理療法と心理的援助 242
炊事 128
スーパーバイザー 210
スーパーバイジー 210
スーパービジョン 210
　　集団──（group supervision） 211
生活介護 49, 57
生活記録 21
生活支援 96
生活指導 62, 149, 151
生活舎 19
生活習慣 92, 137
　　基本的な── 157
生活スキル 32
生活の場 19, 129
　　家庭に代わる── 93
生活プログラム全体の管理 128
生活保護 57
生活ユニット 39
成功体験 163
精神疾患 230
精神障害 25, 36, 230, 232
　　子どもの── 233
精神遅滞 233
精神的な存在 72
精神的に健康 62
精神保健福祉士 21
生命の保持 10
誓約書 132
整理整頓 128
責任実習 155
積極的 65
積極的な態度 129
接遇マナー 28
設立経緯 128
全国保育士倫理綱領 61, 199
全体反省会 177
選択性緘黙 237
専門技術 204
専門性や社会性 91
躁うつ病（双極性感情障害） 238
総括的な記録 171
総括的な反省会 176

275

総合的な考察（まとめ）　218
掃除　128
早退　131
相談支援業務　97
ソーシャル・ネットワーキング・サービス（SNS）　131
ソーシャルスキルトレーニング　45
組織やチームの配置　126

　　　　　　タ　行

ターミネーション（終結）　191
対応マニュアル　182
対人援助　113
対人援助職　168
代替的機能　31
体調不良　152
立ち居振る舞い　98
建物配置　126
試し行動　110
断続的な実習　128
担当職員　111
担当養育制　204
地域社会　18
地域性　128
チームアプローチ　22
チームワーク　144
遅刻　131, 181
知識・技能　123
チック障害　236
知的障害　3, 33, 36
知的障害者福祉法　93
注意欠陥／多動性障害（ADHD）　236
中間の反省会　155
中期目標　133
懲戒権の乱用　33
聴覚・言語障害　33
腸内細菌検査結果　152
朝礼　169
直接支援職員　101
通常の生活　72
通所援助　163
通所型（通園型）施設　149
デイサービス　57

提出物　132
てんかん　78
統合失調症　241
統制された情緒的関与　187
独立自活に必要な知識技能　160

　　　　　　ナ　行

日常生活　19
　——のスタイル　128
日課　205
日勤　101
日中勤務　128
乳児院　3, 37
　——運営指針　123
入所援助　163
入所型の施設　25
入所背景　163
乳幼児期　2
人間観　135
人間関係　10
　利用者との——　78
人間力　136
認定資格　56
任用資格　56
ネグレクト　24
年金　57
ノーマライゼーション　19, 213
ノロウイルス　75
ノンバーバルコミュニケーション　25, 203

　　　　　　ハ　行

バーバルコミュニケーション　25
　ノン——　25, 203
配偶者　40
バイステック（Biestek, F. P.）　186
パターナリズム　33
発達過程　65
発達障害　3, 162
発達障害者支援法　81
発達遅滞　25
パニック障害　239
早番・遅番　129
反省会　147, 175

索　引

最終日の—— 113
全体—— 177
中間の—— 155
日々の—— 176
引き継ぎ 169
非審判的態度 187
必要経費 153
日々の反省会 176
秘密保持 188
ヒヤリハット報告（インシデントレポート） 83
評価（エバリュエーション） 191
表現 12
病児保育士 54
病棟保育士 54
貧困家庭 24
不安障害 239
不安定な精神病理 53
夫婦小舎制 41
福祉型児童発達支援センター 45, 161, 231
福祉型障害児入所施設 42, 166, 231
福祉施設 3, 6
　——専門職 100
物質依存 242
不適応行動（問題行動） 74
部分実習 155
プライバシーな空間 128
プライバシーの保護 118
プライベート 208
　——な空間 13
プランニング（支援計画，援助計画） 21, 191
振り返り 175
振り回し 110
分離不安障害 237
閉鎖的なイメージ 99
保育カウンセリング 196
保育士 2
　——としての職務内容 144
　——の仕事 4, 6
　——の倫理綱領 228
　学童—— 54
　施設—— 54
　施設——の専門性 195

病児—— 54
病棟—— 54
保育所—— 124
保育実習 14
保育所 3
　——保育士 124
保育所保育指針 8
保育ソーシャルワーク 185
保育の計画 16
保育のねらい 9
保護者会 170
保護者との連絡 149
保護者のない児童 159
母子生活支援施設 3, 40
　——運営指針 123
ホスピタリズム 215
ボランティア 122, 225

マ　行

マナー 137
身だしなみ 28
見立て 168
無断の遅刻・欠席・早退 130
名簿 109
名誉棄損の問題 131
目標 133
　学習—— 111
　後期—— 133
　行動—— 111
　実習—— 111
　実習の—— 15
　初期—— 133
　中期—— 133
目標設定 134, 177
目標達成 163
目標の設定 145
モニタリング 188
問題行動（不適応行動） 74

ヤ　行

夜勤 101
　——のプログラム 128
薬物療法 242

277

養育能力の欠損　32
養護系施設　166
養護に関わるねらい及び内容　9
養護を必要とする利用者　157
養護を要する児童　159
養成校　106
要保護児童　18, 32
余暇活動　111, 128
余暇時間　155

ラ　行

ラポール　147
リスク管理　143
リハビリ　45, 151
療育　33

利用施設　37
利用者（子ども）の活動　171
利用者と支援者　167
利用者との人間関係　78
利用者の「生活」　164
利用者の「生命・生活を守る」　72
利用者のQOL　143
利用者の生活情報　102
利用者の不利益　180
利用者（を）理解　65, 206
倫理観　135
ルール　208
レスパイトケア　57
ローテーション勤務　167
ろうあ障害　25

■執筆者一覧（＊は編著者，執筆順）

＊小野澤　昇　編著者紹介参照
　　　　　　　――――はじめに，第Ⅱ部第1章，第Ⅲ部補章（共著），おわりに

　金子　晃之　桜花学園大学保育学部教授――――――――第Ⅰ部第1章

＊田中　利則　編著者紹介参照――――――第Ⅰ部第2章・第Ⅲ部補章（共著）

　五十嵐裕子　浦和大学こども学部こども学科准教授
　　　　　　　――――――――――――第Ⅰ部第3章（第1節・第2節）

　大村あかね　玉成保育専門学校専任講師――――――第Ⅰ部第3章（第3節）

　田畑　光司　元・埼玉学園大学人間学部子ども発達学科准教授――第Ⅰ部第4章

　吉田　博行　埼玉県社会福祉事業団あすなろ学園主査――――第Ⅰ部第5章

　野島　正剛　こども教育宝仙大学こども教育学部准教授
　　　　　　　――――――――――――第Ⅱ部第2章（第1節～第4節）

　小野　智明　横浜創英大学こども教育学部幼児教育学科教授
　　　　　　　――――――――――――第Ⅱ部第2章（第5節～第8節）

　藤　　京子　東京未来大学福祉保育専門学校非常勤講師――――第Ⅱ部第3章

　大屋　陽祐　育英短期大学保育学科専任講師――――第Ⅱ部第4章（第1節～第3節）

　中島健一朗　相模女子大学専任講師――――第Ⅱ部第4章（第4節～第8節）

　金城　　悟　東京家政大学短期大学部保育科教授――――――第Ⅱ部第5章

＊大塚　良一　編著者紹介参照
　　　　　　　――第Ⅲ部第1章・第Ⅲ部第3章（第1節）・第Ⅲ部補章（共著）

　小室　泰治　秋草学園短期大学非常勤講師――――――――第Ⅲ部第2章

　八木　玲子　東京成徳短期大学幼児教育科准教授――第Ⅲ部第3章（第2節・第3節）

《編著者紹介》
小野澤昇（おのざわ・のぼる）
　1949年　生まれ
　　　　　社会福祉法人はるな郷知的障害者更生施設こがね荘施設長，関東短期大学初等教育科助教授，東京成徳短期大学幼児教育科教授を経て，
　現　在　育英短期大学保育学科教授，臨床心理士，福祉心理士。
　主　著　『保育士のための社会福祉』（編著，大学図書出版），『子どもの養護』（共著，建帛社），『新しい時代の社会福祉施設論（改訂版）』（共著，ミネルヴァ書房），『子どもの生活を支える社会的養護』（編著，ミネルヴァ書房），『子どもの生活を支える社会的養護内容』（編著，ミネルヴァ書房），『子どもの生活を支える家庭支援論』（編著，ミネルヴァ書房），『保育の今を問う児童家庭福祉』（共著，ミネルヴァ書房），『保育の今を問う保育相談支援』（共著，ミネルヴァ書房），『子どもの生活を支える社会福祉』（編著，ミネルヴァ書房）。

田中利則（たなか・としのり）
　1953年　生まれ
　　　　　社会福祉法人富士聖ヨハネ学園棟長，武蔵野短期大学幼児教育学科准教授を経て，
　現　在　ソニー学園・湘北短期大学保育学科教授，社会福祉士，介護支援専門員。
　主　著　『養護原理』（共編著，大学図書出版），『養護内容』（共編著，大学図書出版），『子育て支援』（共編著，大学図書出版），『養護内容の基礎と実際』（共編著，文化書房博文社），『子どもの生活を支える社会的養護』（編著，ミネルヴァ書房），『子どもの生活を支える社会的養護内容』（編著，ミネルヴァ書房），『子どもの生活を支える家庭支援論』（編著，ミネルヴァ書房），『保育の今を問う児童家庭福祉』（編著，ミネルヴァ書房），『保育の今を問う保育相談支援』（編著，ミネルヴァ書房），『子どもの生活を支える社会福祉』（編著，ミネルヴァ書房）。

大塚良一（おおつか・りょういち）
　1955年　生まれ
　　　　　埼玉県社会福祉事業団寮長，武蔵野短期大学幼児教育科准教授を経て，
　現　在　東京成徳短期大学幼児教育科教授，社会福祉士，介護福祉士，介護支援専門員。
　主　著　『社会福祉』（共著，みらい），『保育士のための養護原理』（共著，大学図書出版），『保育士のための養護内容』（共著，大学図書出版），『子どもの生活を支える社会的養護』（編著，ミネルヴァ書房），『子どもの生活を支える社会的養護内容』（編著，ミネルヴァ書房），『子どもの生活を支える家庭支援論』（編著，ミネルヴァ書房），『保育の今を問う児童家庭福祉』（共著，ミネルヴァ書房），『保育の今を問う保育相談支援』（共著，ミネルヴァ書房），『保育の今を問う保育相談支援』（共著，ミネルヴァ書房），『子どもの生活を支える社会福祉』（編著，ミネルヴァ書房）。

保育の基礎を学ぶ
福祉施設実習

| 2014年4月25日 | 初版第1刷発行 | 〈検印省略〉 |
| 2017年3月30日 | 初版第3刷発行 | |

定価はカバーに
表示しています

編著者	小野澤　　昇
	田 中 利 則
	大 塚 良 一
発行者	杉 田 啓 三
印刷者	江 戸 孝 典

発行所　株式会社　ミネルヴァ書房
607-8494 京都市山科区日ノ岡堤谷町1
電話代表 (075)581-5191
振替口座 01020-0-8076

© 小野澤・田中・大塚ほか, 2014　共同印刷工業・清水製本
ISBN978-4-623-06947-7
Printed in Japan

大塚良一・小野澤　昇・田中利則編著
子どもの生活を支える社会福祉　　A5判・232頁・本体2,400円

福田公教・山縣文治編著
児童家庭福祉［第4版］　　A5判・186頁・本体1,800円

和田光一監修／横倉　聡・田中利則編著
保育の今を問う相談援助　　A5判・258頁・本体2,600円

和田光一監修／田中利則・横倉　聡編著
保育の今を問う保育相談支援　　A5判・268頁・本体2,600円

小野澤　昇・田中利則・大塚良一編著
子どもの生活を支える社会的養護　　A5判・280頁・本体2,600円

山縣文治・林　浩康編
よくわかる社会的養護［第2版］　　B5判・220頁・本体2,500円

小池由佳・山縣文治編著
社会的養護［第4版］　　A5判・200頁・本体1,800円

小野澤　昇・田中利則・大塚良一編著
子どもの生活を支える社会的養護内容　　A5判・280頁・本体2,600円

小木曽　宏・宮本秀樹・鈴木崇之編
よくわかる社会的養護内容［第3版］　　B5判・250頁・本体2,400円

小野澤　昇・田中利則・大塚良一編著
子どもの生活を支える家庭支援論　　A5判・302頁・本体2,700円

─── ミネルヴァ書房 ───
http://www.minervashobo.co.jp/